高等学校学前教育专业系列教材

学前儿童
美术教育与活动指导

主　编　封　蕊　郭　杰
副主编　陈　睿
参　编　李艳旭　李宁艳　唐　娟

南京大学出版社

图书在版编目(CIP)数据

学前儿童美术教育与活动指导 / 封蕊,郭杰主编. -- 南京：南京大学出版社，2019.10(2025.1 重印)
ISBN 978-7-305-21954-2

Ⅰ. ①学… Ⅱ. ①封… Ⅲ. ①学前教育-美术教育-高等职业学校-教材 Ⅳ. ①G613.6

中国版本图书馆 CIP 数据核字(2019)第 072795 号

出版发行 南京大学出版社
社　　址 南京市汉口路 22 号　　邮　编 210093

书　　名 学前儿童美术教育与活动指导
XUEQIANERTONG MEISHU JIAOYU YU HUODONG ZHIDAO
主　　编 封　蕊　郭　杰
责任编辑 丁　群　蔡文彬　　编辑热线 025-83597482

照　　排 南京南琳图文制作有限公司
印　　刷 常州市武进第三印刷有限公司
开　　本 787 mm×1092 mm　1/16 开　印张 12　字数 263 千
版　　次 2025 年 1 月第 1 版第 5 次印刷
ISBN 978-7-305-21954-2
定　　价 35.00 元

网址：http://www.njupco.com
官方微博：http://weibo.com/njupco
微信服务号：NJUyuexue
销售咨询热线：(025) 83594756

前言

随着《国家中长期教育改革和发展规划纲要(2010—2020年)》《国务院关于当前发展学前教育的若干意见》的贯彻实施,大力发展学前教育已经成为我国教育事业发展的一道亮丽的风景线。本教材以提高学前师资培养质量为宗旨,以国家相关标准为依据,以《3—6岁儿童学习与发展指南》为导向,及时更新课程理念,重新定位课程目标,合理调整课程体系,全面优化课程内容,结合《教师教育课程标准(试行)》的精神与要求,集多位长期从事学前教育工作的高校教师的集体智慧而共同协力完成。

"学前儿童美术教育与活动指导"是高等师范院校学前教育专业学生的必修专业课,是一门集理论与实践相结合的综合性、应用性课程。本教材紧紧围绕"活动设计与指导",结合幼儿园实践要求构建课程体系,力图以大量优秀案例为支撑,向学习者全面介绍学前儿童美术教育与活动设计的原理、途径、实施过程与教学策略等。理论联系实际,全面提高学生的实践能力、创新能力和反思能力,从而为学习者今后从事学前教育工作,对学前儿童实施科学的美术教育打下良好的专业基础。

就总体而言,本教材具有以下三个主要特点:

1. 结构呈现模块化。本教材借鉴PCK相关理论,结合美术学科逻辑,按照幼儿园实践中组织美术活动所需要的学科教学知识逻辑组织教材内容。

2. 内容呈现实用性和创新性。根据学前教育师资培养方案和幼儿园实践,强调知识与能力并重,强调理念与内容的创新,注重学生的实践性体验。

3. 资源呈现多元化和综合化。本教材不仅具有丰富的教育活动案例,还借助互联网提供了丰富的教学视频、幼儿美术作品、教育活动需要的课件等网络资源。

本教材的参编人员均任职于高等师范院校，均为直接从事学前教育专业教学和研究的青年学者。本教材的整体架构、纲目拟定由长沙师范学院封蕊独自完成，后期的内容修改、文字润色和统稿工作由湖南民族职业学院郭杰完成。全书共分为八个章节内容，具体分工如下：第一章、第二章、第三章、第七章、第八章均由长沙师范学院封蕊撰写；第四章第一至四节由湘南幼儿师范高等专科学校的李艳旭撰写；第四章第五节由湖南民族职业学院的郭杰老师撰写；第五章第一至三节由长沙师范学院唐娟撰写；第五章第四至五节由长沙师范学院李宁艳撰写；第六章由合肥幼儿师范高等专科学校的陈睿撰写。

此外，本教材编写过程中借鉴了一些同行编著的同类教材中的某些观点，教材中所运用到的课例以及幼儿美术作品很多来源于多个幼儿园或少儿美术机构，在此一并致谢。最后感谢南京大学出版社丁群编辑对编者热情邀约与信任，感谢编写组全体同仁的通力合作和倾力付出。

由于编写者的时间、精力和水平有限，书中尚有诸多不足之处，还请各位专家同行多多批评指正！

编者

2019 年 10 月于长沙

目　录

第一章　学前儿童美术教育概述

学习目标：

1. 理解艺术与美术的关系，知道美术评价标准的多元化。
2. 理解学前儿童美术的内涵，认识学前儿童美术与成人美术的区别。
3. 理解儿童美术教育相关理论，并能够结合理论分析实践教学中存在的问题。

第一节　美　术

一、美术的内涵

"艺术(art)"一词出自拉丁文"ars"，"ars"一词源于希腊文。在古希腊，"艺术"一词表示在社会生活中制作某种对象的技巧，泛指一般的生产性活动。凡是可以凭借专门知识来学会的工作都叫作"艺术"，这些活动的共性在于有规则性。包含建筑、雕刻、图画、几何学、裁缝、骑射等都被视为艺术一类，我们现在认为这些活动中有的是艺术的活动，也有如今被归为手艺的活动，但是在古希腊并不对他们进行区分，在此意义上，艺术的外延相当广。

美术是艺术的一个分支。"美术"一词源于拉丁文"art"，与"艺术"同源。在英语中，"art"既指艺术，也指美术。在中国，"美术"这一概念从五四新文化运动开始被大家普遍使用，逐渐与"艺术"分离。于是，"艺术"成为一个艺术门类的总称，而"美术"专指艺术的一个分支，即视觉艺术部分。

美术是以一定的物质材料，如颜料、画布、泥土等，通过造型手段创造出具有一定审美价值的、可视的平面或立体形象，以反映客观世界和表达对客观世界感受的艺术形式。美术又被称为"造型艺术""空间艺术"或"视觉艺术"。

二、美术理论的发展历程

美术作为一种艺术形式，在不同的时期，人们对于其本质以及价值的探讨也有所不同。总体来说，与人类美术的发展历程一致，美术理论的发展大致经历了"再现主义—

表现主义—形式主义—后现代主义”的发展阶段。

再现主义的理论和思想主要是以亚里士多德为代表。他提出视觉艺术创作就是“对自然的模仿”，“像不像”成为这一理论思想影响下评判美术作品的重要标准。如达·芬奇提出，画家是自然和人之间的中介者，是自然创造物的再现者。这种看法把逼真作为判断艺术的标准，形成传统艺术观中一套认识、解释、评价艺术作品的范式。这一思想在文艺复兴时期达到高潮，如文艺复兴三巨头之一的米开朗琪罗的《大卫》（图1－1），就呈现了他丰富而精准的人体解剖知识。而中国的现当代油画作品——罗中立的《父亲》（图1－2）也呈现出一个真实而富有感染力的父亲形象。

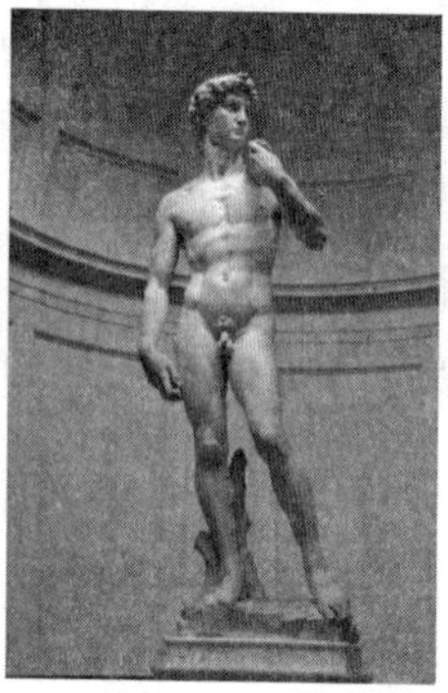

图1－1　《大卫》（米开朗琪罗）

图1－2　《父亲》（罗中立）

图1－3　《呐喊》（蒙克）

《大卫》《父亲》《呐喊》作品简介

表现主义，现代重要艺术流派之一，20世纪初流行于德国、法国、奥地利、北欧和俄罗斯。表现主义是指艺术中强调表现艺术家的主观感情和自我感受，对客观形态进行夸张、变形乃至怪诞处理，用以发泄内心的苦闷的一种思潮。代表性作品有蒙克的《呐喊》（图1－3）。

形式主义理论把美术作品看作一个独立的对象，关注的是艺术作品本身具有的形式要素，如绘画中的线条、色彩、构图等形式语言本身，与美学中强调在于模仿或逼真再现自然物体之形态的再现主义相对立。现代抽象派画家蒙德里安主张以几何形体构成“形式的美”，作品多由垂直线和水平线、长方形和正方形的各种格子组成，反对用曲线，完全摒弃艺术的客观形象和生活内容。形式主义的代表作品有蒙德里安的《红黄蓝的构成》（图1－4）和康定斯基的作品《圆之舞》（图1－5）。

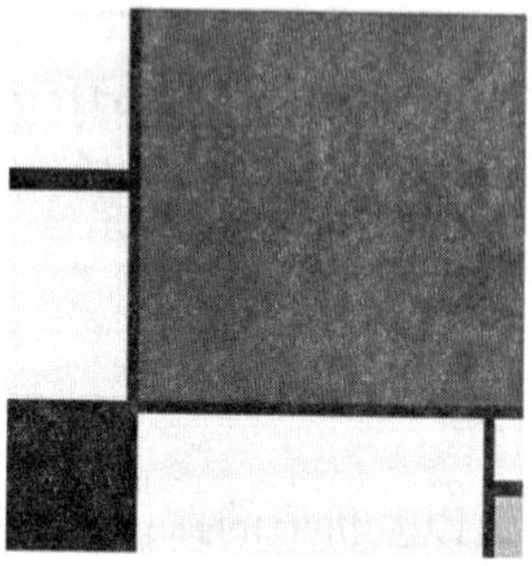

图1－4　《红黄蓝的构成》（蒙德里安）

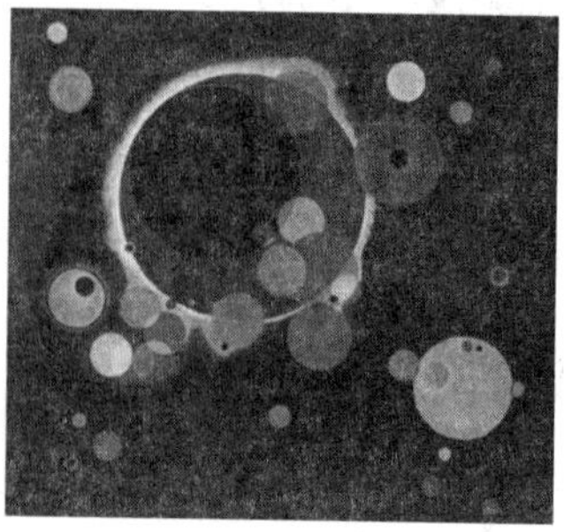

图1－5　《圆之舞》（康定斯基）

《红黄蓝的构成》作品简介

后现代主义的理论家们认为，从20世纪60年代开始，随着科学技术革命和资本主义的高度发展，西方社会进入一种“后工业社会”，在文化形态上称为“后现代社会”或“后现代时代”。在现当代视野中，“一千名读者心中就有一千个哈姆雷特”，关于艺术作品的解读不再有统一的标准，强调从接受者的角度来阐述艺术作品完成的过程，认为艺术家只是完成了一件半成品，而一件作品的意义是由观赏者及其文化背景的联系所决定的。

由此可见，不同时代的人们对于美术的理解和评价的维度是不一样的。这些理论对我们当前学前儿童美术教育有着重要的启示。评价“美”的标准不是唯一的，如再现主义理论认为“逼真、像就是好的标准”；而表现主义则认为“情感的表达”是评价美术作品优劣的重要因素。在学前儿童美术活动的设计与组织中，教师应该保持一个多元化的评价标准，更加宽容地接受不同幼儿的艺术表现风格，从而进一步促进幼儿参与美术活动的兴趣，提升幼儿的审美能力。

三、美术领域的构成

随着时代的发展，美术的范畴也在不断丰富，目前而言，美术领域基本由绘画、设计、工艺、雕塑、建筑、书法艺术和现代媒体艺术构成。其中，与学前儿童美术相关的主要有绘画、雕塑、工艺美术以及建筑艺术四个方面。

（一）绘画

绘画是造型艺术中最重要的一种艺术形式。它是以纸、布、木板、墙壁等为载体，以油、墨、颜料等为媒介，以色彩、线条等的组合构成为手段，在二维空间中塑造形象、反映社会生活、抒发艺术感情的静态造型艺术。

从地域上看，绘画可以分为东方绘画（如中国画）和西方绘画；从工具材料上看，可以分为油画、版画、水粉画、水墨画等；从作品的形式看，可以分为壁画、年画、漫画、宣传画等；从作品的绘画内容看，又可以分为风景画、人物画、动物画等。

中国画讲究“神形兼备”“气韵生动”，追求意境美。一般是用毛笔、墨在宣纸、绢帛上作画，通过不同的笔墨造型，传达出不同的情绪情感。中国画讲求诗、书、画、印交相辉映，融为一体，形成了绘画、诗词、书法、雕刻相结合的独特的综合艺术。

西方绘画以油画为代表，一般采用静态观察、对镜写生的方法作画。采用油质颜料在布、木板或厚纸板上画成，擅长通过色彩、线条、形体等造型因素真实生动地描绘周围世界的视觉印象。当然伴随时代发展，在绘画领域出现了各种现代艺术流派，如野兽派、表现主义、超现实主义等逐渐摆脱了写实的艺术风格。

（二）雕塑

雕塑是用雕刻和塑造的物质材料制作出实体形象，以表达思想感情的一种艺术。雕塑是三维空间艺术中最典型的样式，它是用雕、塑、刻、镂、凿、磨等人工手段把材质纳入审美活动之中，以实体形象和空间形式反映现实，被誉为“凝固的舞蹈”。其中，“雕”指的是从完整而坚固的坯体上把多余部分删削，如石雕、木雕等；“塑”指的是用具有黏结性的材料连接结构，使之成为所需要的形体，如泥塑、陶塑等。

雕塑不同于绘画，雕塑作品是一种三维空间的实体创造，具有独特的艺术价值。雕塑作为一种实体创造，观者不仅可以运用视觉去欣赏，还可以通过触摸去感受作品的质感、量感和形体感，并把它与周围环境结合起来一并欣赏，唤起观赏者更多的艺术想象，产生独特的审美效果。从表现形式看，雕塑可以分为圆雕和浮雕。圆雕是不附在任何背景上，可以从四面八方观赏的立体雕塑，如韩美林的《母与子》(图 1-6)；浮雕是指在平面上雕出凸起的艺术形象，如人民英雄纪念碑上的南昌起义(图 1-7)。

图 1-6 《母与子》(韩美林)

图 1-7 南昌起义(人民英雄纪念碑)

(三) 工艺美术

工艺美术是指日常生活用品经过艺术化处理以后，使之具有强烈的审美价值的产品。一般可以分为实用工艺美术和陈设欣赏工艺美术。其中，实用工艺包括衣食住行用的工艺品类，如餐具、灯具、红木家具等。一般而言，工艺美术的实用性是其主要方面，审美特性以实用功能为基础。陈设欣赏工艺美术指以摆设、观赏为主的工艺品，如玉器、陶艺等。这类工艺品以审美价值为首要价值，手工技艺性很强，实用价值相对不明显。

工艺美术的审美价值主要在于其造型所显示和烘托出的一定的趣味、情调和气氛。工艺品的造型美大致包括外部表现形态的美和装饰美，如形体的均衡、色彩的冷暖、曲线构成的流动感等。除了外形的创造性和艺术性，还有很多作品的制作由于受到物质材料和生产技术的限制，往往需要高超的艺术构思去深入挖掘和发挥原材料的美。如很多根雕作品，既有自然美，又有雕刻美，是手工艺人“妙”和“巧”的结合。在尊重天然的树根的自然形态下，以形取形，因材施艺，妙在自然，追求一种美且奇的艺术效果。

(四) 建筑艺术

建筑是建筑物和构筑物的统称，是人类用砖瓦、木、铁等材料在固定地理位置上修建或构筑内外空间、用来居住和活动的艺术。作为人类重要的物质文化形式之一，建筑既是一种物质产品，又是一种艺术创造。实用和审美、技术和艺术的密切联系，始终是建筑最基本的特征。

建筑作为一种艺术类型，种类繁多。从功能上可以划分为公共建筑、民用建筑、教育建筑、娱乐建筑、宗教建筑、园林建筑等。古今中外保留着不少经典建筑艺术。在中国，北京故宫是最为突出的宫殿类建筑；庙坛建筑以山东孔庙、北京天坛（图 1-8）为代表；而园林建筑中以皇家颐和园、私家苏州拙政园等为代表。中国古代建筑包含着丰富多彩的内容，往往是建筑与雕塑、绘画、书法、园林等相互融合。在注重主建筑的同时，非常重视衬托性建筑艺术，如阙、华表、牌坊、石狮等。国外的建筑同样不胜枚举，最为知名的包括被誉为地球上最古老建筑艺术标本的埃及吉萨金字塔（图 1-9）、古希腊帕特农神庙等；近代很多国家则有自己的标志性建筑，如巴黎埃菲尔铁塔、悉尼歌剧院等。

建筑的形式美主要是通过空间、形体、比例、均衡、色彩、装饰等形式要素组成，而建筑艺术的形式美往往具有丰富的象征内涵。如北京的天坛是展现象征性主题的经典建筑。祈年殿这一主体圆形建筑，再配以正方形内墙，取“天圆地方”之意，象征性非常明显。故宫建筑群更是处处体现出皇家居所的神秘和威严。如从格局上看，故宫位于北京城的中轴线，其本身也是按照严整的中轴线布局的。故宫中的各个宫殿严格按照不同等级，规定着形体的大小，这些高低不平、大小不一的形体组合，恰好形成了丰富的空间轮廓。而故宫的建筑，无论是屋顶的样式还是石雕、砖雕的装饰，都体现出不同的等级地位。而国外的建筑亦是如此，如埃及的金字塔象征“敬畏”，古希腊神像象征“优美”，古罗马斗兽场象征“武力”等。

图 1-8　北京天坛

图 1-9　埃及金字塔

第二节　学前儿童美术

一、学前儿童美术的内涵

与成人相比，学前儿童的美术过程具有其独特之处。学前儿童还处于形象思维阶段，因此在进行美术创作时，往往依据于自己的直觉经验和生活经验。幼儿对美术的感受和表现在内容上不如成人那么丰富，在手法上不如成人那么娴熟，但是幼儿却有着成人不具备的优势。幼儿对美的感受是与生俱来的，可以运用直接的、单纯的、不受世俗影响的思维方式感受美、欣赏美、创作美。因此学前儿童天真稚拙的作品恰恰是成人美术作品无法比拟的。

学前儿童美术是学前儿童用多种感官去感知审美对象，在用大脑去思考、理解、再现、加工、想象审美对象的基础上，用双手去操作美术工具和材料，表现和创造出自己对审美对象的认识和情感的过程。

二、学前儿童美术的本质

（一）学前儿童美术是他们本真的生命活动

人的生命是有需要的，学前儿童具有从事美术活动的内在需要。儿童的审美能力最初来自遗传得来的普通感知能力。一般研究认为，新生儿从3—4个月起就能分辨彩色和非彩色。红色特别能够引起儿童的兴奋。4—8个月的婴儿最喜欢波长较长的暖色调，如红色、橙色、黄色。而对于形状知觉的研究表明，很小的婴儿喜欢看有图案的模式；不喜欢看没有图案的模式；喜欢看结构复杂的图像，不喜欢看结构简单的图像。很多研究证明，儿童最初的审美的快感来自生理的快感，是一种本能的反应。

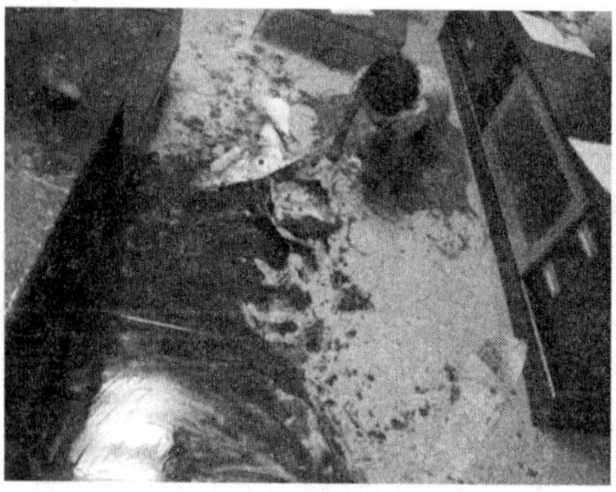

图1-10　疯狂涂鸦1

图1-11　疯狂涂鸦2

案例：疯狂的涂鸦

1岁左右的孩子就有到处涂鸦的需求，伴随年龄的增加和动作的不断发展，只要接触彩色颜料或者画笔，他们就会全身心地投入美术活动中。苗苗妈妈说："我家宝宝(2岁)特别喜欢涂画。地板上的'圆泡泡'、墙壁上的'火车轨道'、沙发上的'芝麻饼干'、床单上的'热气球'……到处都是他的即兴之作，兴趣来时，简直就像一位顶级画师，谁也阻挡不了他的创作热情。"轩轩爸爸说："我家宝(3岁)可喜欢画画了，但是不在纸上画，喜欢在墙上画，昨天我在做事情，他竟然自己在墙上画了半个多小时。"由此可见，涂鸦对幼儿来说，就是一种游戏，是一种内心的精神需求。如案例"疯狂的涂鸦"中的幼儿就将颜料与泥巴混合，在涂鸦、探索、玩耍中"创作"了近一个小时。

美术活动对学前儿童来说就是游戏，是一种快乐的探索，是一种愉快的尝试，是一种没有任何功利性的创作。他们全身心地投入美术活动中，画画的同时，享受肢体变化带来的快乐；玩泥的同时，享受与自然材料接触的愉悦。美术创作带来的不仅仅是一幅作品，而是在创作的过程中想象、体验某种角色，表演某种情境。美术活动对学前儿童来说，是一种本真的生命需求，是一种成长性需要的满足，是一种没有直接功利性的，以活动本身为目的的需要的满足。

（二）学前儿童美术是他们感性地把握世界的一种方式

人类把握世界的方式有理性和感性两种方式。成人偏理性，一般是通过一种逻辑思维方式，如“归纳和演绎、分析和综合、比较和分类、从抽象到具体、历史的和逻辑的统一”等方法来判断和评价世界。幼儿偏感性，一般没有逻辑、无固定秩序和固定操作步骤。幼儿把握世界的方式是感性的，是一种非逻辑思维的方法，主要包括“想象、幻想、直觉、灵感、猜测”等方法。其特点是“非逻辑的，无固定秩序和固定操作步骤的”。幼儿的这种把握世界的感性方式表现出思维的直觉性、具象符号性、情感性等特点。在幼儿美术作品中，这些特点得到了淋漓尽致的表达。如他们画生气的爸爸的脸是红色的，头上还有火苗；画快乐的妈妈就是粉色的，头上还戴着王冠；画喜欢的人就会画得大大的；画不喜欢的东西就会画得小小的……通过绘画作品，我们就可以看出他们对世界感性的认识和理解。

学前阶段的儿童处于形象思维阶段，反映在绘画上，成人更倾向于“客观地”再现事物，而儿童则倾向于“主观地”表现事物。如大班幼儿教师让幼儿运用暖色调画向日葵，可是一个小男孩却画成了黑色的向日葵。老师问：“你为什么画成黑色呢?”男孩回答说：“天天下雨，向日葵早就发霉了，所以变成了黑的。”成人画向日葵是要表现出向日葵在现实中的外形特征，而这个孩子更加注重的是他当前的主观感受以及想象力。

（三）学前儿童美术反映了他们的生活经验和个性心理特征

学前儿童的美术来源于他们的生活和经验，从事美术活动就是他们生活中自然、实在的一部分，是他们记录自己生活和经验，表达自己想法和需求的一种情感需求。学前儿童由于认知能力有限，还无法用语言文字表达自己生活中的情感和需要，绘画恰恰是一种非常好的幼儿与成人、幼儿与同伴之间交流的重要途径。他们往往通过绘画记录生活中影响情绪的事情，如快乐的事、难过的事、难忘的事情、生气的事等。通过观察分析儿童绘画，可以帮助我们了解孩子的认知、情感、心情等，甚至还包含孩子的兴趣和爱好。图 1 - 12 是一个大班幼儿画的“彩虹伞”的主题。画面内容是教师带领小朋友一起玩“彩虹伞”的游戏场景，色彩鲜艳靓丽，画面上的幼儿表情愉悦，表现出了幼儿在游戏中快乐玩耍的场景。图 1 - 13 是 4 岁优优画的“打雨伞的优优”。画这幅画时，外面正在下雨，他自己打伞到外面赏雨非常兴奋，回来就创作了这幅作品。画面上有 5 个幼儿，其中右边数第 2 个是他自己，手里拿着一把伞。这把伞很大，5 个小朋友都可以在伞的下面开心地玩耍。这两幅画都反映出了孩子的生活经验，在孩子的画面里，没有科学的思维或者判断，他们会将自己心中所感所想、生活中的经历在绘画中表现出来。

图 1-12　彩虹伞

图 1-13　打雨伞的优优

学前儿童美术还会反映出幼儿的个性心理特征。俗话说"字如其人",其实画亦如此。通过观察分析儿童绘画作品中的线条、色彩、构图等形式语言的表现以及绘画过程中的表情、动作等,可以判断学前儿童的个性特征以及当前的情绪心理状态。美国著名的美术教育家罗恩菲尔德在《创造与心智的成长》中曾提道:"在一位怯弱且敏感的儿童所画的人的象征符号中,我能够在圆的、未封闭的、不确定的线条中发掘出他的焦虑,正如我能在另一位儿童的长方形人体中发现他果断的特征,这两种人都代表儿童整个人体组织的特征。"中国台湾的郑明进在《怎样了解幼儿的画》中也提出,儿童绘画作品还可以反映儿童性格:

(1) 画面上又短又直的线多而曲线少、锐利的角度多,则是攻击性儿童。

(2) 从选用色彩的种类、明暗中,可以了解儿童作画时的情绪。例如,心甘情愿,情绪愉快、活泼时,用色丰富,且倾向于明朗的黄、红、粉红、黄绿等色调;而在忧郁、烦闷、不安时,用色较少,且倾向于黑、紫、暗绿等色调。

(3) 色彩变化的幅度和无彩色(黑、白、灰)的使用,也可看出儿童的性格。例如,积极、活泼者用色多,消极、拘束者用色少或只爱用无彩色。

(4) 描画很仔细的,大多是内向型儿童;而画得生动、粗壮、有力的,则是外向型儿童。

(5) 画面出现特殊形体,注意远近法,只用黑色去描画的,则有分裂性格的倾向。

当然,我们不能因为学前儿童在绘画中出现黑色不明物体就给幼儿贴上心理不健康的标签,但是两位学者的观点至少可以给予我们一个提示:学前儿童绘画可以反映出孩子的个性心理特征。幼儿教师若能够通过观察学前儿童的绘画作品,及时了解幼儿的情绪情感状态,可能会给予幼儿更好的教育支持和帮助。

第三节　学前儿童美术教育

一、学前儿童美术教育的内涵

学前儿童美术教育是指教育者遵循学前教育的总体要求，根据学前儿童身心发展的规律，有目的、有计划地通过美术欣赏和美术创作活动，感染学前儿童，并培养其美术审美能力和美术创作能力，最终促进其人格和谐发展的一种审美教育。①

学前儿童美术教育属于一种审美教育，其目的是通过培养学前儿童审美感知、审美想象、审美创作方面的能力，促使其得到精神上的满足和愉悦，最终达到人格的完善。与成人相比，学前儿童的审美教育是一种以情感教育为主的教育，更加侧重的是儿童在美术活动过程中的情感参与。

学前儿童美术教育属于一种普通的艺术教育。艺术教育分为专业艺术教育和普通艺术教育两类。专业艺术教育主要培养各种艺术专门人才，它的最终目的是产生出更多的艺术作品，强调的是艺术创作能力和制作技巧方面的培养。普通艺术教育的目标主要是提升学习者的艺术修养和个体的人格素质。

二、学前儿童美术教育的特性

(一) 学前儿童美术教育是一种审美教育

学前儿童的美术活动是他们运用多种感官去感知审美对象，用语言、动作等多种方式表达自己的审美感受，用手操作美术工具和材料表现自己的审美想象的一个审美过程。在这一过程中，学前儿童的审美能力得到提升，审美心理结构得到完善，审美情感得到激发，审美想象和创作得到实现。

学前儿童美术教育的核心应该以学科为中心转向为核心素养的教育。核心素养不同于“美术技能”，美术素养是幼儿未来作为一个完整的人的整体素养的重要组成部分。《3 6 岁儿童学习与发展指南》中提出：“艺术是人类感受美、表现美和创造美的重要形式，也是表达自己对周围世界的认识和情绪态度的独特方式。”美术教育就是通过成人的支持和引导，在大自然和社会文化生活中，萌发学前儿童对于美的感受和体验，丰富学前儿童对美好事物的想象和创作。情感是学前儿童审美的基本特征，适当的美术技能有助于学前儿童进行创作和表现，但是技能不是美术教育的唯一。

“2017 江苏万名儿童创意美术双年展”以“自然的种子、想象的力量”为主题展览了近 20 所幼儿园以及 8 所小学儿童美术作品。策展人曾提出，当前艺术教育最大的误区就是只注重技能技巧的传授，而忽略了儿童想象力和创造力的

“万名儿童展”视频

① 孔起英著.幼儿园美术领域教育精要——关键经验与活动指导[M].北京：教育科学出版社，2016：12.

发展。儿童美术并非自然形成，它通过儿童自己所想、所说、所做，交流创造而形成。儿童美术教育应该以学科为中心转向核心素养的教育。通过欣赏展览中的作品，我们惊讶于操作材料的五花八门，惊讶于让人心动的色彩搭配。在这里，我们看到了学前儿童对于自然材料的巧妙运用，看到了学前儿童大胆奔放的创作风格。通过观看某些短暂的创作视频我们得知，这些作品的产生得益于老师们较好的美术教育理念，带着孩子进入真实的自然场景，在看一看、玩一玩、摸一摸、试一试的基础上，幼儿的审美情感被自然激发，这些审美经验为后面的大胆创作奠定了基础。

（二）学前儿童美术教育是一种情感教育

学前儿童喜欢涂涂画画，美术是他们感性地认识世界和把握世界的一种方式。他们常常不自觉地把自己的情感投射到客体上，运用美术的方式表达自己的情绪，记录自己的生活。学前儿童美术教育是一种情感教育，满足幼儿审美情感需要。

在美术教育活动中，美术作品中的艺术符号很容易唤起儿童的情感体验。在开展美术欣赏活动时，引导他们亲身体验和感受其审美特征，他们很容易联系自身生活经验，产生与作品相一致的审美情感。如大班幼儿在欣赏玛丽·卡萨特的油画作品《洗澡》(图 1-14)时，就有不少幼儿提到“我们家也是妈妈给我洗澡的”“妈妈的手很柔软”“我们要爱妈妈”等表达自己对于妈妈的爱的观点。

图 1-14　洗澡

创造性的美术活动为学前儿童表达情感提供了一个有效的途径。在进行美术绘画或手工活动时，学前儿童会将自己的情绪情感渗透在作品之中，满足自身精神上的需求。如一名中班男孩在手工制作“妈妈的手链”时，克服了平时不喜欢串珠子的情绪，认真选择喜欢的珠子，努力将一个个小珠子串起来变成一串漂亮的手链。在串手链的过程中，他享受着一种我为妈妈制作母亲节礼物的情感愉悦和满足，在把手链给妈妈戴上的那一刻，产生了极大的愉悦感和成就感。

（三）学前儿童美术教育是一种创造教育

学前儿童美术教育是以培养学前儿童审美创造能力为核心的一种创造教育。[①]“儿童绘画之父”弗兰兹·西泽克曾经提出，既然儿童的绘画比成人的更纯真、更富有创造性，对儿童的美术教育就不能简单化地按照成人的意志，以成人的标准教给儿童成人的画法，儿童美术教育应以儿童的自由表现为主，重在发展儿童与生俱来的创造本能与创造热情。每个儿童都有创造的潜力，从涂鸦期的乱涂乱画，到象征期的粗略轮廓，再到图式期充分表达主观情感的绘画作品，儿童一直显示出他们独特的创造力，而这个创造力往往和成人是不一样的。在学前儿童阶段，他们绘画的作品往往打破陈规，比例失

① 孔起英著.幼儿园美术领域教育精要——关键经验与活动指导[M].北京：教育科学出版社，2016：14.

调，配色大胆，处处体现着童趣、稚拙与不合常理，如黑色的太阳、竖起的一根根头发、两条长短不一的手臂、只有两只眼睛的脸……这些有趣的画面，无一不体现着学前儿童的认知和创造，我们成人无权去批判，要求孩子严格按照真实的比例进行创造，更无权对孩子的作品进行更改。

《3—6 岁儿童学习与发展指南》中提出教师应该“创造机会和条件，支持幼儿自发的艺术表现和创造；尊重幼儿自发的表现和创造，并给予适当的指导”。学前儿童美术教育一种创造性教育，教师应该要支持和鼓励幼儿富有个性和创造性的表达。在美术教育活动中，不再以画面是否干净、比例是否适当、涂色是否均匀等技术性标准去评价学前儿童作品，而是更加注重学前儿童的自主表达以及想象力和创造力的发展。

（四）学前儿童美术教育是一种整合教育

《3—6 岁儿童学习与发展指南》中提出：“关注幼儿学习与发展的整体性。儿童的发展是一个整体，要注重领域之间、目标之间的相互渗透和整合，促进幼儿身心全面协调发展，而不应片面追求某一方面或几方面的发展。”

首先，学前儿童美术教育是以培养学前儿童审美能力为主要目标，以幼儿在其他领域发展为次要目的的。教师在实施美术教育时，除了注重学前儿童的审美感受与欣赏、审美表现与创作能力之外，也应该关注其他领域目标的体现。如在美术欣赏活动中，在审美注意阶段，会注重幼儿语言的自主表达，提升幼儿的语言表达能力；在手工制作“棒棒糖”时，可以进一步渗透健康领域的内容。学前儿童美术教育活动的实施中，应该在目标的追求、内容的选择以及实施的过程环节，具有整合的意识。

其次，学前儿童美术教育中幼儿获取的美术方面的经验，可以很好地为其他领域的学习提供帮助。在其他领域的学习过程中，学前儿童可以借助绘画、制作等艺术表达的方式来表达自己对于该领域内容的探索以及对探索的理解。如在观察类的科学活动中，可以通过绘画的方式开展记录；在语言活动中，可以通过绘画的方式进行故事创编、想象。

最后，学前儿童美术教育具有重要的传统文化传承的作用。在多元文化背景下，我们感受到传统优秀文化在退化，甚至出现失传和断层的危险。中国传统文化中蕴含着丰富的艺术教育资源，我们可以汲取传统文化中的艺术精华、精神积淀、审美情趣，通过在美术教学中渗透传统文化教育，不仅使学前儿童掌握美术的专业知识和技能，而且在完成育人功能的同时，促进中国传统文化的传承和发展。如南京市梅花山庄幼儿园建立了“蜡染工作坊”“皮影工作坊”等具有文化特色的美术工作室，在开展美术教育的同时，也传承和发扬了传统艺术。

三、学前儿童美术教育的相关理论

开展学前儿童美术教育活动时，教师是否需要范画和演示？有的教师认为，当然需要教师的示范，若没有教师的示范，学前儿童画出的形象就会乱七八糟，完全不符合审美形象的结构特点，应该注重教师的指导性作用。而有的老师认为，不能提供范画，因为提供范画会限定学前儿童的想象力和创造力，教学过程中应该注重的是学前儿童的自主表达。在美术教育过程中，应该注重教师的专业指导，还是注重儿童的自发成长，这些不同的观念会促使教师产生不同的指导行为，而这些观念背后体现的是不同的儿童美术教育理论。

（一）工具论

“工具论”的主要观点在于强调美术教育的教育性价值，即把美术当作教育工具，认为可以通过美术教育促进儿童的生长和发展。“工具论”认为，学前儿童美术教育的目的是促进儿童的发展，因此应该更重视创作过程，在教学方法上主张顺应儿童的自然发展。其代表人物是美国美术教育家罗恩菲尔德(1903—1960)和英国美术教育家里德(1893—1968)。他们都将“儿童的发展”置于首位，强调的是“通过艺术的教育”。

卢梭的“自然教育”和杜威的“实用主义”是工具论美术教育观产生的思想基础。卢梭强调教育要适合人的本性，提倡儿童到优美的环境中去亲身体验，随行创作。杜威则强调儿童的本身是他们获得经验的基础，而教育就是经验的改造，身心成长和经验改造的正当途径是真实的生活，因此课堂上教师的责任不是传授知识，而是引导儿童通过活动中自己的观察、操作、体验而获取相关经验，即“从做中学”。

罗恩菲尔德强调个人和自我创造的潜能，特别是在有助于儿童心智成长方面的价值。他对于美术教育最重要的贡献还在于他提出的“儿童美术的发展阶段论”。罗恩菲尔德从儿童心理学的角度发展了一套儿童美术教育的教学方法，针对儿童发展的每个阶段设计了一套连贯的评价标准。他把这些阶段命名为涂鸦阶段(2—4岁)、样式化前阶段(4—7岁)、样式化阶段(7—9岁)、理智萌芽阶段(9—11岁)、拟写实阶段(11—13岁)以及青春期阶段(13—17岁)。他认为，儿童们通过绘画表现出成长时期的特点，儿童的绘画发展是渐进式的，不同年龄阶段儿童会表现出不同的典型绘画特征。另外，罗恩菲尔德将儿童的美术发展分为几个阶段后，又提出儿童的心智成长包括七个方面：感情的成长、智慧的成长、生理的成长、知觉的成长、社会的成长、美感的成长和创造性的成长。他提出，教师应该给予儿童们一个宽松的创作环境，让他们独立创造属于自己的东西，保护儿童的自然成长。

与罗恩菲尔德类似，里德主张儿童美术教育的目的是发展儿童的“本我”，也就是顺应自然地生长，以生长的特性作为评价范围，保证其天性不受外界压制，个性自然发展。这就要求在日常教学实施中，教师主导变为幼儿主导，要求教师以儿童的个体性格差异出发因材施教，避免干扰到儿童的个性发展。他的观点颠覆了传统观念中对艺术教育的狭隘认识，艺术教育并不是局限于培养几个艺术家和产生几幅伟大的艺术作品，最终目的是产生丰富的、具有完美个性的人，从而获得整个社会的稳定、和谐与进步。

工具论是以儿童发展为取向的美术教育，他强调的是通过美术教育促进儿童其他方面的发展。这种理论对儿童美术教育实践者产生了重要影响，也改变了很多教育者原有的“机械式美术教学”。但是由于工具论过于强调儿童本位，伴随时代的发展，工具论的实践者也面临着不少困境。首先，工具论倡导的自由表现和自我表现的教学内容和方法造就了学校美术教育的松散管理，导致艺术学科在整个课程中地位的低落。其次，因为过分强调保护学生的自然发展，反对教师的干涉，往往造成了教学的无限制放任。最后，由于忽略了美术创造的理性经验和美术课程的完整性，导致美术教育没有明确的美术课程目标和严格的教学大纲，从而使得儿童的美术学习缺乏目的性和连贯性。

（二）本质论

“本质论”的主要观点在于强调美术教育应该以美术自身独特的价值为基础，儿童美术教育应该是为了美术的教育。代表人物是美国美术教育家艾斯纳，他的美术教育思想主要受到了美国著名教育家布鲁纳的结构主义课程论的影响。布鲁纳认为，知识具有内部结构体系，其中包括客观事物的知识，也包括超越实际知识的知识结构和操作这种知识的方法。教学是为了让学生获取知识，发展智力并提高能力。受布鲁纳的影响，艾斯纳所倡导以学科为基础的 DBAE（Discipline-Based Art Education）美术教育思想，主张发展学生的智能以及概念和知觉的认知，重视美术创作、美术批评、美术史和美学四种美术领域知识的均衡。更重要的是，他强调美术学科本体学习的逻辑性、课程的计划性和组织性以及严谨的科目结构，并形成了一套系统、连贯的美术课程体系。

对于美术教育领域来说，艾斯纳教育理论最突出的贡献在于他归纳了艺术的本质特征，强调美术教育的独特价值，以及在结合了罗恩菲尔德等其他人的教育思想精华后，提出了融合美术创作、美术批评、美术史和美学四个领域知识的严谨的美术课程观念。与罗恩菲尔德强调“儿童本位”不同，他重视美术教育的独特贡献，所以是以“美术课程”为中心开展教学。他提倡美术教育应该以美术和学科为本位，以教育为手段，通过科学化、系统化的美术教育或艺术课程，给儿童传授美术知识和技能，以发展和延续艺术文化。因此，与“工具论”重视儿童发展不同，“本质论”更加注重的是儿童艺术学习的结果和成效，即美术学科知识和技能的系统学习。

随着时间的推移和社会的变化，一种美术教育思想或理论总是在教育实践中不断暴露出新的问题。结合美国艺术教育开展的实际情况，人们对于“本质论”美术教育思想的争议主要体现在以下几个方面：首先，DBAE 过分强调美术创作、美术批评、美术史和美学四个领域知识的学习，影响了学生的创造力和艺术表现力的发展；其次，特别对于低幼年龄段儿童，由于认知能力和社会经验有限，他们根本无法理解美学和美术批评的相关知识；最后，DBAE 固定的教学模式限制了教师的创造性教学，使学生和教师之间不能充分地互动。

（三）两种美术教育理论的启示

任何一种理论都有它产生的时代背景和划时代意义，而不同的理论也都对我国儿童美术教育产生了深远的影响。针对中国原有美术教育存在学科本位的问题，罗恩菲尔德美术教育思想中的儿童发展阶段论、注重儿童自发性创造力的思想对中国美术教育改革具有借鉴意义。正如《3—6岁儿童学习与发展指南》中提出的"成人不能用自己的审美标准去评判幼儿，更不能为追求结果的完美而对幼儿进行千篇一律的训练，以免扼杀想象和创造的萌芽"。而艾斯纳理论在美术课程设计上的完整性、系统性和严谨性，强调课程目标，在教学中辩证的师生关系论都是值得我们学习的地方，也是我们原有的美术课程中所缺少的。正如《幼儿园教育指导纲要》中明确提出"教师的作用在于激发幼儿感受美、表现美的情趣……根据幼儿发展状况和需要，对表现方式和技能技巧给予适时、适当指导"。

当然，不管哪种美术教育思想如果走入极端，都会阻碍美术教育的发展。"本质论"和"工具论"在教育实践中所呈现的不足和经历的教训，都将作为我国儿童美术教育的警戒。学前儿童美术教育既不能走入"本质论"的极端，只注重美术专业能力的发展，对学前儿童的美术技能进行千篇一律的训练；也不能走入"工具论"的极端，在美术教育中完全忽略教师的作用，对学前儿童过于放任。幼教工作者只能结合两种理论中的精华，洋为中用，去其糟粕，才能真正提升学前儿童美术教育的质量。

案例评析

案例一：妈妈，我不想去了

涵涵是一个4岁的小女孩，非常喜欢涂涂画画。妈妈就给她报了一个美术兴趣班。这两天，涵涵说什么也不去了，于是和妈妈展开了以下对话。

妈妈：为什么不去了啊？

涵涵：老师老是改我的东西。

妈妈：怎么改你的作品的啊？

涵涵：我用彩泥捏了一个大象，鼻子是直直的，可是老师把我的象鼻子改成了弯弯的。

妈妈：你为什么做了一个直直的大象鼻子啊？

涵涵：我的大象在摘苹果，他一使劲儿，鼻子就直了。

思考：为什么兴趣班老师会更改幼儿的美术作品？幼儿创作美术与成人有什么区别？

案例二：画大狮子

郑老师在组织大班美术活动"威风的大狮子"时，先让小朋友说一说大狮子的样子，然后就在小黑板上示范了大狮子的画法。小朋友也都照着郑老师的范例开始画。

思考：对待郑老师的这种做法，你怎么看？

实践活动

1. 找一找生活中有什么美的东西，画一画或者拍一拍。

2. 利用在幼儿园实习的机会，观察一下幼儿园美术活动或者美术区域中的师幼互动，借助所学习的关于幼儿美术教育的相关理论进行评析。

拓展练习

1. 下列关于幼儿美术教育的说法，错误的是（　　）。

A. 幼儿美术教育是一种情感教育

B. 幼儿美术教育是一种技能教育

C. 幼儿美术教育是一种整合教育

D. 幼儿美术教育是一种审美教育

2. 工具论的代表人物是（　　）。

A. 罗恩菲尔德　B. 西泽克　C. 艾斯纳　D. 蒙台梭利

3. 一次美术活动中，兰兰一直说“我不会”，作为老师，下列做法恰当的是（　　）。

A. 老师帮助兰兰画

B. 要求兰兰必须赶快画

C. 再次引导兰兰观察或想象

D. 让旁边的幼儿帮助兰兰画

4. 在画太阳的艺术课上，其他小朋友都画了红色太阳，小强画了黑色太阳，你怎么看？（　　）。

A. 尊重小强的自主表达

B. 小强应该有心理问题

C. 小强可能是一个不遵守纪律的幼儿

D. 引导小强更改为红色太阳

答案及解析

第二章　学前儿童美术教育目标和内容

学习目标：

1. 知道学前儿童美术教育目标制定和内容选择的依据，理解学前儿童美术教育的总目标、年龄目标和活动目标之间的关系。

2. 理解《幼儿园教育指导纲要》和《3—6岁儿童学习与发展指南》中关于艺术领域目标和内容的表述。

3. 理解学前儿童美术教育活动目标的设计原则和撰写要求。

第一节　学前儿童美术教育的目标

教育是有目的、有计划地对受教育者施加影响，使他们在认知、情感、行为等方面发生变化的过程。学前儿童美术教育目标是幼儿园总目标在美术领域的具体化，指出了学前儿童美术教育应该达成的预期效果。只有明确了学前儿童美术教育目标，才能更好地指导幼儿园教师确定学前儿童美术教育的内容，采取适合的方法和途径，促进学前儿童审美能力的发展。

一、学前儿童美术教育目标制定的依据

制定学前儿童美术教育目标的依据主要是学前儿童美术发展的规律、美术学科本身的特点，以及社会文化对学前儿童美术教育的要求三个方面。

（一）学前儿童美术发展的规律

学前儿童美术能力的发展是由学前儿童生理发育和心理发展的特点决定的。在学前儿童的美术欣赏、绘画和手工活动中，不同年龄段的幼儿在认知、情感和社会发展的总体水平均有明显区别。因此，学前儿童美术能力的发展是制定美术教育目标的依据之一。

苏联心理学家维果斯基提出“最近发展区”的概念，他认为在教育活动开展之前，教师应该确定儿童的两种发展水平：现有发展水平和最近发展区。在制定美术教育的具体目标时，一方面教师应该立足于学前儿童现有的美术发展水平，另一方面要考虑到有

些目标应该略高于学前儿童的美术发展水平，设置在“最近发展区”内，从而使目标能够激发和促进学前儿童当前尚未形成的心理机能的发展。

当然，学前儿童美术能力的发展除了受到年龄等客观因素的影响，还受到家庭环境等外部因素的影响，因此学前儿童美术能力的发展呈现出层次性和差异性。教师在制定美术教育目标时，既要考虑学前儿童美术能力的整体发展水平，又要顾及学前儿童个体在美术发展方面的差异，使目标能够真正有益于学前儿童美术能力的发展。

（二）学前儿童美术学科本身的特点

学前儿童美术活动是学前儿童从事的视觉艺术活动，与其他领域不同，美术学科具有自身独特的艺术语言，如线条、色彩、造型、构图等。学前儿童美术教育中不可避免包含了一些美术专业知识和技能的学习，如通过感知欣赏树林中树木的排列，理解近大远小的透视规律；通过感知欣赏蝴蝶翅膀上绚丽多彩的图案装饰，理解对称的装饰规律；通过折纸图谱的观察和探究，了解图谱中各个图示的含义等。在教师的引导下，学前儿童只有掌握了一定的美术专业知识和技能，才能更有自信地表达出自己感知到的或想象中的形象和情节。

当然学前儿童美术教育目标的制定需要处理好创造性与技能学习之间的关系，不能因为美术学科专业知识的学习，而忽略了学前儿童自身的感受与体验。如何在目标制定时既要考虑学前儿童自身的感受与体验、想象与创造，又能引导学前儿童循序渐进地学习美术专业，运用美术技能，这些问题值得我们在目标制定时充分思考和斟酌。

（三）社会文化对学前儿童美术教育的要求

社会和时代的发展对学前教育的面貌和状态起着一定的规范作用，这是来自教育外部的一种制约性。学前儿童美术教育的目标除了考虑学前儿童自身美术能力的发展和美术学科特点外，还应该充分考虑当前社会对学前儿童发展的要求。

中国共产党第十八次全国代表大会以来，习近平总书记曾多次提到文化自信，明确表达文化理念和文化观。美术是一个民族精神文化不可或缺的组成部分，它以审美的视觉形式反映历史、社会现实和大自然，通过刺激感官影响人们的思想感情，提高人们的道德情操。表现真善美，是一切优秀美术创作的宗旨。中华民族有悠久的美术传统，绘画、雕刻和实用工艺在我国拥有丰富的古代遗存，有延绵至今数千年没有中断的历史。在当前的学前儿童美术教育中，我们可以更加关注优秀传统文化、优秀地域文化、非物质文化遗产等社会文化的传承与发扬。如通过剪窗花、贴福字、做灯笼等美术教育活动引导幼儿感受春节文化中大团圆、送祝福的浓浓情意；通过欣赏青花瓷、圆盘装饰、瓶子装饰等一系列美术活动引导幼儿感受中国传统纹样的装饰规律和象征意义等。

二、学前儿童美术教育目标的体系

学前儿童美术教育目标的结构，从纵向上看，具有一般的层次结构，主要包括总目标、年龄阶段目标、具体活动目标；从横向上看，具有独特的分类结构，幼儿园美术教育主要分为绘画教育、手工教育和美术欣赏教育三方面的目标。

（一）学前儿童美术教育的总目标

学前儿童美术教育的总目标是对学前儿童美术教育目标最概括的陈述，是幼儿园教育目标的一个组成部分，是学前儿童美术教育其他层次目标制定的依据和最终追求。

2001年，为贯彻《幼儿园工作规程》，指导幼儿园深入实施素质教育，教育部制定并颁布了《幼儿园教育指导纲要（试行）》（以下简称《纲要》）把幼儿园教育划分为健康、语言、社会、科学和艺术五个领域。其中美术属于艺术领域，明确地把艺术领域的目标定为如下内容：

1. 初步感受并喜爱环境、生活和艺术中的美。
2. 喜欢参加艺术活动，并能大胆地表现自己的情感和体验。
3. 能用自己喜欢的方式进行艺术表现活动。

在2012年颁布的《3—6岁儿童学习与发展指南》（以下简称《指南》）中，艺术领域的目标被明确分成了“感受与欣赏”“表现与创造”两个子领域，具体目标如下：

感受与欣赏：

目标1：喜欢自然界与生活中美的事物

目标2：喜欢欣赏多种多样的艺术形式和作品

表现与创造：

目标1：喜欢进行艺术活动并大胆表现

目标2：具有初步的艺术表现与创造能力

《纲要》和《指南》中艺术领域目标的要求既考虑到儿童发展的年龄特征，又考虑到社会对未来人才的要求。《纲要》关于目标表述的三句话中多次出现了“喜欢或喜爱”这个动词，充分体现了对于“艺术兴趣”培养的重视。第一句提到了“感受”，第二句和第三句提到了“表现”，充分体现了“感受与创造”并重的终身艺术教育观，另外“大胆地表现”“自己喜欢的方式”等内容的提出，充分强调了学前儿童的自主表达和主动参与。《指南》中关于美术教育的目标则从“感受与欣赏”“表现与创造”两个维度提出了具体的要求。分析《纲要》和《指南》中的艺术领域的目标，结合美术领域的内容，分别从审美感知、审美情感和审美创造三个方面论述幼儿美术教育的总目标，具体内容如下：

第一，通过线条、色彩、形体等要素初步感受周围环境和美术作品中的形式美和内容美，对美具有敏感性。

第二，积极投入美术活动，并通过各种造型要素自由表达自己的感受，体验美术创造的乐趣。

第三，初步尝试不同美术工具和材料的操作，并用自己喜欢的方式大胆地表现出来。

（二）学前儿童美术教育的年龄目标

学前儿童美术教育的年龄目标是学前儿童美术教育总目标在幼儿园各个年龄班的具体分解和落实。在年龄目标中，对各个不同年龄班儿童提出了不同层次的要求，考虑了学前儿童美术教育的最近发展区，符合教育不仅仅要适合幼儿发展的水平，而且要能促进幼儿发展的原则。首先我们看一下《指南》中关于不同年龄段的艺术领域目标的要求。

1.《指南》中关于不同年龄目标的要求

（一）感受与欣赏

目标 1：喜欢自然界与生活中美的事物

3—4 岁	4—5 岁	5—6 岁
1. 喜欢观看花草树木、日月星空等美的事物。 2. 容易被自然界中的鸟鸣、风声、雨声等好听的声音所吸引。	**1. 在欣赏自然界和生活环境中美的事物时，关注其色彩、形态等特征。** 2. 喜欢倾听各种好听的声音，感知声音的高低、长短、强弱等变化。	**1. 乐于收集美的物品或向别人介绍所发现的美的事物。** 2. 乐于模仿自然界和生活环境中有特点的声音，并产生相应的联想。

目标 2：喜欢欣赏多种多样的艺术形式和作品

3—4 岁	4—5 岁	5—6 岁
1. 喜欢听音乐或观看舞蹈、戏剧等表演 **2. 乐于观看绘画、泥塑或其他艺术形式的作品。**	**1. 能够专心地观看自己喜欢的文艺演出或艺术品，有模仿和参与的愿望。** **2. 欣赏艺术作品时会产生相应的联想和情绪反应。**	**1. 艺术欣赏时常常用表情、动作、语言等方式表达自己的理解。** **2. 愿意和别人分享、交流自己喜爱的艺术作品和美感体验。**

（二）表现与创造

目标 1：喜欢进行艺术活动并大胆表现

3—4 岁	4—5 岁	5—6 岁
1. 经常自哼自唱或模仿有趣的动作、表情和声调。 **2. 经常涂涂画画、粘粘贴贴并乐在其中。**	1. 经常唱唱跳跳，愿意参加歌唱、律动、舞蹈、表演等活动。 **2. 经常用绘画、捏泥、手工制作等多种方式表现自己的所见所想。**	**1. 积极参与艺术活动，有自己比较喜欢的活动形式。** **2. 能用多种工具、材料或不同的表现手法表达自己的感受和想象。** **3. 在艺术活动中能与他人相互配合，也能独立表现。**

目标2:具有初步的艺术表现与创造能力

3—4岁	4—5岁	5—6岁
1. 能模仿学唱短小歌曲。 2. 能跟随熟悉的音乐做身体动作。 3. 能用声音、动作、姿态模仿自然界的事物和生活情景。 **4. 能用简单的线条和色彩大体画出自己想画的人或事物。**	1. 能用自然的、音量适中的声音基本准确地唱歌。 2. 能通过即兴哼唱或给熟悉的歌曲编词来表达自己的心情。 3. 能用拍手、踏脚等身体动作或可敲击的物品敲打节拍和基本节奏。 **4. 能运用绘画、手工制作等表现自己观察和想象的事物。**	1. 能用基本准确的节奏和音调唱歌。 2. 能用律动或简单的舞蹈动作表现自己的情绪或自然界的情景。 3. 能自编自演故事,并为表演选择和搭配简单的服饰、道具或布景。 **4. 能用自己制作的美术作品布置环境、美化生活。**

分析《指南》中的表述,我们发现艺术领域的目标主要是“感受与欣赏”和“表现与创造”两个部分。其中在“感受与欣赏”的目标中,3—4岁更注重审美兴趣的培养;4—5岁注重对某些形式美的审美感知和审美想象的形成;5—6岁注重幼儿独特的审美感受和表达。在“表现与创造”的目标中,3—4岁更注重参与美术活动的兴趣以及简单的美术技能的掌握(如线条、色彩);4—5岁更注重的能运用不同的美术技能表达出自己观察到或想象出的具体形象;5—6岁更注重幼儿对于多种美术材料和技能的综合运用,以及合作等其他能力的培养。

2. 不同年龄阶段不同美术类型目标的要求

学前儿童美术教育一般分为绘画、手工和美术欣赏三种类型,下面我们分别探讨不同年龄阶段幼儿在不同类型下美术教育目标的要求。

(1) 小班

绘画教育目标:

认知目标	① 初步认识绘画的工具和材料。 ② 学会辨别红、黄、蓝、绿、橙等几种基本的色彩,并能说出正确的名称。 ③ 学会辨别和感受直线、曲线、折线及各种线条的变化。
情感目标	乐于参与绘画活动,体验绘画的乐趣。
技能目标	① 学会使用蜡笔及各种线条水彩笔、棉签等工具进行涂染。 ② 能够画出直线、曲线、折线等不同样式的线条,并能表现出线条的方向、粗细和疏密。 ③ 学会用圆形、方形、三角形等简单的几何图形表现出物体的轮廓特征。
创造性目标	① 大胆作画,能够把画面涂满。 ② 初步学习用各种线条和图形组合成不同图式。

手工教育目标：

认知目标	① 初步认识并熟悉泥工、纸工、拼贴等工具材料的使用方法。 ② 了解泥的可塑性。 ③ 了解不同纸材料的性质。
情感目标	乐于参与手工活动，体验不同类型手工的乐趣。
技能目标	① 学习用糨糊、胶水等粘贴工具将纸片、豆类等材料进行简单拼贴或装饰。 ② 初步学习撕纸、折纸、染纸的最简单技能。 ③ 学会搓长、团圆、压扁等泥工技能，塑造出最简单的物品形象。 ④ 学习在原形物体或半成品上进行简单拼贴制作最简单的玩具或物品。
创造性目标	大胆地选用材料，按照意愿进行制作和装饰。

美术欣赏教育目标：

认知目标	知道从自然、生活和美术作品中能够享受到视觉艺术的美。
情感目标	① 喜欢观看、欣赏艺术作品。 ② 对美术作品、图书中的各种形象感兴趣。 ③ 初步体验作品中不同“性格”的线条。 ④ 体验美术欣赏活动的乐趣。
技能目标	初步学会运用线条表现力度感、节奏感。
创造性目标	大胆运用动作、表情等表达自己欣赏后的感受。

（2）中班

绘画教育目标：

认知目标	① 能够较准确地把握形状的基本结构，理解形状符合的象征意义。 ② 认识常见的固有色，说出他们的名称。 ③ 初步理解画面中上下、左右的空间关系。
情感目标	喜欢用自己独特的语言表达自己的想法和感觉。
技能目标	① 进一步学习多种绘画工具和绘画材料的方法。 ② 能够运用图形组合的方式，表现出物体的基本结构和主要特征。 ③ 会选择与物体接近的颜色，初步有目的地设色、配色。 ④ 初步学习在画面上合理布局，表现出物体的上下、左右位置。
创造性目标	能大胆地按照自己的意愿画画。

手工教育目标：

认知目标	① 进一步认识和学会使用多种手工工具和材料。 ② 进一步了解纸材料、泥材料等美术材料的特性。
情感目标	积极参与各种类型手工活动，体验不同类型手工制作活动的乐趣。

（续表）

技能目标	① 学习用更丰富和更复杂的材料，拼贴出简单形象。 ② 在小班撕纸的基础上，能够撕出简单形象；在小班折纸基础上，进一步学习集中一角折等基本折纸技能，折出简单玩具和形象；在小班染纸的基础上，能够通过折叠染出对称图案。 ③ 能够正确使用剪刀，并能够剪出方形、三角形等基本图形。 ④ 能够运用泥塑的技能塑造出物体的基本结构和主要特征。 ⑤ 初步学习用自然材料和废旧材料制作简单的玩具或物品。
创造性目标	能够大胆按照意愿，进行构思和制作。

美术欣赏教育目标：

认知目标	通过欣赏作品，了解作品的主题和基本内容。
情感目标	① 能体验作品中线条、形状、色彩等。 ② 通过欣赏产生与作品相一致的感受。
技能目标	① 感受作品的色彩变化以及相互关系。 ② 感受作品中形象的鲜明性和象征性，并体验其情感。 ③ 感受作品的构成，体验作品的对称、均衡、节奏。
创造性目标	通过欣赏，说出自己喜爱或不喜爱作品的理由，并对作品做简单评价。

（3）大班

绘画教育目标：

认知目标	① 认识物体的整体结构和各种空间关系。 ② 具有配色意识，提高对颜色变化的辨析能力。 ③ 知道运用不同的绘画工具和材料能表现出不同的美术效果。
情感目标	在安排画面的过程中逐步体会均衡、对称、变化等形式美，体验创造的乐趣。
技能目标	① 能够综合使用绘画工具材料，运用不同技法表现自己独特的思想和感受。 ② 能较完整地表现熟悉的或想象中的物体的动态结构和简单情节。 ③ 学习运用对比色、类似色进行绘画，并根据画面的需要，用色彩表达情感。 ④ 初步表现物体的前后、远近等简单的空间关系及主题和背景之间的关系。
创造性目标	结合自己的生活经验，将绘画作为表达自己独特的思想和情感的手段和方式之一。

手工教育目标：

认知目标	① 知道不同纸张的不同性质，知道不同纸张具有不同的表现效果。 ② 对自制玩具的材料进行分类，以获取选择、收集这些材料的经验。
情感目标	喜欢用手工表达自己的想法和情感。

（续表）

技能目标	① 熟练地选择和综合使用不同的手工工具和材料。 ② 综合运用撕纸、折纸、剪纸、染纸等不同的手工技能，表现某一主题形象，并能进一步进行细节的装饰。 ③ 能够综合运用泥工技能，进行立体制作和平面泥贴画。 ④ 能够综合运用各种美术技能技巧，对自然材料、废旧材料等进行简单的加工改造，制作出各种简单玩具和物品。
创造性目标	能够大胆按照自主意愿，制作出具有独创性的作品。

美术欣赏教育目标：

认知目标	① 通过欣赏，了解作品的形状、色彩、结构等美术要素。 ② 了解作品的表现手法、艺术风格和创作意图。
情感目标	喜欢各种不同风格的美术作品。
技能目标	① 能感受作品的色调、色彩之间关系的变化。 ② 能感受作品中形象的象征性、寓意性。 ③ 能感受作品中的形式美，学会用感官、语言等手段，多通道表达自己对作品的感受、理解。
创造性目标	在欣赏和评价他人的作品时，能讲述自己独特的观点。

通过对比分析不同年龄阶段儿童不同类型的美术教育目标，我们可以发现，小班美术教育的目标以“艺术兴趣”的培养为主，中班美术教育的目标以“初步学习美术知识或技能，初步表现形象的基本结构和特征”为主，大班美术教育的目标更加强调“综合运用各种美术技能”和“独创性”。

（三）学前儿童美术教育的活动目标

学前儿童美术教育的活动目标又称为具体的活动目标，一般由教师自己制定，它是指在某一个具体的美术活动中要达到的目标。如小班命题画“漂亮的棒棒糖”的活动目标，中班折纸活动“热带鱼”的活动目标等。活动目标相对于总目标和年龄目标更加具体和具有操作性。

1. 学前儿童美术教育活动目标的特点

（1）目标必须与美术教育总目标、年龄目标保持一致

学前儿童美术教育活动目标虽然是指向某个具体美术活动的目标，但是在具体制定时，既要充分考虑《纲要》和《指南》等国家文件以及社会对美术教育的目标要求，又要着眼于学前儿童不同年龄阶段目标的要求。结合不同年龄段儿童美术能力发展的需求，制定适宜、科学的活动目标。

（2）目标制定的角度要统一

活动目标制定的角度要统一是指一个活动目标内容都是从教师角度或幼儿角度出发制定的。目前结合当前教育理念，多以幼儿为主语制定活动目标。下面以大班手工

活动“搞笑纸筒人”的活动目标为例说明：

大班手工活动：搞笑纸筒人

活动目标：

1. 通过立体造型，体验造型活动的快乐。
2. 感受搞怪纸筒人夸张表情的幽默风趣，了解不同发型的装饰特点。
3. 能综合运用剪、卷、折纸的技能，大胆设计娃娃的不同发型和五官表情，制作出搞怪的纸筒娃娃。

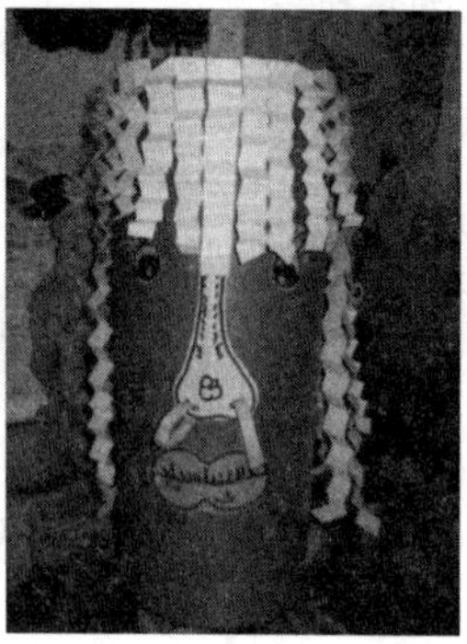

图 2-1　搞笑纸筒人(1)

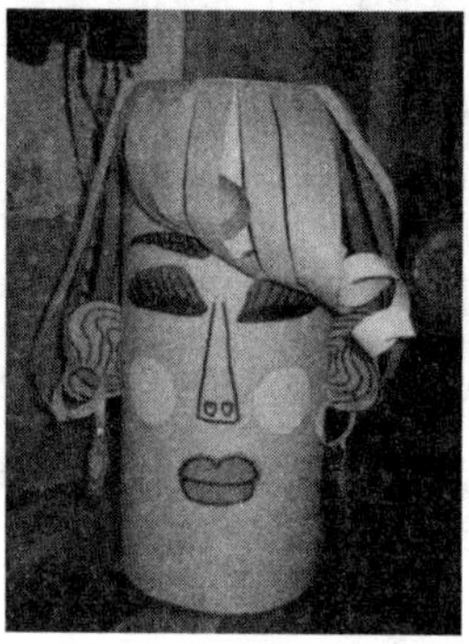

图 2-2　搞笑纸筒人(2)

上述案例中活动目标的制定就是从学前儿童学习的角度来制定的，第一条是情感方面的目标，第二条是认知方面的目标，第三条是技能方面的目标，均是从儿童学习角度，明确了本次活动中儿童应该达成的目标。

(3) 目标制定必须具有可操作性

美术教育活动目标是最具体、最细化、最直接和最具有操作性的目标。学前儿童美术教育的所有目标都要通过具体的美术活动来实现，因此，教师在制定美术活动目标时，应该针对本次活动开展的内容和要求，在活动目标中提出具体的行为目标或表现性目标，切忌过于笼统、宽泛的目标。下面以小班绘画活动“桃花朵朵开”为例说明：

小班绘画活动：桃花朵朵开(手指点画)

活动目标：

1. 乐于参与绘画活动，体验绘画活动的乐趣。
2. 了解春天的景色，知道桃花是春天开放的。
3. 能够大胆创作出桃花朵朵开的景象。

上述案例中活动目标 1、2、3 均相对宽泛，目标 1 适用于任何一个绘画活动，目标 2 和目标 3 没有与本次活动中所运用的手指点画相结合，若能更具体地提出关于“桃花”和“手指点画”的具体操作目标要求会更好。下面是修改后的活动目标：

小班绘画活动：桃花朵朵开(手指点画)

活动目标：

1. 乐于参与手指点画活动，体验手指点画的乐趣。

2. 知道桃花的颜色、造型特点和盛开的位置，了解桃花是春天开放的。

3. 能够大胆运用手指点画的方式，在桃枝上点出桃花朵朵盛开的景象。

(4) 目标应该涵盖认知、情感、能力和创造性等方面的要求

教育活动目标一般应包括认知、情感、能力和创造性四个方面的要求。其中认知一般包括美术专业知识的学习，如色彩的认知、理解装饰规律等。还包括美术工具材料性质的认识，如工具材料的名称、性质等。情感一般包括兴趣、态度、世界观、价值观等方面的内容。能力一般涉及美术专业技能方面的学习，如手指点画、油水分离等。创造力方面的目标是艺术领域区别于其他领域的一个方面，在教育活动目标的制定时，教师应该关注学前儿童自主性、想象力、创造力方面的培养。

2. 学前儿童美术教育活动目标的范例分析及调整

结合前面介绍的学前儿童美术教育活动目标的特点，提供以下几个学前儿童美术活动范例，尝试分析和调整。

案例一：小班绘画活动：棒棒糖

活动目标：

1. 激发幼儿参与绘画的乐趣。

2. 让幼儿学习用顺着一个方向画螺旋线的方法。

3. 了解棒棒糖的种类，知道糖吃多了对牙齿不好。

问题：

1. 表述过于宽泛，不具有可操作性。目标1适宜于任何一个绘画活动，与绘画主题“棒棒糖”没有联系。

2. 目标制定的角度不统一。目标1、2均是从教师的角度出发，目标3则是从幼儿学习的角度出发。

修改后：

1. 愿意参与画棒棒糖的绘画活动，体验画螺旋线的乐趣。

2. 大胆运用螺旋线画出不同颜色、不同大小的棒棒糖。

3. 知道棒棒糖不同颜色代表不同味道，知道糖吃多了对牙齿不好。

案例二：中班手工活动：热带鱼(折纸)

活动目标：

1. 能够理解折纸的步骤。

2. 学习运用双三角形折的方法折出热带鱼，并能进一步装饰。

3. 培养幼儿对折纸的兴趣，体验动手操作的乐趣。

图2-3　热带鱼

问题：

1. 目标表述角度不统一。目标1、2均是从幼儿

学习的角度，目标3是从教师的角度。

2. 目标偏重于技能学习，缺少对热带鱼的“感受与欣赏”类的认知目标。

3. 目标3较为笼统。

修改后：

1. 通过欣赏，了解热带鱼的身体结构，感知花纹的装饰特点。

2. 能够看懂折纸图谱上的标识符号，学习运用双三角形的折法折出热带鱼，大胆对热带鱼的身体进行装饰。

3. 乐于参与折纸活动，体验装饰热带鱼的乐趣。

案例三：大班美术欣赏活动：向日葵

活动目标：

1. 欣赏梵高《向日葵》中鲜明亮丽的色彩和极富特色的线条，感受画面传达出的强烈、炙热的感情。

2. 大胆欣赏与评价，提升对艺术作品的解释和评判能力。

3. 通过对画家的介绍，产生欣赏经典名画的兴趣。

问题：

1. 目标1、2相对具体，但是目标3过于笼统，不好操作。

2. 目标2要求较高。

修改后：

1. 通过欣赏《向日葵》中鲜明亮丽的色彩和极富特色的线条，感受画面传达出来的强烈、炙热的感情。

2. 能大胆讲述自己的感受，增加对色调的认识和理解。

3. 能运用暖色调的相关知识，创作“我心中的向日葵”，体验创作的乐趣。

图2-4 向日葵

第二节　学前儿童美术教育的内容

美术教育的内容是实现学前儿童美术教育目标的媒介，是幼儿园教师设计和实施美术教育的主要依据，是美术教育目标能否达成的关键。它既要符合社会对学前儿童发展的要求，又要反映出美术教育理论的最新成果，更要符合学前儿童美术能力发展的规律。

一、《纲要》中对幼儿园艺术教育内容的规定

《纲要》中明确规定了艺术领域的内容要求，具体如下：

1. 引导幼儿接触周围环境和生活中美好的人、事、物，丰富他们的感性经验和审美

情趣，激发他们表现美、创造美的情趣。

2. 在艺术活动中面向全体幼儿，要针对他们的不同特点和需要，让每个幼儿都得到美的熏陶和培养。对有艺术天赋的幼儿要注意发展他们的艺术潜能。

3. 提供自由表现的机会，鼓励幼儿用不同形式大胆地表达自己的情感、理解和想象，尊重每个幼儿的想法和创造，肯定和接纳他们独特的审美感受和表现形式，分享他们创造的快乐。

4. 在支持、鼓励幼儿积极参加各种艺术活动并大胆表现的同时，帮助他们提高表现的技能和能力。

5. 指导幼儿利用身边的物品或废旧材料制作玩具、手工艺品等来美化自己的生活或开展其他活动。

6. 为幼儿创设展示自己作品的条件，引导幼儿相互交流、相互欣赏、共同提高。

学前儿童美术教育内容一般分为绘画、手工、欣赏活动三种类型，结合《纲要》中的要求，学前儿童美术教育的内容一般可以分为美术欣赏的知识和技能、美术工具材料的认识和运用、美术技能的学习、美术习惯的养成等几方面的内容。具体内容在后面的章节中会详细介绍。

二、学前儿童美术教育内容选择的标准

《纲要》中曾经提出，教育活动内容的选择应该遵循《纲要》第二部分中有关的表述进行，即要按照艺术领域的目标要求选择相关内容。另外，还应该体现以下原则：

第一，既适合幼儿的现有水平，又有一定的挑战性。

第二，既符合幼儿的现实需要，又有利于其长远发展。

第三，既贴近幼儿的生活来选择幼儿感兴趣的事物和问题，又有助于拓展幼儿的经验和视野。

《纲要》还提出“教育内容的组织应充分考虑幼儿的学习特点和认识规律，各领域的内容要有机联系，相互渗透，注重综合性、趣味性、活动性，寓教育于生活、游戏之中”。由此可见，如何选择学前儿童美术活动的内容，除了遵循一般的教学原则，注意到内容的艺术性、科学性和思想性以外，还应该以幼儿发展的特点和美术教育本身的规律为标准。

（一）适宜性原则

适宜性原则有两个方面的内涵：一是教师在选择美术教育内容时要以学前儿童的生活经验为基础。陶行知先生提出“生活教育是以生活为中心之教育”。“教育要通过生活才有力量而成为真正的教育。”教师在为学前儿童选择相关的教学内容时，应该要贴近幼儿的生活，达到寓教于乐的效果。只有面对熟悉的和感兴趣的创作主题，学前儿童才能更加积极地参与美术活动，真正创作出富有童趣和生命力的美术作品。

一方面，学前儿童美术创作的题材应该来源于学前儿童的生活。教师应该在学前

儿童熟悉的大自然和社会文化生活中选取贴近他们生活的教育内容。如小班美术活动"吹泡泡"就来源于孩子平时最喜欢的泡泡游戏。中班美术活动"生日蛋糕"(泥塑)也是取材于孩子们最熟悉的生活场景,学前儿童可以结合自身的生活经验,对生日蛋糕的造型和装饰进行大胆想象和创作,完成富有创意的作品。另一方面,学前儿童美术创作的材料也可以来源于学前儿童的生活,如废旧材料、自然材料等。在开展大班美术活动"交通工具"时,教师可以邀请家长与幼儿一起搜集主题图片等资料,在认识了解交通工具的基础上,再鼓励家长和幼儿选用家中的一些废旧纸盒、废旧瓶罐等进行装饰,共同创作出一种交通工具。另外树枝、树叶、石头等自然材料,也是非常好的美术材料,可以鼓励学前儿童尝试运用自然材料进行美术创作。

二是教师在选择美术教育内容时要以学前儿童实际发展水平为基础,包括他们的认知发展水平、动作发展水平以及美术能力发展水平。过高或过低评估学前儿童的发展水平,都很难实现预期的教学目标和效果。如中班美术活动"我和爸妈逛公园",因为中班幼儿绘画能力有限,仅仅能够大概画出某些形象的基本结构或主要特征。而"我和爸妈逛公园"不仅仅有人物形象,还有公园场景,需要较好的构图能力,这些都远远超过了幼儿的绘画能力水平。因此大部分小朋友的作品都相对简单,没有体现"逛公园"的情景。

(二)审美性原则

著名雕塑家罗丹曾经说过:"生活中不是缺少美,而是缺少发现美的眼睛。"学前儿童对于美的认识尚处于直接感知阶段,不能对美的规律产生理性认识,形成清晰的概念,极易受到成人审美态度的影响。因此,教师在选择相关内容时,必须从审美性和幼儿的可接受性两个方面去考虑。

从美术本身来说,其社会功能有审美功能、教育功能、认识功能、娱乐功能等,但审美是它最重要、最基本的特征。在选择美术教育的内容时,应该注重审美对象的选择,寓教育于美的享受之中,始终把对儿童的个性、情感的尊重放在首位,强调在儿童审美精神获得满足和愉悦的同时,培养其对美的感受能力,提高他们的审美情趣。教师在选择以及组织相关的教育内容时,可以通过情景创设、角色扮演等多种不同的教学策略激发幼儿参与的兴趣,通过图片、视频等多种方式引导孩子感知对象的审美特征,通过一些多样化材料的提供和审美环境的创设,增加孩子在活动中的审美愉悦。如在小班美术活动"好吃的比萨"中,教师为了增加幼儿对于"比萨"的审美感知,给孩子欣赏了大量的比萨实物图片,还创设了一个比萨店的情景让孩子制作比萨。为了营造"比萨店"的氛围,教师为每位幼儿提供了一个幼儿"比萨托盘"来进行制作。这样,小朋友们在"欣赏比萨"之后,就变身为"比萨设计师",在"托盘"里创作自己"独一无二的比萨"(图 2-5)。类似于桌布的"展示台",让幼儿在进行美术创作的同时,感受到了审美创作的愉悦,也获得了较高的成就感。

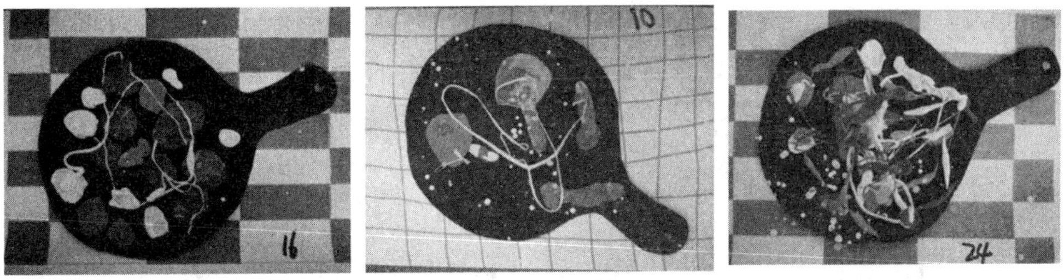

图 2-5　好吃的比萨

（三）整合性原则

《指南》提出“儿童的发展是一个整体，要注重领域之间、目标之间的相互渗透和整合，促进幼儿身心全面协调发展，而不应该片面追求某一方面或几方面的发展”。整合性原则就是指教师选择的美术教育内容，除了考虑其本身具有的美术教育价值，也应该关注学前儿童的学习品质、社会性发展、语言发展等其他方面能力的提升。

一方面，要注意美术领域内部各种不同类型活动的整合。一个美术活动中可以将绘画、手工和美术欣赏相互渗透，促进幼儿审美感知、审美想象和审美创作能力的提升。如在组织中班折纸活动“热带鱼”时，教师可以先让幼儿欣赏具有漂亮图案花纹的热带鱼的图片，然后学习折纸的方法，幼儿在折出小鱼后，可以运用绘画的方式将热带鱼进行装饰。所有小朋友折出的不同样式的热带鱼，又可以作为班级主题环境“海底世界”的装饰。本次的活动内容既有美术技能方面的学习，又促进了欣赏感知能力的提升。另一方面，应该把各种不同领域教育内容通过一个有主题的美术活动加以适当的整合。如大班美术欣赏活动“盲女”中，教师就可以在美术欣赏的同时渗透“关爱盲人”“用心感受美丽的自然景色”等社会性的教育内容，在进行美术欣赏的同时渗透德育。

（四）系统性原则

所谓内容的系统化是指内容的安排要有序，由易到难，由简单到复杂，相互联系，层层递进，结合学前儿童能力发展的逻辑，系统地选择和组织美术教育的相关内容。系统性的内容一方面有助于学前儿童在美术创作中的联想和想象，有助于图示和经验的迁移，另一方面可以循序渐进，保证前后连贯，更好地提升学前儿童的审美表现和创造能力。

在美术活动内容的选择和安排上，教师应该注重纵向和横向之间的联系。其中，纵向顺序是指同一类美术活动的内容之间应该遵循由易到难的顺序。以折纸活动为例，小班可能选择的是对边折或对角折的内容，中班会尝试集中一角折、四角向中心折、双三角形折等相关的折纸内容，而大班则会尝试双正方形折、组合折等内容。折纸内容的安排要结合学前儿童动作能力发展特点，由简单到复杂，逐步深化折纸的相关内容。横向顺序指的是，同一个年龄阶段组织的美术活动之间相互联系。如中班幼儿分别掌握了撕纸、拼贴、穿绳等相关的技能后，教师可以尝试将几种不同类型的活动内容安排在一起，丰富学前儿童美术活动的内容。如中班美术活动“可爱的大狮子”（图 2-6）就是综合运用了撕纸、穿绳、拼贴、绘画等多种美术技能开展的活动，不但美术效果富有创意，幼儿在进行操作时，也可以综合运用各种不同的美术技能，获得更大的成就感。

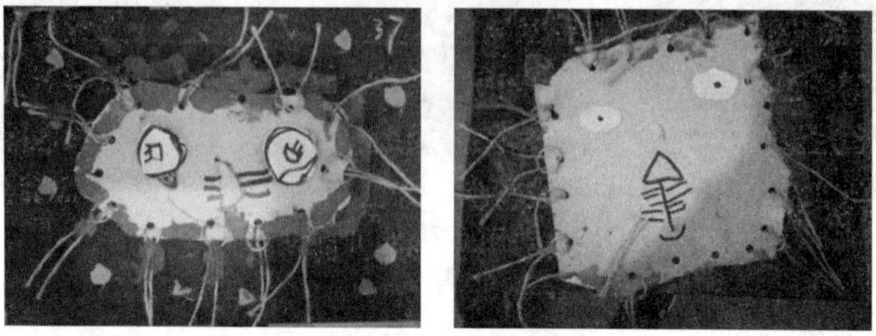

图 2-6　凶猛的大狮子

案例评析

案例：我不会画

郑老师在组织小班美术活动“娃娃吃西瓜”时，先让幼儿用水粉笔画了西瓜的造型，又让孩子画一个张大嘴巴吃西瓜的娃娃头像，要求分别画出娃娃的眼睛、鼻子和圆圆的嘴巴，最后又让幼儿用手掌在西瓜的旁边印上小手掌。

图 2-7　吃西瓜的娃娃

悠悠今年 3 岁 1 个月，平时非常喜欢涂鸦，经常在家大胆地画出各种线条，可是在这个美术活动中，他画完西瓜就不画了，而且一直说“我不会画”，并且走出绘画教室，拒绝继续绘画。

最后在配教老师的帮助下，悠悠画完了作品。其中，娃娃的五官没有按照老师的要求画出圆圆的眼睛、圆圆的嘴巴、三角形的鼻子，而全部用点代替(图 2-7)。

思考：为什么悠悠不会画？你觉得小班幼儿适合绘画一些什么样的内容？

实践活动

以下是一些教师设计的美术活动目标，请你运用所学知识，对这些目标表述进行深入评析，并提出修改意见。

案例一：小班美术活动：好吃的比萨

活动目标：

1. 大胆选用不同颜色的彩泥创作比萨，体验泥工活动的乐趣。
2. 结合自己的生活经验，充分发挥想象，制作出各种口味的比萨。

案例二：大班绘画活动：我的自画像

活动目标：

1. 尝试运用变形、装饰的手法表现出自画像。
2. 大胆尝试绘画，引导幼儿能用辅助材料丰富作品，培养大胆创新能力。
3. 让幼儿体验自主、独立、创造的乐趣。

拓展练习

1. 下列属于4—5岁幼儿美术能力发展目标的是(　　)。

A. 喜欢观看花草树木、日月星空等美的事物

B. 愿意和别人分享、交流自己喜爱的艺术作品和美感体验

C. 经常涂涂画画、粘粘贴贴并乐在其中

D. 能运用绘画、手工制作等方式表现自己观察和想象的事物

2. 下列绘画活动主题适合小班幼儿的是(　　)。

A. 棒棒糖　　B. 我的自画像

C. 我们一家人　　D. 快乐的一天

3. 在小班春游时，很多幼儿对于路边草地上散落的小花很感兴趣，他们三五成团，在观察小花的形状和颜色，这时老师说："小朋友们要保持好队形，赶紧走。"你怎么看？(　　)。

A. 老师做得对，应该先保证幼儿安全和队伍整齐

B. 老师做得对，应该先保证队伍的行进速度

C. 老师做得不恰当，可以给予幼儿一定的观察欣赏小花的时间

D. 老师做得不恰当，应该跟随孩子的兴趣随机更改春游计划

答案与解析

第三章　学前儿童美术教育途径和方法

学习目标：

1. 了解学前儿童美术教育的多元化途径，知道区域美术活动与集体美术活动的区别。

2. 理解美术区域活动的内涵、材料投放的原则以及教师指导时的注意事项。

3. 理解以学前儿童为本位的美术教育的一些教学方法的内涵，并能结合学前儿童美术教育的实践，分析活动中教师所运用的教学方法。

第一节　学前儿童美术教育的途径

幼儿园美术教育可以通过多元化途径来进行，可以说，凡是有美术欣赏或美术创作参与的活动都可以对学前儿童进行美术教育。《指南》中也提出“创造条件让幼儿接触多种艺术形式和作品”“创造机会和条件，支持幼儿自发的艺术表现和创造”。总体来说，学前儿童美术教育的途径主要有日常生活中的美术教育、集体式的美术教育、区域的美术教育、亲子美术教育等几种常见的途径。

一、日常生活中的美术教育

（一）一日生活中的美术教育

陶行知先生提出“生活即教育”。学前儿童的生活是丰富多彩的，在幼儿生活中不论是衣食住行，还是游戏娱乐，每一个生活的细节中，都包含着丰富的美术教育元素。教师应该善于抓住学前儿童一日生活中的教育契机，适时开展美术教育。如何能有效把握一日生活中的教育契机呢？可以从下面的案例中得到一些启示。

案例：白云像什么？

吃过午餐，教师带领小班幼儿在户外散步。阳光明媚，教师带领幼儿在草坪上坐下来自由休息。这时，天天看到天空中的云彩，用手指着天空，大喊：“快看，一个大狮子！啊偶！”说着，便学着大狮子大吼的样子冲着旁边的李李吼着。李李看了天空上的云，然后说："不是大狮子，是霸王龙。"说着也模仿起了霸王龙的动作。

这时候，其他小朋友也被他俩的表演吸引了，看着天上的云彩，有的说："不是恐龙，像鳄鱼。"有的说："是趴着的小狗。"

老师听到小朋友叽叽喳喳的吵闹声，说："大家都不要吵了，排好队，回教室喝水，上厕所！"

小朋友一边排队，一边还在讨论着云的变化……

在上述案例中，小班幼儿对蓝天中的白云进行了自主的审美感知和想象，这就是幼儿自发生成的一种美术欣赏活动。而教师不但没有抓住这个契机，带领幼儿进一步感知白云的造型特征，激发幼儿进一步的联想和想象，反而要求幼儿停止交流分享，强制幼儿回到教室。这说明，幼儿教师往往会忽略到日常生活中的美术教育。

成人除了在日常生活中或春游、秋游中，引导幼儿关注大自然中的美景，如蓝天白云、满山红叶、古树青藤……还可以在日常生活中引导幼儿关注衣服的色彩、鞋子的款式、食物包装上的装饰物，等等。艺术来源于生活，生活中的欣赏感知有助于学前儿童积累更多的感知形象经验，对后面开展美术活动，进行美术创造都有积极的意义。

（二）环境创设中的美术教育

《纲要》中提出"环境是重要的教育资源，应通过环境的创设和利用，有效地促进幼儿的发展"。学前儿童生活的环境作为一种"隐形课程"，教师应该充分利用好这一资源，带领学前儿童参与其中，体验到美化周围环境的乐趣和成果的快乐。如在幼儿园环境创设中，幼儿可以参与墙饰的制作、区角环境的布置（图 3－1）、走廊环境的布置等。教师应该摒弃"幼儿美术作品幼稚、不够美观"等观念，鼓励幼儿充分发挥自主性和创造性，美化自己的生活环境。

图 3－1　美术区作品展示墙

另外，环境中的一些材料的投放还可以与自主游戏相结合，寓教于乐，学前儿童在美术操作的过程中，既锻炼了美术方面的技能，又提升了手眼协调、问题解决等方面的能力。如某幼儿园主题墙上的"编织游戏墙"，孩子们就可以在自主游戏时间，通过不同颜色毛线的编织、组合，生成不同的图案(图 3－2)。

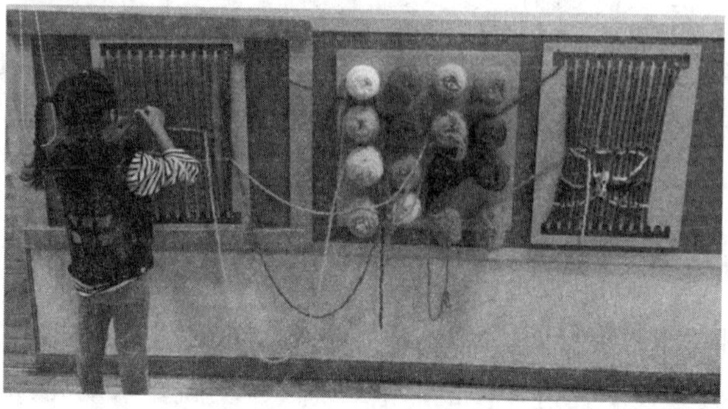

图 3－2　毛线编织墙①

二、集体教学中的美术教育

集体教学活动是指幼儿园专门针对学前儿童某方面能力的发展，教师有目的、有计划、有组织地对幼儿进行教学的活动形式。结合《纲要》和《指南》中对幼儿园教学内容的要求，一般分为五大领域的集体教学活动。但是目前由于儿童发展的整体性、教学内容的整合性等观念的发展，很多领域教学内容均会相互渗透。

(一) 美术领域集体教学活动

由于它能够根据学前儿童美术发展的规律和特点全面制定活动目标，有计划地选择教育内容，并在教师的组织引导下，学前儿童可以针对性地提升美术知识和技能，因此是幼儿园开展美术教育的一种非常普遍的途径。

集体教育活动的设计又称为活动方案或教案，一般有相对固定的构成，主要包括以下几个部分：

1. 活动名称

活动名称应写清楚本次活动的类别、名称以及适宜的年龄段。如大班美术活动“哈哈大笑的人”、小班美术活动“好吃的棒棒糖”。

2. 活动设计思路

活动的设计思路一般是梳理本次活动主题的来源、幼儿的年龄特点、本活动蕴含的教育价值等。

3. 活动目标

活动目标指的是通过本次活动，学前儿童应该达成的具体目标要求，结合前面提到的活动目标的撰写要求，应该注意与美术教育总目标、年龄目标、类型目标保持一致，另外应该注意表述角度要一致，一般具有认知、能力、情感等三方面的目标要求，具有可操作性。

① 图片来源于长沙市荷花池幼儿园。

4. 活动准备

活动准备一般分为经验准备和物质准备两部分。其中经验准备主要是指学前儿童进行本次美术活动应该具备的前期经验。如对于某物体形象的认知经验，对某种美术工具材料性质或使用方法的操作经验等。物质准备主要指的是教师和幼儿在开展美术活动中所运用到的美术工具和材料。教师使用的材料一般称为教具，幼儿使用的材料一般称为学具。物质准备除了工具材料的准备外，还包含环境创设、场地布置等方面的准备。

5. 活动过程

活动过程是活动设计的主体部分，不同类型的美术活动的组织环节略有不同。一般教师会结合学前儿童的审美心理过程，针对性地开展指导。活动过程要求层层递进，重点突出，在重点或难点环节，教师应该学会运用多种教学策略来引导学前儿童学习，充分发挥学前儿童学习的主体地位。

6. 活动延伸

一次美术活动的结束，不代表学前儿童某种美术知识或技能学习的结束。教师应该充分利用家园合作、区域活动、其他领域活动等多种形式，在集体活动结束后，继续开展相关主题的活动。

7. 活动评价与反思

活动评价和反思一般是活动组织完毕，作为执教者对于本次活动的设计与组织展开反思，对活动中师幼互动的有效性、学前儿童参与的积极性等方面进行分析，总结活动的经验和不足之处，以便于下次更好地组织类似的美术活动。

幼儿园集体教学活动有时间限制，一般来说，小班以 15～20 分钟为宜，中班以20～25分钟为宜，大班以 30～35 分钟。因为美术活动中一般具有较长的操作时间，所以教师可以根据幼儿的操作兴趣和活动需要适当延长活动时间。

下面以小班美术活动“病毒来了”为例，完整呈现幼儿园美术领域集体教学活动方案的各个组成部分。

小班美术活动：病毒来了[①]

设计思路：

秋冬交替，小班幼儿由于刚刚入园几个月，对于周围环境和集体生活等还处于适应阶段。抵抗力较弱的幼儿，经常出现感冒等生病的情况。一天，因为感冒，班里有几个小朋友都没有来，其他小朋友们都很好奇他们生病的原因，“病毒来了”就是在这个背景下生成的一个美术活动。小班幼儿认知能力有限，绘画也仅限于玩色、线条、简单几何轮廓等操作内容。“病毒”相对造型简单，采用“吹画”的方式，带着幼儿开展这个“借形想象”的美术游戏，既可以提升幼儿参与美术活动的兴趣，又可以借助这个活动，渗透一

① 活动设计与组织来源于长沙师范学院 15504 班张赛同学。

些健康知识，帮助孩子养成良好的卫生习惯。

活动目标：

1. 知道病毒容易引起疾病，了解勤洗手、勤通风等预防感冒的健康知识。

2. 尝试运用不同的方法随意吹画，大胆想象病毒的不同造型，并能添画病毒的五官。

3. 在玩色中发现色彩的变化，体验色彩晕染和吹画的乐趣。

活动准备：

1. 经验准备：知道病毒可以引起感冒，他们有形态各异的形状。

2. 物质准备：卡通病毒PPT、不同颜色的水粉颜料、较粗的吸管、调色盘、水粉纸、毛笔、卡通眼睛贴、抹布。

活动过程：

1. 创设故事情景，导入活动主题。

指导语：今天兔兔没有来幼儿园，因为她感冒了。可是，她为什么会感冒呢？医生说，因为她感染了病毒。你们知道什么是病毒吗？兔兔为什么会感染病毒呢？

小结：病毒是一种能够让人生病的微生物，在生活中到处都有。若平时不勤洗手，可能就会感染。

2. 欣赏观察不同的卡通病毒图片，了解病毒的造型特点。

（1）出示感冒病毒的图片，了解病毒的造型特点。

指导语：引起兔兔感冒的病毒是什么样子的？什么形状？你们觉得它们像什么？

（2）出示其他病毒的卡通图片，观察病毒的不同形状。

指导语：这些病毒先生是什么样子的？什么形状？你们觉得它们像什么？

3. 出示吹画范例，引导幼儿探索学习吹画的方法。

（1）出示三幅不同颜色、不同造型病毒的范例，引导幼儿讨论病毒的绘画方法。

指导语：老师这里有几幅病毒的画像，你们猜猜是什么画出来的？

（2）出示吹画的工具材料，介绍吹画的操作方法。

指导语：这是什么工具？我们怎么才能在纸上吹出不同的病毒先生呢？谁来试一试？

小结：吹画时，先用毛笔蘸满颜料宝宝，再来亲亲水粉纸，拿出吸管对准颜料宝宝，朝向不同的方向用力吹，颜料宝宝变形了，最后在恰当的位置贴上眼睛贴。

（3）请个别幼儿示范吹的动作。

（4）提醒幼儿可以滴不同颜色的颜料，吹的时候可以朝向不同方向。

4. 幼儿自由操作，教师巡回指导。

（1）鼓励幼儿吹的时候注意安全，可以朝向不同方向吹。

（2）提醒幼儿注意卫生习惯的养成，注意每只毛笔不能随意换色。

（3）吹画时注意颜料点的位置和吹的力度，尽量吹在画纸的中间部位。

5. 幼儿自由分享自己的病毒造型。

指导语：谁来分享一下，你的病毒是什么样子的？

6. 教师总结归纳，提升生活经验。

指导语：兔兔感冒了，是因为感染了病毒，你们知道如何预防病毒感染吗？我们要勤洗手，勤通风。

活动延伸：

1. 在阅读区投放关于病毒知识系列绘本故事。

2. 一日生活中注意练习洗手的正确方法。

3. 美工区投放吹画工具材料，区域游戏时间，幼儿可以自主开展吹画的添画活动。

活动反思：

本次活动的优点：一是选材非常契合小班幼儿"玩"的特性，因此孩子们在"吹画"时非常开心，当给吹出的不同造型贴上眼睛贴时，非常有成就感。二是活动目标基本达成，材料准备也较为充足，孩子吹出的作品效果色彩搭配相对和谐。三是活动过程中运用了情景导入、观察欣赏、范例讨论等方法策略，能够调动孩子们的学习的主动性。

本次活动的缺点：一是借班上课，对孩子的能力水平了解不深，因此开始操作时，可能由于小班肺活量有限，很多幼儿用吸管吹不出不同造型。应该鼓励能力稍弱的孩子直接用嘴巴吹画（提醒卫生安全的情况下）。二是由于只提供了一个眼睛贴，病毒造型相对单调，若再加上四肢的辅助材料，可能效果更佳。三是美术材料上若能提供黑色底纸，颜料以红、黄、紫等相对亮度较高的颜色，美术效果可能更好。

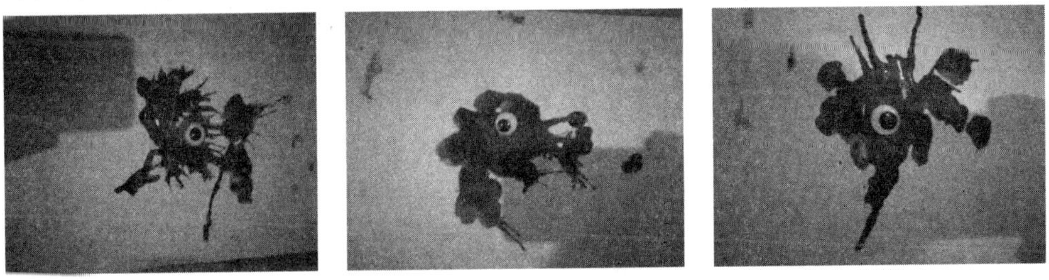

图 3-3　幼儿作品图片

（二）其他领域教学中的美术教育

1. 美术活动与健康活动的渗透

幼儿生活离不开健康活动，在幼儿的自主绘画中，滑滑梯、玩球、跑步等运动活动场景无处不在。一方面，健康活动的开展是学前儿童美术活动创作的来源之一，幼儿用稚拙的绘画语言描绘出自己和小伙伴一起运动的场景，也表达出对运动活动的喜爱。另一方面，一些健康知识可以运用美术活动的形式帮助幼儿了解和掌握。如上述案例中小班美术活动"病毒来了"就是一个美术活动整合健康活动的较好的案例。

在一些手工制作中，教师可以鼓励学前儿童制作一些简单的体育器械，如哑铃、梅花桩等。或者将美术活动中制作的玩教具应用于学前儿童的某些体育游戏，如风车、纸飞机等，学前儿童可以利用这些简单的玩具玩耍、奔跑，从而提升孩子们的运动技能，又能够增加美术手工制作的成就感。

2. 美术活动与科学活动的渗透

科学活动主要侧重的是学前儿童对于客观事物和现象的探索和认知，美术活动则侧重于对客观事物和现象的主观感知和想象，但是两种活动都离不开学前儿童自主的观察和探索。在组织某些科学活动时，可以尝试运用绘画的方式开展记录，如种植植物过程中每天的“观察记录”(图 3－4)、将种植过程绘画出的“我的种植日记(图 3－5)”“小蝌蚪的成长日记”等。而美术活动的一些手工制作活动，也需要渗透一些科学知识，才能更好地开展相关活动。如制作“电话筒”时，让幼儿体验绳子传声的效果；制作、装饰“竹蜻蜓”时关注其中的力学原理等。

图 3－4 自然角“观察记录本”

图 3－5 我的种植日记

3. 美术活动与语言活动的渗透

幼儿文学活动中有很多意境优美、幽默风趣、朗朗上口的儿歌、诗歌、故事、绕口令等，教师可以通过图谱的制作帮助幼儿理解作品内容，还可以通过绘画的方式，引导幼儿对作品进行进一步的想象和创编。另外，在早期阅读活动中，除了进行阅读习惯的培养和情感内容的渗透，还可以引导幼儿观察画面，结合画面的独特艺术风格和手法，让学前儿童尝试自编自画绘本故事。如绘本《小蓝和小黄》就是一本表达好朋友相亲相爱的故事，结合绘本内容，可以引导小班幼儿玩色，体验色彩融合变化的乐趣。

4. 美术活动与社会活动的渗透

人际交往和社会适应是幼儿社会学习的主要内容，教师可以通过亲子制作、小组合作、参观学习等方式渗透美术活动内容，创造亲子交往、同伴交往的机会，让幼儿体验交往的乐趣。如在大班社会活动“参观小学”，参观过后就可以让大班幼儿画一画小学哥哥姐姐的课间生活。另外，在幼儿园的一些区域游戏中，如小超市、水果店(图 3－6)、自主餐厅(图 3－7)等区域内，可以将幼儿用彩泥制作的橙子、梨子、龙虾、甜品等美术作品投放在虚拟的“商店”中，一方面可以促进孩子之间的交往和互动，另一方面还可以增加游戏的趣味性。

图 3－6　水果店

图 3－7　自主餐厅

5. 美术活动与音乐活动的渗透

音乐活动与美术活动同属于艺术领域的活动，很多音乐作品中具有典型的角色形象，如《捏面人》和《狮子王》。教师可以引导幼儿在音乐活动中尝试用身体动作想象形象的造型特点，活动结束后可以利用绘画、手工等方式引导幼儿开展自主的美术活动。既可以深化对音乐内容的理解，又可以进一步激发学前儿童的想象力和创造力，将不同的艺术形式融合呈现。

三、区域活动中的美术教育

（一）美术区的内涵

美术区是幼儿园区域活动中比较常见的一种类型。在美术区里，教师根据学前儿童的需要，提供相应的美术工具和材料，供幼儿自主地进行美术创意活动。与集体美术活动相比，美术区域活动提供了更加充裕的时间、允足的材料和充分的自由，幼儿可以充分发挥主体性和自主性，更加自由地参与到美术的创作活动中去。

（二）美术区的设置

美术区既可以设置在班级环境之内，也可以根据需要设置在户外，在“安吉游戏”的相关美术区域活动中，可以给予我们一些不一样的启示。他们将常规的涂鸦区、泥工区、建构区等与美术相关的区域活动由室内搬到了室外，扩大了操作空间，学前儿童在操作中更加自由、自主。视频中我们可以看到孩子们大胆操作、小组合作、相互支持。在合作中完成相关的美术作品，而教师并没有参与操作过程的指导。教师的指导体现在轻松氛围的创设、所需材料的投放、相关区域规则的制定、作品创作过程的分享总结等。

安吉游戏视频

教师在设置美术区时，应该注意空间设置和环境创设两个方面：

1. 空间设置

在空间设置方面，无论是教室内还是教室外，应该选择空间相对较大的区域，使幼儿有足够的空间进行创作，并且要有足够的空间能够放置不同的操作工具和材料。另外，由于美术区域需要幼儿集中注意力进行创作，所以一般安排在相对安静的区域，如阅读区旁边，并尽量避免与声音嘈杂的区域相邻，如表演区。最后，教师在选择区域位置时，还应该考虑水源问题。因为很多美术活动的开展需要用水调配颜料或冲洗，所以尽量选择靠近水源的位置。

2. 环境创设

美术区域在设置时还应该考虑美术区环境的创设。包含物质环境和精神环境两个方面。在精神环境方面，教师应该更加注重幼儿的自主表达，教师的指导应该以隐形支持为主，不要过多干涉幼儿的创作。物质环境方面，应该有效投放操作材料，能够根据幼儿需求，定期更新材料，体现材料与幼儿的互动性，为幼儿较好地开展美术活动提供支持。

（三）美术区材料投放的几个原则

1. 安全性原则

教师在投放美术材料时，安全是首要考虑的因素。教师向美术区域中投放的物质材料必须符合各种安全指标，无论从性能上还是质量上都要严格把关，避免在幼儿活动过程中，出现受伤等问题。卫生，是教师在进行材料投放时要考虑的另一重要因素。区域中的物质材料，在投放前要进行消毒工作，幼儿抵御细菌的能力比较弱，一旦操作的材料不卫生就有可能导致严重的后果。特别是美术区域中会投放大量的自然材料和废旧材料，教师在投放之前，应该首先对相关材料进行冲洗消毒，或进一步处理掉安全隐患后再进行投放。如松果、树枝等自然材料，应该进行清洗并晒干；废旧瓶子或罐子，应该进行清洗并消毒处理后再投放进美术区。

2. 艺术性原则

幼儿在美术区进行创作时，往往非常关注美术区的环境布置。审美是幼儿的一种天性，教师可以选取一些富有艺术感的作品装饰美术区的环境，也可以将幼儿在美术区创作的作品进行富有创意的陈设，从而进一步激发幼儿在美术区进行创作的欲望和兴趣。如可以将美术区幼儿的彩泥作品“生日蛋糕”陈列在一个立体的“蛋糕架”上。除了关注一些美术成品的陈设和布置，教师在材料投放时还应该关注材料摆放的秩序感和美感。绘画材料与手工材料可以适当放置在不同的区域，各种装饰性材料可以按照点状材料、线状材料、面状材料等不同形态进行分类摆放，这样不仅可以美化美术区的环境，更重要的是有益于幼儿及时自主取用相关材料，还可以培养幼儿良好的美术操作的常规和习惯。

3. 层次性原则

（1）要充分考虑幼儿的年龄特点

幼儿的发展具有阶段性，不同年龄的幼儿发展的水平也不同，教师既要考虑幼儿现有的发展水平，又要考虑到幼儿即将达到的水平。将教育目标分解成若干个与幼儿认知水平相适应的目标，按照由易到难的要求投放材料。使投放的材料便于幼儿操作，满足幼儿的需要。如小班幼儿的绘画水平相对较低，绘画没有明确的目的，只是在纸上自由自在地进行表现。教师可以提供一些自由涂鸦、涂色类的绘画材料，也可以提供一些手指印画、弹珠滚画、彩泥模具等更加易于操作和趣味性较强的美术材料。伴随着学前儿童年龄的增加，区域材料应该更加丰富，结合教学主题内容，除了常规的绘画和手工类的材料，还可以提供自然材料、废旧材料等，鼓励学前儿童进行不同的尝试和创作。

(2) 要充分照顾幼儿的个体差异

幼儿的发展具有差异性，同一年龄的不同幼儿，在发展速度、水平上都存在差异。同一材料，有的幼儿操作起来简单、容易，而有的幼儿却不知从何下手。教师要关注到每个幼儿的发展状况，既要提供适合低水平幼儿操作的高结构材料(如半成品材料)，也要提供一些适合于幼儿自主创作的低结构材料，不能采取"一刀切"的方式。如中班美术区域中提供了大量的剪纸类图谱，可以帮助能力较弱的幼儿参考学习。另外还提供了许多点状、线状、面状等不同的装饰性材料，教师可以鼓励能力较强的幼儿在完成剪纸作品以后，再进一步大胆想象和创作，自主装饰制作好的美术作品。

4. 探究性原则

美术教育家勒温费尔特曾经说过："儿童只要被给予充足的时间和帮助，获得与创造性材料接触的机会，而不被强迫地接受成人的模式和范式，那么每个儿童都能成为艺术创造的能手。"[①]因此，教师在投放美术区材料时应该考虑探究性原则，多投放一些丰富多样的低结构材料。材料的开放程度高一点，给予幼儿探索的空间就大一些，才能够诱发幼儿更加多样化的探索行为。例如，一位年轻老师开始在小班的美术区提供了一些涂色工具、印有图案轮廓的打印纸和已经涂好颜色的范画。老师要求在美术区里幼儿必须按照范画的色彩进行涂色，虽然这种材料操作简单，但是孩子们却并不喜欢这种高结构的操作材料。后来听取一些教师的建议后，这位老师将涂色的范画去掉，除水彩笔和油画棒外，又增加了手指印画和瓶盖印画的工具材料，鼓励幼儿在印有轮廓的半成品上自由、随意地装饰和创作，因此选择美术区的孩子逐渐多了起来。

高宽课程美术教育强调对儿童艺术能力发展规律的充分考虑，它将艺术活动定位为一种创造性经验，而最好的艺术表现发生在充满信任、支持和无竞争压力的环境中。在这种理念的引导下，他们提出了一种独特的教学方法——单项深度法。即强调以儿童为中心而不是以艺术为中心，重视艺术的探索过程而不是最终的作品。因此，在美术区中，并不主张一次性为幼儿提供过量的艺术材料，而是主张儿童应对一种或者一类艺术材料进行较为深度的探索，从而在探索过程中，学会解决问题、与人交往、形成审美判断等。一种材料，如何才能鼓励孩子最大限度地探索和运用，高宽课程中关于材料投放

① 姜琳. 幼儿园美术教育的思考[J]. 现代阅读(教育版)，2011(1).

的理念也可以给予我们一些新的启示。

5. 丰富性原则

随着学前儿童认知能力的提升和生活经验的增长，幼儿对美术材料的选择和运用水平也在不断地提高，因此，教师在提供美术区域材料时应该考虑丰富性原则。丰富性主要体现在种类多样和定期更新两个方面。第一，教师在提供相关材料时，应该结合主题活动或活动目标，为幼儿提供较为丰富的材料。在美术区除了提供油画棒、水彩笔、剪刀、纸张、胶水、彩泥等最基本的绘画和手工类的工具材料以外，还应该提供一些吸管、毛球、串珠等装饰性材料；提供石子、树叶、松果等自然材料；提供纸盒、纸杯等废旧材料。美工区除了绘画、手工类工具材料，也应该结合幼儿认知特点，适时提供一些欣赏类材料。如小班美术区可以放置一些草间弥生、米罗等画家以点、线、形为主要画面内容的名家名画供幼儿欣赏，大班可以放置梵高、毕加索等富有个人艺术风格的作品供幼儿欣赏。第二，教师应该结合幼儿的需求定期更新相关的美术材料，如及时替换破损的操作材料，投放幼儿感兴趣的新材料等，从而不断激发幼儿探索的欲望和创作的兴趣。

关于美术区材料投放的原则除了上面提到的安全性、艺术性、层次性、探究性和丰富性以外，教师还应该关注材料投放的计划性。教师在美术区投放材料时若能结合当前活动的主题，有目的、针对性地按照上述的几个原则投放相关操作材料，可能更加有利于幼儿的学习和探索。下面以大班主题活动“我要上小学了”为例，介绍一下在“我要上小学了”主题活动下关于美术区材料的投放计划。

美术区的部分照片

表 3－1 “我要上小学了”主题下的美术区①

区域	活动来源	投放材料	可能建构的经验
绘画区	主题活动： 1. 我心中的小学 2. 多彩的树林	**主题材料：** 点彩和平涂的作品图片 **辅助材料：** 油画棒、剪刀、胶水、调色盘、颜料笔、纸（A3、A4 彩色、白色卡纸）	1. 将自己心中的小学场景用绘画的形式表现出来； 2. 尝试用点彩和平涂的方式来表现树林色彩的变化和绚丽
	幼儿建议活动： 黑板	**主题材料：** 黑板 **辅助材料：** 粉笔、黑板刷	用粉笔在黑板上大胆表现、创作，尝试用不同的笔触、线条作画

① 本美术区域活动计划由湖南省科学研究院“幼儿园班级主题区域活动”试点园——湖南大学幼儿园原创。

（续表）

区域	活动来源	投放材料	可能建构的经验
手工区	**主题活动：** 1. 宝塔 2. 热带鱼 3. 离园纪念卡 4. 我运动.我快乐	**主题材料：** 彩色纸、宝塔步骤图； 热带鱼步骤图； 各色卡纸； 锡纸、扭扭棒 辅助材料： 彩纸、刮画纸、胶水、双面胶、透明胶、剪刀	1. 学习双三角形的折法，尝试观察步骤图逐步折出亭子，并将几个亭子接插在一起，变成宝塔； 2. 能熟练使用剪刀剪出热带鱼，用粘贴与添画相结合的方式表现出鱼群游动时的状态； 3. 设计纪念卡，尝试用多种形式制作（立式、平面、立体）； 4. 尝试用扭扭棒和锡纸表现运动员运动时的肢体特点
	延伸活动： 1. 自制毕业帽 2. 自制书包 3. 创意铅笔画	**主题材料：** 废旧纸袋、卡纸、铅笔花、记号笔、彩纸、毛球、彩色木棒、彩色羽毛、扭扭棒、缎带、印花机、剪刀、透明胶、双面胶、胶棒、胶水	1. 了解毕业帽的结构特点，尝试运用粘贴、拼接的方式制作立体毕业帽； 2. 利用废旧纸袋制作书包，并根据书包的基本特征进行装饰；
	幼儿建议活动： 毕业礼物坊		尝试列清单，有计划有目的地制作毕业礼物，用自己独特的方式表达同伴情谊
欣赏区	**主题活动：** 1. 大碗岛的星期天 2. 多彩的树林	**主题材料：** 1. “大碗岛的星期天”名画； 2. 各种“多彩的树林”的照片或图片 **辅助材料：** 点彩表现形式的其他作品	1. 欣赏美术作品“大碗岛的星期天”，感受近大远小的透视关系和点彩的独特艺术形式 2. 欣赏“多彩的树林”，感受点彩和平涂的表现形式

通过上述案例我们可以看到，在“我要上小学了”的主题背景下，教师将美术区划分为绘画区、手工区和欣赏区，在每个区域里都针对性地结合主题中的某些活动内容投放了主题材料和辅助材料，材料相对丰富，富有层次。在美术区中关注了幼儿自发的探索和创造，如一些折纸图谱的提供，就很好地促进了大班幼儿分析问题和解决问题的能力。

（四）美术区指导注意事项

1. 尊重幼儿的主体地位，调动幼儿活动的计划性和自主性

在当前的美术区活动中，往往是以教师布置任务或固定主题内容为主，学前儿童的计划性和主动性较弱。在平时的美术活动中，教师比较少关注学前儿童的构思和计划性，从而在美术区域中往往出现“老师，我不会画”“老师，这个可以用吗？”“老师，做这个东西可以吗？”等情况。教师应该优化自身的教育理念，提升对美术区活动的认识，认识到美术区活动对培养幼儿自主性、创造性方面的价值，较少控制和干预幼儿的创作，创设一个较为轻松的氛围，更好地培养学前儿童的主动性、计划性和创造性。

2. 以观察为前提，理解支持幼儿的行为

教师在美术区活动中应该注重观察幼儿的行为，并尝试记录分析各种不同行为背

后的原因，从而更加具有针对性地对学前儿童的行为进行支持。不同儿童遇到困难时，有不同的处理方式。如有的幼儿会根据教师提供的图谱等工具进行反复探索、验证，这时候就不需要教师过早介入指导孩子的行为。有的幼儿创意十足，思维跳跃，当他们完成自己的作品时，教师可以适时鼓励、激发他们的创意，进一步丰富自己的作品。对于能力较弱的孩子，教师可能需要适时介入，演示某种技能的操作，而对于能力较强的孩子，教师往往只需要一个鼓励的眼神，孩子就会通过个人努力解决困难。

3. 鼓励同伴之间的学习，相互指导

美术区作为区域活动的一种，主要以小组形式进行主动学习。区域活动中，学前儿童可以充分释放其个性，并在与其他成员对话中受益、得到发展。教师应该鼓励小组合作，鼓励同伴之间的相互学习。如在某些幼儿遇到困难时，适时引导他们寻求同伴的帮助。在区域中，也可以鼓励孩子共同合作，一起创作美术作品。

四、家庭中的美术教育

《幼儿园工作规程》中明确提出："幼儿园同时面向幼儿家长提供科学育儿指导。"因此，在开展幼儿园美术教育活动的同时，亲子美术活动也是学前儿童美术教育的一个重要途径。亲子美术活动是家长根据幼儿园美术教育的要求或幼儿在家庭中美术活动的需要，亲身参与学前儿童的美术活动中，并对幼儿的美术活动给予必要的支持和引导。

（一）通过亲子创意活动，鼓励家长参与幼儿美术活动

一方面，亲子美术活动由于家长的积极参与，可以有效增强亲子关系，增加幼儿参与美术活动的兴趣和成就感。另一方面，亲子美术活动作品由于家长的不同创意，可以选用大量的废旧材料、自然材料等，进一步丰富和拓展幼儿园美术活动的创作形式。如幼儿园小班组的自然材料亲子作品展（图 3－8），就是教师鼓励家长运用松果这种自然

图 3－8　亲子美术作品展：神奇的松果①

① 活动创意来源于长沙师范学院附属第二幼儿园张雅静老师。

材料，和幼儿一起发挥想象制作小动物。通过作品展，我们可以看到家长奇思妙想、创意无限，既有运用羽毛、彩色雪糕片、毛根等材料粘贴制作的不同姿态的猫头鹰、小鸟、孔雀等鸟类；也有运用超轻黏土作为辅助材料制作的狮子、老虎、熊等兽类；有的制作的是单个的动物，有的制作的是一组家庭……家长与幼儿共同制作的富有创意的作品组合，加上教师富有创意的展览布置，有情有景，有山有水，有树有草，有鸟有兽，引起了前来参观的学前儿童的阵阵赞叹。不少孩子牵着爸爸妈妈的手说："我们回家也做一个试试！"

（二）利用多种途径，鼓励家长走进幼儿的美术世界

通过家长会、宣传橱窗、家庭作业等活动向家长宣传学前儿童美术教育的价值、目标及指导思想，及时扭转家长普遍存在的幼儿美术教育误区，帮助家长了解不同年龄段孩子美术活动的特点，了解不同年龄段幼儿已经具备的美术能力水平，摒弃拔苗助长式的教育理念。

除了进行创意美术作品展览，家长还可以利用双休日、节假日等休闲时间，带着孩子外出游玩时，对简单的自然景物展开写生创作（图 3－9）；利用亲子阅读的时间，鼓励孩子运用绘画的方式创编新的故事；鼓励孩子运用家中的某些废旧材料进行再创造；还可以鼓励孩子用绘画的方式"写"日记，记录当天好玩的事情。如图 3－10 中，一名 4 岁半的幼儿就画出了自己吃中药的情景，桌面上黑色的圆圈就是中药，很难吃，而桌面上蓝色的小圆圈是饼干，最后她结合饼干一起才将中药吃了下去。

家里可以专门做一个"美术作品记录手册"或者"家庭美术作品展览区"。通过多种途径，鼓励家长积极参与学前儿童美术活动，走进孩子的美术世界，帮助孩子提升美术创作的成就感。

图 3－9　外出写生

图 3－10　"吃中药"

第二节　学前儿童美术教育的方法

学前儿童美术教育活动实施的方法是教师和学前儿童为了完成美术教育目标，在活动过程中所采用的师幼相互作用的一系列活动方式的总称。兴趣是幼儿美术活动的

动力，它对于提升幼儿参与活动的热情起着重要的、有效的作用。要把这种动力激发出来，关键在于教师在活动过程中所采用的方法。学前儿童美术教育的方法种类繁多、形式多样，一般常用的有以下几种。

一、观察欣赏法

（一）观察欣赏法的内涵

观察欣赏法是在教师的引导下，学前儿童有意识、有目的地感知和欣赏自然中、生活中或美术作品中的客观事物或现象，以感知物象的形状、色彩、结构以及事物间的相互关系等，获得对事物的感性认识的一种基本方法。

在学前儿童美术活动中，美术欣赏和美术观察是分不开的，与成人相比，学前儿童的观察往往处于浅表层次，有更多的直观因素参与其中，观察到的往往可能只是事物或形象的部分细节，而忽略事物整体和内在的联系。成人在引导学前儿童去观察时，应该选择具有典型性的观察对象，启发学前儿童有目的地去观察对象的形状、色彩或空间的摆放关系等，从而提升学前儿童的观察能力。

（二）运用观察欣赏法的注意事项

1. 引导幼儿学习正确的观察方法

引导幼儿观察时需要注意有重点、有系统地学习观察的方法。观察一般会遵循由整体结构到局部细节或者由局部到整体，由观察欣赏静止的物象到运动变化的物象的规律。如引导大班幼儿观察长颈鹿时，首先应该先让幼儿观察长颈鹿的身体结构，然后按照头部、颈部、身体、四肢再到尾巴的前后顺序去观察每个部位的特点。在这一个环节中，引导幼儿观察某一具体部位时，教师可以着重让幼儿观察长颈鹿“长脖子”“有花纹”的典型特征。当然，了解了长颈鹿的具体身体结构后，为了拓展学前儿童对于不同姿态长颈鹿的造型特点的感性经验，教师可以再重点引导学前儿童观察喝水的长颈鹿、吃树叶的长颈鹿、打闹的长颈鹿之间的不同动态特征，从而使幼儿不仅仅掌握了长颈鹿的基本身体结构和典型特征，而且能够观察到长颈鹿的不同动态是由脖子和四肢的不同变化做出不同的动作。

2. 观察中巧妙地利用提问

教师的巧妙提问可以让幼儿将新旧知识加以融合，而且教师的开放式提问还能够大大激发学前儿童的想象。如在引导小班幼儿观察棒棒糖的颜色时，除了问：“这是什么形状的？这是什么颜色的？”等具体的问题以外，教师还可以问“你觉得像什么？你觉得它是什么味道的？”等更加开放性的问题。在观察物象基本特征的基础上，可以引导幼儿联系生活经验，拓展学前儿童的想象。

3. 观察时应该明确观察的重点

由于活动目标定位不同，相同内容的美术活动可能引导学前儿童观察的重点有所不同，教师在引导学前儿童进行观察欣赏之前，自己应该明确本次观察的重点和难点。如同样是与“苗族”有关的美术活动，中班的目标定位为苗族服饰，因此欣赏的重点是苗族服饰中的装饰特点，而大班的定位为苗族银饰，因此欣赏的重点是苗族颈饰或头饰的装饰特点。欣赏主题不同，欣赏侧重也不相同。

二、直观演示法

（一）直观演示法的内涵

直观演示法是指教师通过展示各种实物与直观教具，当堂示范或采用多媒体等视听手段使学前儿童获得对事物的感性经验或者美术作品创作过程的操作经验等的教学方法。

（二）运用直观演示法的注意事项

1. 演示需要选择适宜的时机和时长

在学前儿童美术活动中，直观演示是教师经常采用的教学方法。教师在进行某些美术技能的讲解示范时，一定要注意选择合适的时机。什么时候需要演示和示范，何时运用适宜，都要经过审慎考虑，当用则用，不当用则不用，否则很容易造成幼儿机械临摹。

一般情况下，教师在进行演示之前，应该组织幼儿进行初步探索和讨论。在幼儿对某些方面仍存在某种困惑之后，注意力特别集中时再进行演示。演示时需要借助范例、多媒体等直观手段。演示的时间不能过长，过长会导致学前儿童的注意力下降，若某种美术技能的操作过程较长，教师可以采用选取其中的难点片段演示即可，而不需要完整演示。如在讲解“纸杯花”的剪法时，由于一个“纸杯花”的完整制作过程用时较长，教师只需要演示1～2个花瓣的剪法，让学前儿童掌握“沿直线剪”的重点即可，而不需要完整示范一个纸杯花的剪法。

2. 演示需要与讲解有机结合

演示的过程必须与讲解相结合，讲解时语言要通俗易懂，简洁生动，用幼儿听得懂和可接受的话语体系，避免较多的书面语。演示的过程中可以适当停顿，特别是较难的操作部分，可以通过提问的方式，引导学前儿童理解其中的操作要点。演示完毕，也可以要求个别幼儿进行现场示范，教师在旁边进行讲解。

三、启发联想法

（一）启发联想法的内涵

启发联想法是指教师在学前儿童美术活动中，以他们的感知经验为基础，引导他们根据自己的所见、所闻、所思、所想，围绕着活动主题进一步回忆、联想、想象与之相关的人、事、物，不断丰富自己的作品内容的方法。

对事物的大胆想象是创新的起点，教师应该利用各种资源，充分启发学前儿童的联想和想象，激发他们潜在的创造力。如在进行“漂亮的热带鱼”美术活动中，教师可以创设“小鱼比美”的情景，引导幼儿通过为小鱼设计服饰去参加“舞会”。学前儿童在创作热带鱼时，除了鱼身体上的花纹，还会联想舞会的场景，于是为小鱼装饰王冠、珍珠等其他的装饰元素。

（二）运用启发联想法的注意事项

1. 创设情景，启发联想

学前儿童美术活动不仅仅是一种艺术活动，还是一种情感活动。学前儿童对于美术创作具有巨大热情，但是这种热情不会凭空产生。教师可以采用情景创设的方式，精心选择或设计某种充满情感色彩的环境或情景，激励学前儿童的表现与创作。如小班美术活动“漂亮的花裙子”，为了激发幼儿大胆选用不同的蔬菜印章画出漂亮的裙子，教师创设“小兔子服装店”的情景，幼儿变身为“服装设计师”，大大激发了创作的欲望。再如大班美术活动“奇特的房子”，教师创设了“奇特小镇”的场景，激发幼儿变身“建筑设计师”，鼓励幼儿在街道旁设计出不同造型的房子(图 3-11)。

图 3-11　大班美术活动“奇特的房子”①

2. 利用多感官参与，激发想象

除了利用情景创设方式激发学前儿童的想象，教师还可以采用多通道参与的方式，激发学前儿童的联想和想象。如在开展美术欣赏“青花瓷”的美术活动时，教师可以播放与之相关的音乐，学前儿童在倾听音乐的同时发挥想象，将视觉与听觉相结合，共同促进想象。除了听觉，教师还可以充分调动学前儿童的触觉、味觉、动觉、嗅觉等各种不同的感官，共同感知欣赏形象，并拓展学前儿童的想象。如小班美术活动“彩虹糖”，将色彩与味道结合；大班美术活动“可爱的长颈鹿”，引导学前儿童用肢体模仿长颈鹿的动作；大班美术活动“吃辣椒的人”，引导学前儿童想象和模仿吃辣后的表情和动作。

多通道参与可以充分激发学前儿童的联觉，产生不同的联想和想象，有助于学前儿童进一步进行美术创作。当教师为了进一步提高学前儿童参与的积极性，还可以综合运用故事、歌曲、儿歌、乐曲等多种形式，综合运用于美术活动的教学中。

① 活动设计来源于长沙县六艺天骄幼儿园湛星老师。

四、游戏练习法

（一）游戏练习法的内涵

游戏练习法是指在教师指导下，幼儿通过多种形式的操作体验，从而熟悉和掌握各种美术知识、技能、技巧的方法。这一方法以学前儿童的实践操作为主要特征。其中的练习可以是幼儿独立动手操作的创作练习，也可以是有适当的模仿练习。在练习技能、技巧的过程中，应该注重游戏性和参与性。如二维码视频中小班幼儿在开展“气球拓印”的活动，对于幼儿来说，美术创作其实就是一种游戏。

“气球拓印”视频

（二）运用游戏练习法的注意事项

1. 练习应该具有一定的目的性

教师可以在区域中投放相关的美术工具和材料，引导幼儿开展某种美术知识、技能或技巧的练习。教师应该注重练习的系统性和连续性，循序渐进地指导学前儿童开展练习。如引导幼儿练习手指点画的技能，教师可以在美术区投放手指点画的工具材料，引导幼儿运用手指点画的方式装饰裙子、帽子、花瓶等。通过不同的操作内容，循序渐进地练习手指点画的操作方法。

2. 练习应该具有趣味性和多样化

单纯的技能学习并不能引起学前儿童的兴趣，因此教师应该注重操作的趣味性和多样化。如小班幼儿掌握了手指印画的操作技巧，教师可以通过变换印章材料的方式，在美术区中投放海绵刷、瓶盖等其他适合开展印章画的工具材料，引导幼儿对“印”的美术技能进行练习。

另外教师还可以通过游戏情境，让幼儿在操作练习的过程中享受游戏的乐趣。如小班美术区域中，教师设置了“喂小动物”的美术游戏(图 3－10)。小班幼儿可以通过观察小动物身体的形状，选择合适的“形状”当作食物“粘贴”在小动物的“肚子”里。学前儿童一方面可以认识图形，另一方面可以练习用固体胶的“粘贴”技能和技巧。

图3-12　小班美术区域“喂食小动物”[①]

总之，“教学有法，但无定法”，在学前儿童美术活动的教学中可采用的方法是多种多样的，不局限于前面提到的几种。在学前儿童美术教学中不管用什么方法，都离不开教师对活动内容、活动目标以及学前儿童美术能力发展的把握。教师只有根据实际情

---

① 图片来源于南京梅花山庄幼儿园。

况，灵活、综合地运用各种教学方法，才能有效地提高教育活动的效果。

案例评析

案例：美术区的指导

某中班区域活动开始了，有6名幼儿选择进入了美术区。过了一段时间，教师走过来拍了拍正在画孔雀的铭铭说："嗯，画得不错！"铭铭停下画笔，看了老师一下，老师就走开了。

教师在折纸区提供了折钢琴的步骤图，悦悦已经完成了2架钢琴。突然她把折好的钢琴上面的两个角向下折，并笑着向同伴展示："火箭！火箭！"这时老师走过来看了一下："你折的什么呀？"悦悦："火箭！"老师："折得不对，要按照图谱上来。"旁边的欣欣听到了，举起自己折的钢琴，老师说："很好，悦悦你要认真学习才行！"

这时老师看到静静画完了孔雀正在"发呆"，然后指了指她的画说："在这里再画个太阳，这里画点花，这里画棵小树就更好看了……"

思考：教师在区域活动中的指导是否恰当？教师在进行美术区域活动的指导时应该注意什么？

实践活动

1. 利用入园观摩的机会，观察一下美术区的材料投放现状，尝试分析美术区的材料投放中存在的问题和形成的原因。

2. 利用入园的机会，了解一下除了集体教学活动之外，教师还在哪些方面渗透了美术教育。

拓展练习

1. 美术区的材料投放首先应该关注的是（　　）。

A. 安全性原则　　B. 可操作性原则

C. 主动性原则　　D. 适宜性原则

2. 下列关于美术活动中演示法的运用，说法正确的是（　　）。

A. 教师演示会限制幼儿的想象力和创造力

B. 演示过程应该保持整个操作环节的完整性

C. 演示之前应该鼓励幼儿开展探索讨论

D. 演示是美术活动过程中必不可少的一个环节

答案与解析

第四章　学前儿童绘画活动

学习目标：

1. 了解学前儿童绘画活动的内涵，了解学前儿童绘画能力的发展特点。

2. 掌握学前儿童绘画活动的主要内容，并能够选择适宜的内容开展学前儿童绘画活动。

3. 理解学前儿童绘画的心理过程，能够科学地设计与组织学前儿童绘画活动。

4. 能够掌握不同年龄阶段学前儿童绘画活动的指导要点，并能结合不同的内容特点开展指导。

第一节　学前儿童绘画活动概述

一、学前儿童绘画活动的内涵

绘画作为一种视觉艺术，具有强烈的直观性，对儿童有很大的感染力，儿童绘画是儿童反映自身生活的视觉表现活动，是人类生活中不可缺少的一部分，是人精神生活的需要，他们在绘画中所创造的艺术形象既是他们对周围生活环境的反映，又是他们对事物的审美感受和评价，他们的绘画蕴含着思想、活力和愉悦，谱写着个人成长的历程。

学前儿童绘画活动是教师引导幼儿使用各种笔、纸等工具和材料，运用线条、形状、色彩、构图等艺术语言创造出可视的、有空间的艺术形象，培养幼儿的审美创造能力的一种活动。①

二、学前儿童绘画活动的价值

（一）绘画活动是学前儿童表达情绪情感的重要途径

绘画是儿童表达自己情绪情感的一个重要途径，他们用自己的画表达欢快和喜悦，也会通过绘画表达愤怒和忧虑。儿童通过绘画可以消除心理紧张，宣泄和释放积压的

① 孔起英主编. 幼儿园美术领域教育精要[M]. 北京：教育科学出版社，2015：41.

能量，以维持心理上的平衡。与成人一样，学前儿童也有情绪情感的变化，由于他们语言表达能力有限，很多时候无法通过语言表现自己的某些负面情绪。通过自主的绘画活动，既可以帮助学前儿童表达、发泄自己的情绪，又可以帮助成人及时了解幼儿的情绪状态，从而给予更适当有效的情感支持。

（二）绘画活动能够拓展学前儿童的生活经验，提升认知能力

不同年龄阶段的幼儿表现出不同的绘画能力特点，通过绘画活动，成人可以进一步拓展幼儿的生活经验，通过引导幼儿观察和欣赏，提升幼儿的认知能力和探究能力。如中班幼儿绘画时，往往没有遮挡和构图概念，这与他们的认知水平有关。但是教师在组织“树林”主题的绘画时，可以通过引导幼儿观察树林图片，感知近大远小、相互遮挡的关系，帮助幼儿建立构图概念。绘画活动中，具有相关生活经验的幼儿在绘画中可以充分联系已有的生活经验，在此基础上加入联想和想象，创作出相对丰富的作品。相反，若幼儿对于某一绘画主题的生活经验有限，则往往会出现“不会画”的情况。

（三）儿童画是成人了解幼儿性格或人格特征的良好资料

心理学家认为，孩子的绘画作品反映了他们对世界的认识以及他们头脑中的所思所想。孩子的画，是我们走进孩子内心的一扇窗户。绘画是孩子的特殊“语言”，具有内在的逻辑和表现形式。线条、色彩、人物造型、环境布局等都会反映出孩子的不同性格、气质、兴趣爱好等。成人可以通过绘画活动，更好地走进孩子的内心世界。

第二节　学前儿童绘画的发展特点

幼儿绘画有其自身的规律和特点，教师对教育对象的了解程度将直接影响教师对绘画教育活动的设计和指导，从而影响幼儿的发展。了解幼儿绘画能力发展的特点以及学前儿童绘画的一些独特表现，不仅有助于教师理解儿童心理发展的历程，也是开展绘画活动的重要理论依据。

一、学前儿童绘画的发展阶段

关于学前儿童的绘画发展的阶段，许多研究者经过长期的深入研究，提出了自己独特的见解。一般来说，我们可以将学前儿童绘画能力的发展过程划分为涂鸦期（1.5—3.5 岁）、象征期（3.5—5 岁）和图式期（5—7 岁）三个阶段。

（一）涂鸦期（1.5—3.5 岁）

学前儿童的涂鸦没有明确的表达意图，对于幼儿来说，涂鸦似乎更像是一种快乐的操作游戏。在这种涂鸦游戏中，儿童享受着由涂鸦动作带来的快乐和产生的结果（线条和色彩），涂鸦过程的快乐和画面的线条、色彩又不断强化儿童的涂鸦动作，促使他们继续进行愉快地探索。

儿童的涂鸦经历不同的发展阶段，各阶段存在着一定的差异，国内外众多学者的研究结论不尽一致，借鉴孔起英对于涂鸦期阶段的相关研究，将这一时期的发展划分为四个阶段。

1. 未分化的涂鸦(1.5—2 岁)

这是涂鸦的第一个阶段，也是儿童拿起笔绘画的初始阶段，有人把这个阶段儿童涂鸦的线条称作“杂乱线”。由于此时幼儿的肌肉控制能力较差，动作协调性不够，儿童画在纸上的是一些随机的点和杂乱的、不规则的线条，如横线、竖线、斜线、弧线、锯齿，线、螺旋线等，从他们的涂鸦作品中，很难看到线条的起始点。这一阶段儿童绘画能力的主要表现是：五指抓笔，手臂运动，画出的是随机的点和不规则的线，没有方向，幼儿常常很仔细地注视自己画出了些什么(图 4－1)。

通过观察这个阶段幼儿的绘画过程(二维码中视频)可以发现，为为是 1 岁 11 个月的女孩子，妈妈带她外出写生。她抓握着笔，时不时沾染颜料，时不时在绘画纸上自由地绘画。绘画时并没有明确的目的，对于色彩暂时也没有认知和选择，除了画出一些不规则的线条，还会画出一些点。绘画的过程对她来说，更像一种游戏，探索颜料、线条和画纸上的线之间的关系。

图 4－1　未分化涂鸦

图 4－2　写生的为为

为为的写生视频

2. 控制涂鸦(2—2.5 岁)

控制涂鸦阶段，儿童涂鸦的线条被称作“单一线”。由于练习和生理的发育，这时，儿童的手眼之间逐渐协调，儿童的动作已经较能受到视觉的控制，能够画出重复的、有方向的线条(图 4－3)。幼儿已经能够画出重复短线条，控制线条的走向。“一旦儿童开始反复他的动作时，我们就可以确定，这个儿童已经发现了以视觉来控制动作，从这时候起，儿童会有意识地上下或左右地画线，但还经常把可以控制的线条和不能控制的动作混在一起”①。这时儿童的手腕肌肉和骨骼活动能力增强，能把线条控制在整张纸内。

① ［美］罗恩菲尔德著. 创造与心智的成长. 王德育译，长沙：湖南美术出版，1993：8.

图 4-3　控制涂鸦

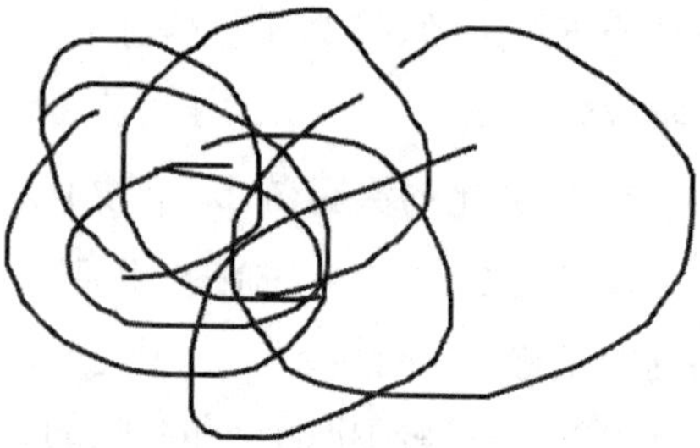

图 4-4　圆形涂鸦

3. **圆形涂鸦**(2.5—3 岁)

圆形涂鸦阶段,儿童涂鸦的线条被称为“圆形线”。由于肩、肘、手腕关节等的发育,这时儿童能注视和控制涂鸦时笔的运动方向,可以在纸上反复画圆圈线或螺旋线(图 4-4)。儿童尝试用大大小小的圆形来表现一切事物,开始能够做上下往返的竖线涂鸦,但大的连续圆圈和点状涂鸦并没有消失。当儿童从大圆圈、乱线的粗放动作转化到小圆圈的较细腻动作时,我们可以认为,儿童的涂鸦发展即将迈入命名涂鸦阶段了。

4. **命名涂鸦**(3—3.5 岁)

儿童在不断地涂鸦过程中逐渐将图形和线条结合起来,偶然地从中认出某些形状,发现与自己经验中的某些事物相似,于是他们给自己的图形和线条起名字,并自言自语地进行解释和说明。如幼儿在绘画过程中发现自己绘画的形象有点像飞机,他就会一边画一边说:“这是飞机(图 4-5)。”可是等一会儿,再问他画的是什么,他可能回答:“这是人,在跳舞。”而在绘画另一幅作品时,等他画完,妈妈问她画的是什么,她说是“飞船”,并和妈妈介绍飞船的结构和飞船上的人。可是,她在画完这幅画之前,一会儿说是画眼镜,一会儿说画的是火车。由此可见,命名涂鸦是幼儿先无意识地画线,后才发现其与物体的联系,这有别于幼儿后期的真正作画活动。因此这个命名是变化的,并不是开始就有意识画出的形象。成人在观看这些作品时如果离开了幼儿的语言解释,一般是无法辨认其代表的意思。

不同年龄阶段的幼儿的涂鸦水平具有较大的差异,除了与认知能力发展、动作能力发展有关以外,还受到幼儿的生活经验和操作经验的影响。如有的幼儿 1 岁多就接触纸和笔,可能在较多的涂鸦练习中,手指控制线条的能力就会得到提升,等到 3 岁他可能已经迈入命名涂鸦阶段。而有的幼儿 3 岁左右才接触纸和笔,虽然与 1 岁多幼儿相比手眼协调能力和动作发展能力都有提升,但是他可能仍旧处于未分化涂鸦阶段。因此,作为成人,应该鼓励这一年龄段的儿童进行涂鸦,为儿童的涂鸦创设必要的条件。如为他们布置安全的涂鸦环境,提供涂鸦用的工具和材料,从而帮助幼儿自由自主地操作,一方面可以锻炼手部肌肉和精细动作的发展,另一方面还能够提升幼儿的手眼协调能力。但是这个阶段，成人一定要注意，不要在幼儿自然而然的涂鸦中试图“教”他们画出具体的形象。

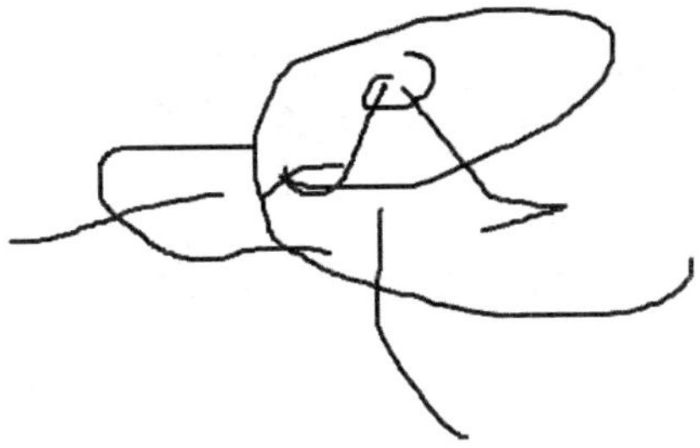

图 4－5　飞机

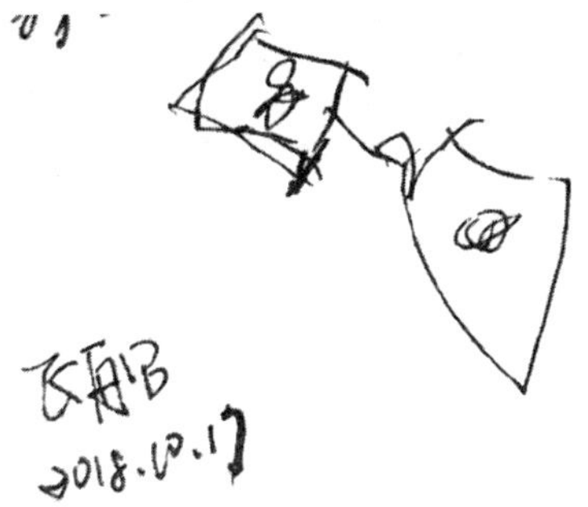

图 4－6　飞船

（二）象征期（3.5—5 岁）

象征期又称“表意期”，是指儿童用简单抽象的线条或几何图形替代事物形象的原有轮廓，表现自己意愿的绘画阶段。发展到象征期，幼儿开始有意识、有目的地创造视觉形象，并建立起他们自己的表现方式。象征期阶段，幼儿所画的图像多是一些简单集合形和线条的组合，与想表现的真实事物相去甚远，具有象征性的意义，这些图像往往缺乏完整性和结构合理性，稚拙而粗略。幼儿还常常会按照自己的意愿夸大表现物体的某些部分。他们常以娱乐为动机，在游戏中作画，并用语言补充画面未能表达出来的意思。下面，我们从构思、造型、构图和用色方面来具体探讨这一阶段儿童的绘画特点。

在构思方面，这个阶段的儿童绘画时，常常是先动笔、后构思，构思特点是一形多义。例如，在他们的画中，“圆圈”可以代表气球，也可以代表饼干，甚至代表人的头或身体。

在造型方面，这个阶段的儿童凭自己的直觉印象，用简单的几何形组合、象征符号来描绘物体的粗略形象，所绘的图形和符号脱离整体没有意义。如图 4－7 中，优优（3 岁 9 个月）画的“坐在椅子上的妈妈”中，妈妈的头是圆圈、身子是长方形，头上的头发是短线条替代，而五官中眼睛是圆圈代替，而鼻子、嘴巴均用点代替。椅子面用涂色的不规则几何形状代替，而椅子背用一条线代替（具体可以见二维码中幼儿的绘画视频）。这时候幼儿画出的形象往往是粗略的、不完整的，会出现结构不合理，遗漏部分特征等特点，常见的如“蝌蚪人”，就是这个时期的典型绘画特点。即儿童用一个大圆圈代表人的头部，在大圆圈内画上两个黑点或小圆圈代表眼睛，再在大圆圈下面画上单线条表示手、脚。[①]

① 孔起英著. 幼儿园美术教育[M]. 北京：人民教育出版社，2004：40.

图 4－7　椅子上的妈妈

图 4－8　丰收了

“椅子上的妈妈”
绘画视频

在用色和涂色方面，这个时期的儿童十分关注画面色彩，辨色能力进一步提升。画画时使用的颜色种类少，大多选择纯度高、鲜艳明快的颜色。涂色时往往会选择自己喜欢的颜色对物体上色，而不考虑事物的原有色。在涂色的过程中往往不换色，喜欢用彩笔直接画线条，涂色的控制能力不佳，涂色不均匀，经常会涂到轮廓线以外。

在构图方面，儿童此时最常用的空间表达方式是把每个形象在画面上进行罗列，每个形象之间相互独立，毫无秩序，但也能让人从某种程度上感受到他们所要表达的主题。如图 4－8 的绘画主题是小朋友们在果园里摘水果，但是画面中的形象罗列分布在不同位置，没有大小、上下、前后的构图概念。

对于象征期的幼儿，成人应该给予更多拓展幼儿视觉经验的机会，引导幼儿学会观察物体形象的结构和特征，鼓励幼儿大胆表现自己的想法，尽量对幼儿的作品进行正面评价。只有这样，才能够帮助幼儿更好地迈入下一个阶段。

（三）图式期（5—7 岁）

图式期是儿童开始真正地用绘画的方法有意识、有目的地再现周围事物和表现自己的经验的时期，也是儿童绘画最充满活力的时期。这一时期的儿童视觉感受性提高，眼动的轨迹越来越符合物象的外部轮廓，开始有意识、有目的地通过绘画的方法表现周围世界和自己的生活。他们能够完整地表现物象的主要特征，即使没有语言说明，别人也能看明白他们画的内容。他们以自我为中心，创造了许多自己独特的绘画方法，在造型、色彩、构图方面有明显发展，并且画法也逐步稳定下来。也就是说，此时的儿童画成为一种概念画。

构思方面，从涂鸦期的没有构思、象征期的边画边构思，到图式期的事先构思，这是一个质的飞跃。这一阶段的儿童构思时体现出强烈的主观倾向性和丰富的想象力，儿童非常乐于表现自己主观的想象世界。如图 4－9，他们画的“向日葵里的世界”中大胆表现出想象中的世界，如树木、楼房、公路、汽车、小动物等。

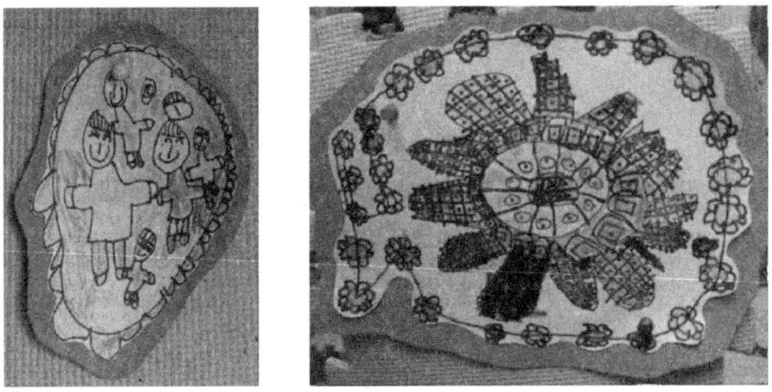

图 4-9　向日葵里的世界

在造型方面，这个时期的儿童喜欢用线条描绘物体形象轮廓，不仅能表现出事物的基本结构，还能表现出事物的主要特征和某些细节（如耳朵、头发、衣服等）。如大班下学期幼儿开展“我的自画像”主题绘画，每位幼儿都可以抓住自己面部与众不同的细节特征，如发型、头饰等（图 4-10）。细节描绘是此阶段儿童绘画中造型的基本特征之一。

图 4-10　我的自画像

图 4-11　排排队

在用色和涂色方面，这个时期的儿童对色彩产生极大的热情，用色的主观意愿性强，会用色彩表达情感；且开始注意到物体的固有色，用色与实物相关，并添加对比色和类似色，使画面色彩丰富多样。如图 4-10 中自画像的背景，幼儿就大胆运用了不同的配色方式。这个时期幼儿手部的动作更加灵活，不仅能做到均匀涂色，而且能做到不涂出轮廓线。

在构图方面，随着儿童知识经验的增长和绘画能力的增强，绘画作品中的形象也逐渐增多。这个时期的幼儿一般具有了天地的概念，因此在绘画时，往往会在画面下方先画出一条线作为地平线，然后在地平线上并排着画出其他形象。如大班幼儿在绘画“排排队”的主题时，就在画面中下方先画出一条线作为地平线，然后在地平线上依次画出草丛、小朋友和老师，而在画面的上方则画出太阳和云朵，画面就有了上下、左右的构图意识（图 4-11）。这条地平线一般称为“基地线”，是学前儿童特有的一种构图方式。

二、学前儿童绘画中的独特表现

（一）透明画

学前儿童遇到有遮挡关系的事物时，会用“透明式”画法，即绘画作品中没有遮挡关系，被遮挡的物体仍旧展现出来，就像孩子的眼睛可以透视一样，因此有人把这个阶段的特殊画法叫作“X 光画法”。如幼儿在画爸爸吃西瓜时，会在肚子的位置画半块西瓜，因为他认为吃下去的西瓜，会存在于肚子里。画公交车的时候，会画出人站在公交车内的场景，不仅仅有上身，还会有人的腿部，而不在乎实际上可否看到。

（二）夸张画

夸张是一种艺术手法，画家抓住事物的某种本质特点故意做放大化处理，从而反映出人物或事物的特征。幼儿的夸张与成人不同，他们往往不是根据事物的原有特征，而是根据自己喜欢的、感兴趣的、认为重要的物体予以“放大性”地描述。如一个男孩在画爸爸时，总是喜欢把爸爸的一个胳膊画得又粗又长，他说因为爸爸要抱着他，所以这个胳膊更有力气，因此画得和另一只不一样。

（三）展开式构图

展开式的构图，也称“放射线”或“太阳线”画法，这种构图方式像太阳放射出的光线。这种构图方式往往是由于幼儿的视角与成人不一样，类似于从上向下俯视的视角画出的场面。如大班幼儿画的“年夜饭”主题，每个人像是躺在桌子周边一样，绘画的视角就像是从空中向下看一样，这种画法就是展开式构图（图 4－12）。

图 4－12　年夜饭

总之，幼儿的绘画反映了他们心理发展的水平，在不同的心理发展阶段呈现出其独特的行为模式和绘画方法。幼儿的绘画能力呈梯式发展，前后阶段具有一定程度的交叉重叠。发展的后一阶段源于前一阶段的不断练习和尝试，而前一阶段又总是自然过渡到后一阶段。作为一名学前教育工作者，应该了解不同心理发展阶段幼儿的典型绘画特点，不能揠苗助长，不能要求涂鸦期的幼儿画出具体形象，也不能要求象征期的幼儿画出事物形象的精确轮廓或细节。我们应该结合幼儿当前的绘画能力特点，提供适宜的绘画工具和材料，选择合适的绘画内容，从而给予他们更有效的教育支持，以促进他们从绘画的低级阶段向高级阶段过渡。

第三节　学前儿童绘画活动的内容

学前儿童绘画活动的内容主要包括幼儿绘画工具和材料的认识和使用、绘画形式语言以及绘画题材三个方面。

一、绘画工具和材料的认识和使用

绘画工具和材料是美术活动的重要媒介，随着时代的发展和生活水平的提高，可供幼儿选择的绘画工具日益多样，从最初的铅笔、蜡笔，到现在的油画棒、炫彩棒、各种颜料，甚至多媒体绘画软件等。不同的绘画工具各具特性，每一种绘画工具操作的方式方法也不尽相同。儿童喜欢新奇的事物，多种多样的绘画工具，可以激发儿童的操作兴趣；与此同时，绘画工具的多样性，也为儿童的创作和想象力的发挥提供了更适合的媒介。

不同的绘画工具和材料具有不同的性质，教师应该在绘画活动中让儿童掌握这些工具材料的基本性质。如宣纸的吸水性、颜料的融水性、油画棒与蜡笔的油性等。对于绘画工具材料性质的把握，有助于儿童更好地掌握绘画的不同技巧和方法，从而更加富有创造性地进行绘画。

（一）蜡笔画或油画棒画

油画棒或蜡笔是学前儿童绘画活动中最常用的绘画工具，通过线条、形状、色彩搭配和构图，创造出具体生动的画面，以此表达幼儿审美情趣的一种工具材料。蜡笔或油画棒作画方便，易于上色，操作简单，因此没有特别的年龄限定。作为幼儿园常用的一种绘画方式，特别适合年龄小的幼儿进行涂鸦、涂色活动。教师在组织幼儿选用蜡笔或油画棒作画时，应该注意提醒幼儿该工具易于折断，要注意力度。使用后应该注意保持画面整洁，形成良好的作画习惯。

（二）水彩笔画

水彩笔也是学前儿童绘画活动中比较常见的绘画工具，与蜡笔画类似，操作相对简单，易于上色。但是由于水性笔的特性，教师在引导幼儿使用这种工具绘画时要强调用完后及时盖好笔盖，以便于下次继续使用。另外涂色时注意，不能在一个地方反复涂色，以免将纸张毁坏。

（三）水墨画

水墨画又称为“中国画”，是指用毛笔蘸墨水在宣纸上画画的一种形式。幼儿要学习怎样握毛笔，怎样舔笔，怎样洗笔，怎样画中锋和侧锋等线条，怎样控制墨、色、水的分量以形成浓淡墨色等。幼儿园开展水墨画活动可以选择相对简单的内容，如图 4－13 大班幼儿开展的“竹林”水墨画。

图 4－13　大班水墨画①

（四）水粉画

水粉画是指用水粉笔蘸调配好的水粉颜料进行绘画的一种形式，除了水粉笔，还可以借用棉签、刷子等其他工具。幼儿要学习怎样调配水粉颜色、怎样舔笔、怎样平涂颜色、怎样洗笔等。水粉画色彩鲜艳，是幼儿感知色彩的一种常见的方式。水粉画既可以在纸上进行，也可以在瓷砖、玻璃上进行，水粉画在各个年龄班均可进行。

蜡笔水粉画又称为油水分离，是指先用蜡笔或油画棒等油性绘画工具在水粉纸上画出物体形象的轮廓，然后用水粉笔蘸水粉颜料遍刷整张纸，平涂底色的一种形式。由于油性蜡排水，用蜡笔或油画棒画出的物体形象便凸现出来。幼儿要先学会蜡笔画和水粉画工具材料的使用方法，一般适用于大背景、大场景的作品，如海底世界、草原、星空等，建议在中、大班开展相关活动。

水油分离画
操作视频

（五）拓印画

拓印画根据所运用的工具材料的不同，又可以分为印章画、树叶拓印、对称印画、手指印画等多种不同形式。

1. **印章画**

是指用刻好的土豆、萝卜、藕等蔬菜，积木、纸团、瓶盖、矿泉水瓶底部等具有一定形状或花纹的物体或物体的横切面，蘸上颜料后通过压印的方式在画纸上作画的一种形式。教师需要指导学前儿童学习如何均匀地蘸颜料、如何均匀地压印出完整的花纹等。其中蔬菜印章画、瓶盖印章画等由于材料易于操作，小班就可以尝试。既可以利用材料的原有造型特征直接印画完成，如小班绘画活动“漂亮的一瓶花”（图 4－14），也可以引导幼儿在印出轮廓的基础上再进一步添画，如小班绘画活动“七星瓢虫”（图 4－15）。大班可以将各种印的造型进行组合。

① 选自长沙县六艺天骄幼儿园艺术节作品。

图 4－14　小班:漂亮的一瓶花

图 4－15　小班:七星瓢虫

2. 树叶拓印画

一般是选择不同造型的树叶,先用颜料给树叶平涂均匀上色,然后再翻转树叶将颜料印在纸上的一种绘画形式。绘画作品可以直接呈现树叶纹理,形成独特的艺术效果。

树叶拓印的操作

3. 对称印画

是指将纸对折打开,用画笔蘸颜料在紧靠折痕的其中一个面上画出物体形象(有时也可画物体的一半),然后,趁颜料未干时,将另一半覆盖在上面压平后再打开的一种绘画形式。幼儿要学习怎样画、怎样对印等,对称印画的作品一般是对称图像。

4. 手指印画

它是指幼儿直接用手(包括指尖、手指、手掌、手背、手侧)取适当颜料,在纸质平面媒介上进行手指点印、手掌印、其他创意手型印画的一种形式。手指印画既可以和其他形式的绘画活动组合使用(图 4－16),也可以单独在印出图案的基础上进行简单添画,如绘本《我的手掌印——创意绘本 2》中就有大量的手掌印变动物的绘画创意(图 4－17),适宜于中大班开展相关活动。

图 4－16　小班:手指点画“糖豆豆”

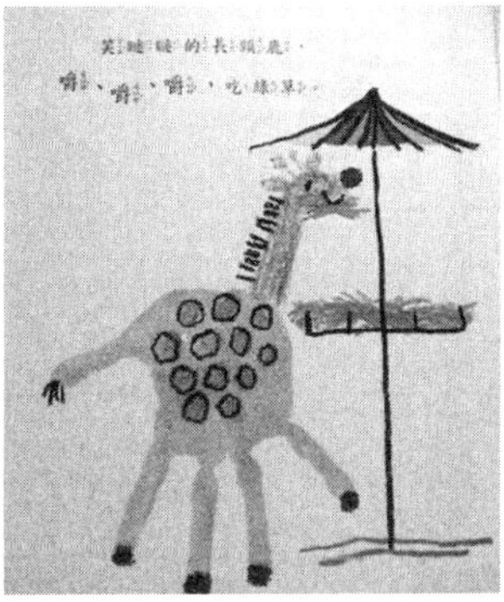

图 4－17　手掌印画“长颈鹿”①

① 韩泰熙. 我的手指画创意绘本系列 2“动物园”[M]. 九州出版社,2015,7.

（六）刮画

刮画，又名刮蜡、刮美卡，是一种新型的绘画方式。刮画纸是一种双层艺术类纸品，上层主要为黑色，下层为单色或迷彩色，刮去上层的黑色便露出下面的彩色，色彩靓丽，对比强烈，有着良好的视觉效果，深受小朋友的喜爱。除了用竹笔在刮画纸上进行绘画创作以外，我们还可以配合其他工具进行作画，丰富画面效果。如牙签、用完水的水笔圆珠笔、竹筷、回形针等。尖的工具用来画细线条，更好地表现细节；扁平的有一定宽度的工具可以用来画粗犷的线条或者是面。刮画不适合反复修改，因此适宜在中、大班开展相关活动。若在小班开展，则可以通过改变刮画纸形状提高幼儿参与的趣味性，如小班美术刮画作品"彩蛋变变变"（图 4－18）。

图 4－18　小班：彩蛋变变变

（七）吹画

吹画是指将一种或几种少量颜料倒在画纸上，用嘴或吸管将颜料吹出不同的形象，或任其自由流动、混合成任意图形。如小班绘画活动"头发飞起来了"（图 4－19），吹画既可以在已有图形基础上随意添画想象，也可以与其他绘画工具材料组合使用，如中班绘画活动"桃花朵朵开"就是结合了吹画和手指点画两种绘画形式（图 4－20）。幼儿要学习怎样吹和吹什么形象等。

图 4－19　小班：头发飞起来了

图 4－20　中班：桃花朵朵开

（八）喷刷画

喷刷画是指先在一张纸上用纸片、窗花树叶、花瓣、玩具插花片、线绳等拼摆出各种图案或物体形象，再用牙刷蘸上适量颜料（也可用几种颜色交替使用），在钢丝网上刮刷（也可用喷枪等喷洒），让颜料均匀地喷洒在图画纸上，最后轻轻拿去纸片窗花等，画面上就出现了彩色雾点衬托的图像的一种绘画活动。这种绘画形式操作时，颜料容易溅到身上，因此教师要提醒幼儿注意。幼儿要学习怎样拼摆画面、怎样喷洒等，幼儿还要注意刮刷的技巧、颜料的用量、喷洒的力度。

（九）吸附画

吸附画是指将水粉色或彩色墨水等滴于特制的液体中，然后通过搅拌棒、梳子等不同的工具轻轻地拨动颜料，颜料自由流动，在液体表面形成独特的花纹后，立即将纸张放入水面吸取纹样（纸的中心应先碰到水，以免产生气泡）的一种创意绘画方式。平放晾干后，根据吸附的纹样适当添画或剪贴，从而形成独特的绘画作品。运用这种工具材料时，应该引导幼儿要学习怎样滴墨、怎样引导墨流、怎样捕捉形象、怎样吸取纹样、怎样联想、怎样添画等。

（十）滚画

滚画既是一种绘画形式，又是一种美术游戏。首先准备一个盒子，在盒子底部提前准备好需要装饰的纸张，幼儿将蘸满颜料的弹珠或其他可以滚动的工具放在盒子里，然后来回摆动盒子，弹珠滚动过程中自然形成各种形态各异的线条，形成独特的艺术效果。滚画特别适合于小班以及年龄较小的幼儿进行操作。

吸附画作品赏析
弹珠滚画视频

（十一）其他创意绘画

除了前面介绍的几种工具材料，幼儿园开展绘画活动的工具材料是非常丰富的。绘画时既可以改变所使用的绘画工具，如棉签画、泡泡画（图 4－21）、粉笔画等；也可以改变绘画中所使用的材料媒介，如在木片上绘画、在鸡蛋上绘画、在 T 恤上绘画等。教师可以根据学前儿童的兴趣，适时更新美术区域中的绘画工具和材料，引导幼儿尝试不同的操作方法，体会不同工具材料创作出的不同的美术效果。

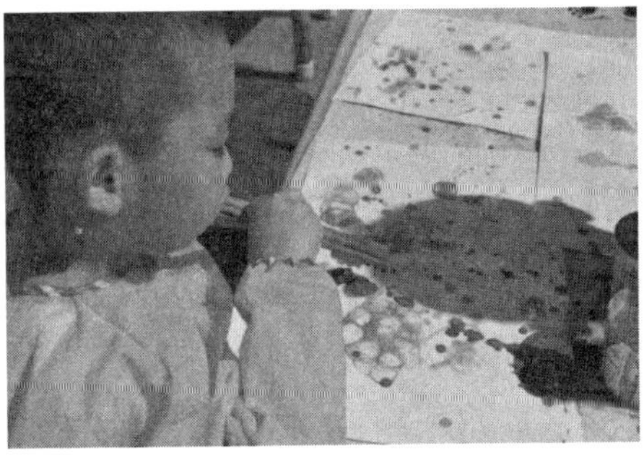
图 4－21　泡泡画

需要注意的是，在引导孩子学习使用新的工具材料的时候，要先让孩子有自主探索学习的机会。向儿童教授基本材料运用技法时也要注意鼓励儿童大胆进行探索性运用，鼓励儿童自己寻找发现新的材料和表现方法。

二、绘画的形式语言

绘画的形式语言是指线条、形状、明暗、色彩、构图等美术要素，是绘画表现的手段。幼儿所要学习的绘画形式语言主要有线条、形状、色彩和构图。

（一）线条

线条是造型艺术的基本表现要素之一，它能表现造型，表达情感，显示个人风格。用线画画是儿童生来就会的，儿童在绘画中喜欢并热衷于运用线条语言表现自然形态和自己的感受追求。只要把笔尖点到纸上移动，点就变成线，再根据意愿画出形，可以说线条是儿童美术创作构形造像最简便直接的方式之一，幼儿对线条的学习主要有以下内容：

1. 线条的三种形态，即直线、曲线和折线

教师可以用直观感知的方法帮助幼儿获得线条组织的视觉经验，可选取具有线性美感的可视实物，如切开的包心菜、有漂亮花纹的西瓜、有线条图文的毛衣等。

2. 线条的方向、长度、质感、力度等的变化

例如，在"格子窗帘"的绘画活动中应体现直线的水平、垂直、倾斜、平行、交叉、穿插等方向的变化；在"大雨和小雨"的绘画活动中体现线条的长短、粗细、疏密变化等。

3. 线条的组合，如重力线和悬浮线、旋转和重叠的线、流动的线等

在引导幼儿运用线条进行绘画的时候，教师应充分激发幼儿的想象，培养儿童综合运用线条绘画的能力。根据儿童的思维特征，激活幼儿想象的方式多种多样。第一，以怪诞为主题，引发他们的想象。如用线条画想象中的怪鱼、怪兽、怪鸟等，激发幼儿表达欲望。第二，与幼儿已有经验相联系，唤起想象。引导幼儿去回忆日常生活中的经历，并把形象或者事物用线条表达出来。例如，妈妈带我去公园、我在草地上吹泡泡等。第三，运用线性材料的设计制作，提升儿童关于线性美的创造力，可以让儿童收集毛线、塑料绳、小树枝等材料创作线条画。

（二）形状

形状是由线条构成的轮廓和结构，是造型艺术的基本表现要素之一，也是形成画面形象的基础。幼儿对形状的学习主要包括以下内容：

第一，了解基本形状。比如圆形、正方形、三角形、长方形、梯形、椭圆形等基本的几何形状，根据幼儿的思维方式，我们可以引导孩子将形状与已有经验进行关联，如汤圆、旗帜、屋顶、窗户等。

第二，了解基本形状的组合，如煎鸡蛋、小火车、机器人等。

第三，了解自然形体，即用连续不断的线条将物体的各部分融合成有机整体，如我的小手、白雪公主、兔宝宝吃萝卜等。

（三）色彩

色彩也是造型艺术的基本表现要素之一。儿童绘画中的色彩运用是儿童本能的表现，是情感的自我满足。幼儿对色彩的学习主要包括以下内容：

1. 色彩的色相、明度和彩度的辨认

(1) 色相是指色彩的相貌、名称，如辨认三原色、三间色、常见的复色等。以色相为基础，幼儿还可以学习感受冷色与暖色。

(2) 明度是指色彩的明暗程度，如黄色和白色等颜色明度高，黑色和紫色等颜色明度低。以明度为基础，幼儿应知道一种原色加黑或加白所造成的颜色的深浅。

(3) 彩度是指色彩含色味的程度。例如,红色的彩度高,颜色鲜艳,红色中加黑色或白色、灰色后彩度变低,颜色灰暗。

需要注意的是,在活动中对孩子进行提问时,要注意把有些超出孩子经验的专业术语换成他们能理解的语言,比如,在引导幼儿感受色彩的明度区别时,幼儿因弄不清色彩明度概念而难于回答此问题,我们可以换成:"这些颜色哪些深,哪些浅?"

2. 色彩的运用

(1) 根据物体的固有色彩来着色,如秋天的落叶、雨后的彩虹、春天的花朵等。

(2) 主体色与背景色关系的处理。例如,用颜色的深浅、冷暖、艳灰来表现画面中的主体与背景。

(3) 色彩的装饰。幼儿可以尝试学习有层次、有主调地配置同种色、类似色、对比色,如对称与不对称的造型的装饰。

(4) 色彩的情感表现。色彩的情感表现是指运用主观知觉来构成画面的色彩,幼儿可以学习用色彩表现情绪,如用红色表现愤怒的脸,用不同颜色表达人的不同情绪等。

(四) 构图

构图是指对画面上形象的空间安排和组织,把个别或局部的形象组成艺术的整体,以达到变化与协调、主题思想与美感效果相统一的目的。构图是绘画语言要素之一,在儿童的绘画中,构图有着与线条同等重要的地位。幼儿对构图的学习主要包括以下内容:

1. 单独式构图

幼儿要学会把单个形象大胆、清楚地画在画面的中心位置上,如太阳公公、美丽的小鸟等。

2. 并列式构图

幼儿要学会在画面上并列安排多个形象,即有节奏地在画面上并列安排主要形象和次要形象,如夏天的梧桐树、我和汽车赛跑、立交桥等。

3. 均衡式构图

幼儿要尝试将各种不对称的形象均衡地安排、布置在画面上,如开心的美食节、花仙子的婚礼、快乐的动物园等。

三、绘画题材

幼儿感兴趣的绘画题材,可以激发儿童的创作热情,使其积极地投入到绘画活动中。绘画题材是构成作品内容的基本材料,是作品内容的基础。幼儿的绘画题材往往来自幼儿的生活。

优美、有趣、富于幻想的故事,开心的游戏,可爱的小动物等,都是学前儿童所喜爱的。这类题材最能调动儿童的绘画兴趣，激发儿童的创作热情。

选择的绘画题材要来源于儿童的生活，符合儿童的认知水平及年龄特点。小班儿童没有明确的绘画构思和目的，常常将绘画、游戏和现实生活相混淆，可以为其选择一些蕴含丰富情感的题材，如给草地画小草、我喂鸡宝宝、送给小熊的糖果等；中班儿童进入象征期阶段，喜欢描画具体事物，可以为其选择表现具体内容的题材，如一辆花汽车等；大班儿童对现实生活有了更多的观察和了解，对未知世界充满了思考和想象，可以为其选择些能够鼓励儿童在观察的基础上开发想象力和创造力的题材，如未来世界、足球比赛、我发明的机器人等。

第四节　学前儿童绘画活动的设计与组织

案例分析

小李是××师范院校学前教育专业的学生，前段时间要去幼儿园实习，她非常激动和期待。可是实习结束返校后，她却有些困惑和失望。她说："我带着大班幼儿组织了一个'我是宇航员'的绘画活动，在活动中，引导他们观察欣赏宇航员在太空的图片时，他们说话的说话、走神的走神，回答问题也不积极，好像就等着老师自己公布答案，要不就乱说。我觉得他们聪明着呢，孩子们都是欺生的，对本班教师言听计从，在我们实习生面前却调皮捣蛋。知道我们实习生是'假'的'短时间'的老师，所以才不听我们的话，你说，是不是等我真正成了他们的老师，他们就敬重我了？"

思考：为什么幼儿对实习生组织的绘画活动不感兴趣，仅仅因为她是实习生吗？

在绘画活动的组织中，我们经常遇到实习生组织活动，幼儿注意力不集中，对活动不感兴趣的情况。这时我们就要反思："今天的内容是孩子们喜欢的吗？我们制定的目标孩子们可以通过努力达到吗？我们的活动方式适合孩子吗？为什么我们问的问题孩子们答不出来，而经验丰富的老师的提问孩子们都踊跃发言呢？如何才能设计好一个幼儿感兴趣、难度适宜的绘画活动？"我们首先需要来了解一下学前儿童绘画的心理过程。

一、学前儿童绘画的心理过程

绘画创作是指创作者在一定创作欲望的推动下，运用线条、色彩和形体等艺术语言，通过造型、设色和构图等艺术手段，在二维空间（即平面）里加工、创造出静态、可感的视觉形象，以表达作者的审美感受的过程。一些理论家认为，绘画创作是一种很个性化的活动，创作过程有时很不稳定。但也有人认为，绘画创作有其一般的心理过程。

在认知学习理论看来，个体学习不是刺激与反应间的简单联结关系，而是个体对整体学习情境中事物关系的认知与了解。美国教育心理学家加涅根据现代信息加工理论，提出了学习过程的基本模式，即信息通过感受器进入记忆储存，又在一定条件下被从记忆中提取，通过效应器反映出来。日本的江尻桂子将儿童绘画创作过程分为知识操作和表现两个环节。知识操作环节是指将已有的知识加以分解，从中提取出一些要素，再对这些要素进行重新组合的过程。表现环节是指将这些知识要素外在形象化的过程。美国抽象表现派代表翰斯·霍夫曼则把绘画创作过程分成三个阶段，即创作者对社会、自然的视觉获取阶段，创作者对视觉形象的转化阶段，创作者的创作阶段。综合相关理论不难发现，绘画创作不仅是外显的绘画行动，还需要经历复杂的内部心理活动过程，儿童内部的心理加工过程与外在的绘画创作行动是一个统一体。

其实古代的郑板桥就描绘了人在绘画时的心理过程，他详细地描绘自己画竹子时经历的几个阶段。“江馆清秋，晨起看竹，烟光、日影、雾气，皆浮动于疏枝密叶之间。胸中勃勃，遂有画意。其实胸中之竹，并不是眼中之竹也。因而磨墨展纸，落笔倏作变相，手中之竹又不是胸中之竹也。”与成人类似，我们将幼儿绘画创作活动要经历的心理过程划分为“眼中之竹”“胸中之竹”“手中之竹”这三个阶段。

（一）“眼中之竹”——艺术感知与欣赏阶段

绘画创作必须有原材料，大自然和生活就是画家进行绘画创作的源泉。绘画活动中，原材料是通过视觉器官所进行的知觉活动来获取的。绘画活动中的这种视知觉与一般的视知觉不同，它是指视觉对对象的形状、色彩、光线、空间、张力等审美属性及其所组成的完整形象的整体性把握。它是一种积极的视觉思维。

学前儿童对绘画创作原材料的获取是通过他们的感觉器官来进行的，其中主要的是他们的视知觉。加登纳认为，个体的视知觉经历了一个从定向知觉到偏向知觉、到完形知觉、再到超完形知觉和符号知觉的发展过程。其中，定向知觉和偏向知觉是动物和人类的新生儿所具有的知觉能力，而完形知觉、超完形觉和符号知觉则是人类自幼儿时期开始所特有的。完形知觉是指那种能够把对象加以组织的能力，即一种在内在需要的驱动下极力将不完美形式改变为完美形式的能力。超完形知觉是一种能看到以某种方式所呈现的图像或完形之外的能力。这种对对象的完形和超完形知觉是通过创作者内心主观的简化原则来进行的。在幼儿阶段，儿童心理发展的一大特点是以自我为中心。因此可以说，幼儿时期，儿童的知觉具有完形与超完形的特点。儿童画中的透明式与展开式的画法就是这种特点的表现。

（二）“胸中之竹”——艺术加工与构思阶段

创作者通过视知觉得来的原材料还必须进入大脑进行加工、改造。这一加工、改造的过程也就是艺术反思的过程。正如霍夫曼所指出的那样，艺术反思过程包括了体验和对信息的形式进行分析两个方面。

学前儿童心理发展的自我中心的特点及其思维发展的形象性决定了他们的生活的主观化色彩。皮亚杰认为，幼儿的知觉处于对自己和经验不加区分的阶段，他们觉得一切事物都与自己一样具有相同的心理(4 岁以前)和认为只有活动着的对象才有生命和心理(4—6 岁)。在这样两个泛灵论的阶段中,他们对视觉获取的对象倾注了极大的情感。在他们看来蓝天是白云的家,满天的繁星是万盏点亮的小灯,飘零的落叶是离开了大树妈妈的可怜的孤儿,颠簸的汽车是在跳舞。这样的体验一方面加深了幼儿对外界视觉对象的印象,使心理印象更加鲜明、更加生动,另一方面,也激发幼儿的创作热情,促使他们从事绘画创作活动。

艺术反思阶段还包括将体验过的对象做艺术形式上的分析。我们认为,新皮亚杰学派的代表人物罗比.凯斯的“执行控制结构”理论可以用来说明这一过程。罗比.凯斯认为,“执行控制结构是一种内部的心智蓝图,它既代表被试构思某一特定问题情境所惯用的方式,又代表他处置该问题的惯用步骤”。这种心智活动在学前儿童对表象的形式分析过程中具体表现为:他们首先要在头脑中搜寻已有的那些造型、色彩和构图等艺术语言,而这些艺术语言中一部分可能已经以当前所知觉到的问题情境相似的方式予以标识;其次,由于美术创作是一种创造性活动,幼儿可以采用一种在他自己看来是有效的、非常规的、独特的艺术语言来表达,即幼儿把这些艺术语言表征为达到目标情境的策略,确定用什么样的造型来表现这些知觉到的形象,用什么样的色彩来表现自己的知觉情感,用什么样的构图使画面看上去更和谐悦目。一般来说,幼儿美术创作中的反思阶段到此就结束了,但实际上,幼儿头脑中的思维活动并未结束,他们还对这些艺术语言进行重新标识,以作为以后此类创作的一种流畅的策略的有机组成部分。

创作者将自己体验过的对象做了形式上的诠释以后,绘画创作就进入表达阶段了。

(三)“手中之竹”——艺术创作与表达阶段

艺术创作的最终成果是艺术作品。绘画创作者对外物的知觉和体验等,必须通过纸、笔等绘画工具和材料以及造型、设色、构图等艺术语言才能形成绘画作品。绘画表达活动在绘画创作中占有重要的地位,离开了绘画表达,再好的知觉与体验也得不到表现,也就无法让其他人欣赏,而只能留在创作者的头脑中。而能将自己的知觉和体验用物化的方式表达出来,这也是艺术家与普通人的区别所在。

绘画表达活动是绘画创作过程的最后一个阶段。相对于知觉活动和体验活动而言,表达活动是一种操作实践活动。不同的艺术操作实践活动所采用的物质媒介和艺术语言各不相同,因此,作为艺术之一的绘画也有自己特殊的制作方法和表现手法,这对于绘画表达具有重要的意义。

学前儿童的绘画表达是他们的知觉与情感的物化形态。他们将自己对外物的知觉与情感,通过绘画这种外在的符号形式传达给他人。在绘画表达过程中,由于受其自身肌肉动作发展的影响,幼儿的绘画表达在技能技巧上表现得明显不如成人熟练与完美,透出一种稚拙感。然而,也正是这种纯真的童心、童趣,才使得儿童画充满了魅力。同时,在绘画表达过程中,幼儿有时并不按照预想和计划来进行,而是依据自己构思与表达过程中出现的问题不断地进行调整,以至于最后的作品与预先的设想不一致。

二、学前儿童绘画活动的组织环节

绘画教育活动设计往往作为一种静态的、预设的活动方案存在于教师实践之前，而绘画教育活动组织与指导是把静态的活动设计方案转化为动态的实践，对幼儿产生实际教育影响的过程，也是师生互动的过程。教师对绘画教育、对幼儿以及对自身的正确认识和理解，将通过外显的教育行为在活动的实施中影响教育的效果，即教育观念向行为的转化。

结合幼儿绘画的心理过程，教师应该在不同的心理阶段给予不同的指导和支持。绘画活动一般分为感知与欣赏、探索与发现、创作与表现、分享与评价等四个基本环节。

（一）感知与欣赏阶段

感知与欣赏阶段是指教师引导幼儿对自然、社会生活中美的实物和艺术作品的欣赏、感受，获得内在体验，吸收和拓展相关经验，积累视觉语言和符号的过程。这一环节的目标主要是调动幼儿已有经验，激发参与活动的兴趣，帮助幼儿仔细观察、丰富表现经验，以便将其中蕴涵的艺术语言、符号吸收内化到自己的头脑中，甚至迁移运用到自己的操作活动中。如在组织大班绘画活动“长颈鹿”时，应该首先让幼儿感知和欣赏与长颈鹿有关的视频或图片，丰富幼儿对长颈鹿的认识，引导幼儿了解长颈鹿的身体结构和艺术特征。

（二）探究与讨论阶段

探究与讨论环节主要是通过让幼儿自主讨论、个别探究、尝试错误等方法引导幼儿构思绘画主题内容或学习新的绘画技能或方法。在以想象画为重点的活动中，应该注重激发幼儿想象，鼓励幼儿大胆构思形象，以便于后面的创造性表现。如大班绘画活动“奇特的房子”，应该激发幼儿讨论“你想把房子变成什么样子？”以某种新的绘画技能的学习为重点的绘画活动中，教师应该出示新材料，鼓励幼儿探究新工具材料的用法，采用个别示范、教师演示等方式，引导幼儿学习新经验。如在小班绘画活动“好吃的葡萄”（手指点画）中，教师在这个环节的重点应该是引导幼儿探究和学习手指点画的技巧和注意事项。

在这一阶段的实施过程中，要注意教师的指导作用，幼儿尝试、探索，并不是说教师可以无所事事，教师在幼儿探索、尝试的过程中应进行细致、深入的观察，发现幼儿的共性或个性问题，找到解决问题的办法，进行必要的总结、提升。另外，还需注意的是，并不是所有的操作活动都适合幼儿自己探索和发现。在进行某些复杂的操作活动时，也可以采用教师直接演示的方法，以使幼儿在操作过程中获得更大的成就感和乐趣。

（三）创作与表现阶段

创作和表现环节是幼儿通过前期的积累将自己的经验、想法或情绪情感用艺术的手段表现出来。在这一环节，教师在组织过程中需注意以下两点：一是创作之前教师要交代操作的要求，帮助幼儿进一步明确构思、创作的主题和操作工具材料的使用方法及要求。二是在操作过程中，创设宽松的心理氛围，鼓励幼儿在掌握基本方法的基础上进行创新。

（四）分享与交流阶段

分享与交流阶段是幼儿对自己和同伴作品欣赏和评价、发表自己的感受和评价的过程。可以引导幼儿进行互评，以肯定幼儿优点为主，让幼儿从自己和同伴的作品中感受美和发现美，同时发展幼儿的语言表达能力。

幼儿作品的最终呈现方式可直接影响幼儿对于活动的成就感。教师可以采用作品组合的方式，将学前儿童完成的作品通过裁剪、排列、装裱等方式进行组合（图 4－22），使作品的呈现更具美感，提高幼儿欣赏的情趣，体验到创作的成功和快乐。作品组合的主要方式有：

图 4－22　作品组合式呈现

第一，设计作品展示底板，使幼儿作品的呈现具有情景性和立体感；

第二，将作品紧密排列或分类排列，营造视觉上的层次感、韵律感和节奏感；

第三，将作品进行重组，增添趣味性和表现力。

下面以大班绘画活动“烟花夜景”为例，介绍一下幼儿绘画活动方案的设计过程。

大班绘画活动：烟花夜景（叉子印画）

活动目标：

1. 通过观看视频与图片，欣赏和感受烟花的形态美和色彩变化的惊奇。

2. 学会运用叉子印画的方法创作出多彩的烟花，并能大胆运用拼贴添画的方法创作烟花下的楼房夜景。

3. 体验探索新工具及运用叉子印画的乐趣。

活动准备：

1. 经验准备：幼儿有使用过叉子和水粉颜料的经验。

2. 物质准备：烟花视频与 PPT、用叉子画好的一幅画；深蓝色的卡纸、黑色卡纸条、多种颜色的颜料、水粉笔、调色纸盘、叉子、固体胶、剪刀、铺好报纸的桌子、抹布。

幼儿作品图片

活动过程：

1. 观看烟花视频，导入烟花主题活动

指导语：小朋友们，你们有看过烟花晚会吗？在烟花晚会里都看到过什么样的烟花啊？

2. 出示烟花的 PPT 图片，了解烟花的形状颜色，感受烟花的多姿多彩。

指导语：你们看看这些烟花是什么样子的？你喜欢哪一种？它是什么颜色的？像什么？

小结：烟花有点状的；有线状的；有红色、黄色、蓝色的；有颜色一层一层组合的；有的像花；有的像喷泉；有的紧紧地拥抱在一起；有的隔得很远。

3. 出示新的绘画工具和材料，探讨叉子作画的方法

(1) 回顾已有经验，讨论烟花的画法。

指导语：怎么才能画出漂亮的烟花呢？你有什么方法？

(2) 介绍新的工具，讨论新的方法。

指导语：今天我们来用叉子画画，你们觉得用叉子可以怎么画烟花呢？

(3) 个别幼儿示范，讨论叉子画烟花的基本方法和注意事项。

小结：先用叉子的背面蘸满颜料，然后在黑色背景纸上选择合适的位置印出烟花的形状。

注意事项：

第一，注意叉子使用的方向。用叉子点的时候要轻轻地点，以防戳破作品。

第二，烟花中间不能留太多空隙。烟花越大越好看，颜色越亮越多越好看。

第三，使用完一种颜色时先把叉子用抹布擦干净再换另一种颜色的颜料。

(4) 出示教师作品范例，讨论创作楼房夜景的画法

指导语：这幅画上除了用叉子画的烟花还有什么？这些房子是怎么画上去的呢？

小结：先用叉子画出烟花(点状、线状等)，然后用剪刀将黑色卡纸条剪出想要的楼房(矮的、高的、胖的、瘦的等)，用固体胶粘上去，最后用水粉笔画上灯光。

4. 幼儿自由创作，老师巡回指导

(1) 鼓励幼儿用多种颜色的水粉颜料进行创作。

(2) 提醒小朋友注意烟花的中心空隙不能太大，引导小朋友合理布局画面。

(3) 鼓励小朋友作画时多使用颜色较亮的水粉颜料，以增强光亮效果。

5. 展示作品，分享交流创作的乐趣

指导语：谁来介绍一下自己的作品？说一说你的烟花是怎么画出来的？烟花下有什么？

活动延伸：

1. 在美术区里投放叉子印画的工具材料，引导幼儿在区域活动中继续探索叉子画的各种奥妙。

2. 借助多媒体资源或利用周末，和爸爸妈妈欣赏一次烟花晚会。

案例分析：

上述案例大班绘画活动“烟花夜景”，活动过程分为五个环节，其中第一个环节属于导入，教师运用观看烟花视频的方式，激发幼儿对烟花的兴趣，并引出活动的主题。然后按照幼儿进行绘画创作时“眼中之竹”—“胸中之竹”—“手中之竹”的心理过程，分别通过感知欣赏，了解烟花的造型特点—探究讨论烟花夜景的绘画方法—鼓励幼儿大胆

创作自己的作品三个组织环节，引导幼儿完成“烟花夜景”的创作。最后又通过分享交流的方式，进一步拓展幼儿对于烟花夜景和叉子印画的相关经验。活动的重点为引导幼儿构思“烟花夜景”中烟花和楼房的造型特点，难点在于叉子画的画法。

第五节　学前儿童绘画活动的指导

绘画活动中教师的指导是把静态的活动设计方案转化为动态的实践，是对幼儿产生实际教育影响的过程，也是师生互动的过程，不同年龄段和不同类型的绘画活动指导方式也不同。

一、不同年龄班绘画活动的指导要点

由于不同年龄段的幼儿心理和生理发展特点以及绘画能力发展水平的不同，在进行绘画教育活动指导的时候要采用不同的指导方式。

（一）小班绘画教育活动指导

小班幼儿大都在3～4岁，年龄较小，绘画目的性不强，绘画技能不完善，有的还停留在涂鸦阶段，正在初步尝试用象征性的符号表达意图。面对此阶段的幼儿，教师的鼓励显得尤为重要，活动设计时应该通过多种形式激发幼儿参与绘画活动的热情，提高其参与活动的兴趣，认识基本的绘画工具和材料，初步形成材料常规意识，能用简单图形表现物体轮廓特征。

1. 注重参与绘画活动的兴趣

对于小班幼儿，教师指导的关键是激发幼儿对绘画活动的兴趣，从中体验到绘画活动的愉悦感和成功感。鼓励孩子大胆作画，运用看看、听听、玩玩的方法，激发幼儿参与绘画活动的兴趣。积极的感受对于幼儿今后进行绘画活动将会产生积极的影响。

首先对于刚入园的幼儿来说，能大胆地在画纸上自由自在地进行表现，便是一个好的开端。因此教师不必苛求儿童画得多像，对于孩子的绘画行为要给予积极反馈。

其次，要为幼儿提供丰富的绘画工具和材料，幼儿使用的画纸要适当大一些、厚一些，涂画工具最好是色彩鲜艳、线条粗一点的油画棒、棉签等，我们还可以为幼儿提供更多有趣的材料，鼓励幼儿进行探索，激发孩子对活动的兴趣，使他们乐于表现。例如，让幼儿用橡皮、肥皂、黄瓜片、萝卜片、牙膏盖、笔帽等蘸颜料印画；用手指、手掌、脚掌或拳头直接蘸无毒颜料，在纸上印出指纹、掌印和各种造型；把玩具小汽车的车轮蘸上颜料，在画纸上来回滚印；将颜料滴在纸上，用嘴或小吸管吹出各种纹理和图案；把画纸平铺在小盆里，再把蘸上颜色的玻璃球放在纸上，来回摇晃小盆，玻璃球就会在纸上留下滚动的痕迹；也可以用卷纸和团纸的方法，在纸上蘸印出形状各异的花纹等。有条件的话，还可以让幼儿在蜡纸印板、磁性板、涂鸦墙上作画和反复练习，感受变化的乐趣。在

这样简单而有趣的绘画活动中，幼儿不仅学会了使用各种各样的工具和材料，而且好奇心得到了满足，体验到了成功的快乐，对未来的创作更加充满信心。

最后教师在活动中可以创设一些趣味性的情境，让幼儿享受其中的乐趣。例如，用生动的语言或背景音乐创设情境：做一回小小粉刷匠，为房子涂上漂亮的颜色；下雨了，雨一会儿大一会儿小；我给妈妈画上美丽的长发等，引导幼儿用各种线条尽情涂鸦。这个阶段绘画活动的主要目的是训练幼儿手指、手腕的灵活性和协调性，使他们知道如何使用工具和材料，并以轻松愉快的情绪和浓厚的兴趣大胆用笔、随意表现，在绘画过程中得到满足，增强自信心。

2. 初步学习简单的绘画技能

其一，掌握基本线条和简单图形。联系幼儿已有的视觉表象和生活体验，综合运用讲解演示、情境激励、游戏练习等方法，指导他们画出基本线条和简单图形。例如，用点画飘落的雪花，用短直线画“绿绿的小草”，用短直线和长直线画“太阳的光芒”，用横线和竖线画“好玩的梯子”，等等。在这个阶段，教师需要重视的是幼儿活动的过程，而不是关注他们最后能否把线条画准确。圆是幼儿绘画中最早出现的图形，因为幼儿喜欢用圆形表现他们所熟悉的一切物体。如太阳、苹果、气球、皮球、鸡蛋、小鸭子、不倒翁等，都是用圆形组成的。教师可以设置“绕线团”“吹泡泡”“炸丸子”“煮汤圆”等幼儿熟悉和喜欢的情境，引导幼儿一边画一边说：“吹泡泡喽，圆、圆、圆……圆起来了。”这样不仅可以集中幼儿的注意力，满足幼儿多种形式的表达欲望，而且可以增强画圆时的感情色彩，使活动更具游戏意味。

为了加深幼儿对事物的印象，教师还应充分运用幼儿各种感官的作用，让他们多看、多听、多摸、多动，深入地感受其内在和外在的特征，从而大胆地描绘出来。例如，表现长长的和旋转的线条时，启发幼儿用动作模仿风是怎样刮来刮去的，并用嘴模仿刮风的声音；表现弯弯的曲线时，也可以让幼儿用动作模仿小河里的水是如何流动的，并用嘴模仿小河流水的声音。

其二，辨色和涂色。教师可以用游戏的方法，有意识地引导幼儿认识颜色、匹配颜色的名称、学习辨别相近的颜色，并鼓励他们在绘画的过程中大胆地选择和使用颜色。教师还要教给幼儿涂色的方法，提出涂色的要求。小班幼儿的手指、手腕的灵活程度低，手、眼、脑的协调性较差，加之注意力不稳定，因此，要求幼儿涂染的造型不能太复杂，对于幼儿涂色的要求不能过高，有经验的教师常常会让幼儿用油画棒、棉签、笔刷等工具涂色，因为它们适用于大面积涂染，整体感强，效果好。

3. 养成良好的绘画习惯和常规

在绘画过程中，小班教师应该注重绘画习惯和常规的养成。如油画棒或水彩笔用完要及时放回原处，玩色时要注意不要将颜料滴在桌面或地板上，水粉笔换色前应该用水清洗或在湿毛巾上擦洗干净等。常规习惯的培养有助于绘画过程的有序开展，也可以减少教师一些不必要的整理或收拾卫生的时间。

（二）中班绘画教育活动指导

中班幼儿大约4—5岁，有了初步的手眼协调能力，能将简单的图形与事物联系起来，绘画水平进入了象征期。教师在设计绘画活动时应更关注幼儿的特点和个体差异，引导幼儿有目的、有意识地进行绘画活动。

1. 引导幼儿概括事物的基本结构和主要特征

掌握物象的基本结构和主要特征是绘画的前提。教师应先引导幼儿观察形状比较简单的实物，如橘子、苹果、梨、香蕉、黄瓜、胡萝卜等，让幼儿比较它们的大小、粗细、长短、形状和颜色等特征，找出共同点和不同点，使幼儿具备初步概括形体的能力。

然后，教师就应该引导幼儿进一步表现较为复杂的组合式物象了。例如，动植物、交通工具、建筑物、人物等都是由若干部分组成的形体。由于幼儿在小班时，已经掌握了画简单的线条及画圆形、正方形、椭圆形等图形的基本技能，因此，中班教师就可以启发幼儿用各种几何形状分析概括出所画物象的基本结构和主要特征，并表现出物象的姿势变化。

2. 拓宽视野，鼓励幼儿的自主探索和创造

中班是幼儿的想象力迅猛发展的时期，因此教师可以引导幼儿用拟人或移情的方法，让他们在绘画活动中自由地、尽情地想象和创造。例如，画洋娃娃时，不必把重点放在核准洋娃娃大和小的精确比例上，那不符合中班幼儿的身心发展特点，可以引导幼儿去探讨和洋娃娃之间的关系，激发孩子的情感体验。这时，幼儿的绘画作品就不再是毫无生气的物象了，而是充满生命活力和情感色彩的美丽形象。

教师也可以为幼儿提供一些有趣的线条或形状，然后请幼儿积极想象和创造，添画出丰富多彩、出人意料的形象。例如，在圆形上添画，可以变成太阳、饼干、煎鸡蛋、棒棒糖、皮球、手表、眼镜、笑脸、不倒翁等，这样的方法有利于活跃幼儿的思维，使其灵感迸发。

教师还可以通过多种感官的协同活动来引发幼儿的想象。例如，观察有趣的大鞋，进行“大鞋的联想”的绘画创作；通过《小人国》的故事，启发幼儿创作人物形象和奇特的情节；请幼儿品尝各种味道，画出表情并涂上合适的颜色等。画人物时，可以让幼儿摆出各种运动的姿态，自主体验，相互观察。有了多种器官的协同体验，幼儿的绘画过程不再单调枯燥，而是更具趣味性，幼儿画出的画面也会更加大胆活泼，充满童真童趣和创造性。

3. 有针对性地评价幼儿作品，尊重个体差异

教师在评价的过程中一定要注意倾听幼儿对自己作品的介绍，了解幼儿的想法，真正理解作品的价值。例如，中班美术活动“腊梅花”（手指点画），老师让小朋友用手指点画的方式画蜡梅，红红突然举手对老师说：“老师，丛丛的树枝画错了。”老师发现丛丛的树枝画得和其他小朋友的不一样，有圆形环抱的还有各种形状的树枝，但是老师并没有马上批评，而是说：“你看到的树枝是什么样的就按照你自己的想法画。”这次美术活动的要求是让小朋友把蜡梅点在树枝上，但是丛丛在树枝之外也点上了蜡梅，我问他：“为

什么蜡梅花没有长在树枝上呢?”他说:“因为冬天的风很大,花瓣被风吹起来了。”冬天里随风起舞的花瓣,丛丛表现出来的美丽意境十分动人,如果一开始老师发现丛丛画的树枝和其他小朋友的不一样,便严肃地批评让其改正,那还会有之后的美丽意境吗? 丛丛也会失去表达自己美丽世界的机会。老师对丛丛飞舞在天空的花瓣给出的评价是:“真的呢,你看,花瓣好像蝴蝶一样在跳舞。”得到老师认可的丛丛继续绘画,在地上也添了一些花瓣,他说:“有些花瓣是飞累了,有些花瓣是被风吹到地上了。”

（三）大班绘画教育活动指导

大班幼儿年龄在5—6岁,随着思维能力的发展和技能的完善,绘画的目的性更加明确,绘画形象也日趋完整,绘画水平进入初期图式阶段。在大班绘画活动中,教师可以以主题造型、色彩为要点来进行活动设计,引导幼儿画出表现自己内心感受的作品。

1. 支持幼儿连贯地表现绘画情节

随着知识经验的丰富和绘画技能的提高,大班幼儿在表现物象的形状和结构时,不仅能够画出其主要部分和基本特征,而且能用很多细节来丰富画面,使构图更生动,内容更充实。例如,幼儿已开始注意表现人物的不同性别、年龄、身份和职业,并对人物之间的关系和活动场景有所突出。这说明幼儿已经有条件独立构思画面,表现简单连贯的情节了。因此,教师应根据幼儿的兴趣,为他们创设有趣的情境。例如,结合《幸运的一天》《小红帽》《大巨人和小矮人》《胖猫咪咪》《有趣的伞》等幼儿喜欢的童话故事、诗歌等,唤起他们美妙的遐想。幼儿刚开始表现连贯性的情节时,并不注意物体之间的大小关系,常常把树木、人、花朵等画成同样大小,因此,教师要逐步引导幼儿学会观察和比较。同时,教师要指导幼儿分清主次,突出主要形象,还要学会通盘考虑,整体表现,注意画面形象的延续性、联系性和背景的变换。

2. 注重幼儿绘画中的自主性和独创性

大班幼儿已具有一定的绘画技能,积累了使用多种绘画工具的经验,能灵活、综合地运用各种绘画工具和材料。因此,对同一个主题,教师可为幼儿准备不同的绘画工具和材料,让幼儿自由选择,并用自己喜欢的工具、材料来创作,鼓励他们自由选择、敢于尝试,更充分自如地在画面上表现自己的认识和情感。例如,在“美丽的花”绘画活动中,教师为幼儿提供了油画棒、广告颜料、马克笔(粗、细)、画纸、卡纸、吹塑纸等。在活动中,有些幼儿用油画棒来表现,有些幼儿用不同粗细的黑色马克笔画单色画,有些幼儿用广告颜料、卡纸等作画,用不同形式表现了他们心中的花。

以上就是小班、中班和大班绘画教育活动的指导要点,教师要合理把握和运用,对幼儿实施有针对性的指导。《幼儿园教育指导纲要(试行)》中指出:“幼儿艺术活动的能力是在大胆表现的过程中逐渐发展起来的,教师的作用应主要在于激发幼儿感受美、表现美的情趣,丰富他们的审美经验,使之体验自由表达和创造的快乐。在此基础上,根据幼儿的发展状况和需要,对表现方式和技能技巧给予适时、适当的指导。”所以,教师在组织和指导的过程中,应善于从活动设计的条文中解放出来,用敏锐的观察力和洞悉力，对幼儿发出的互动信息做出及时的反应，运用自己的机智和策略让活动更有效、更深入地开展下去，使绘画活动过程更具弹性和生成性。

二、不同类型绘画活动的指导要点

按照幼儿绘画的内容和题材不同，学前儿童的绘画活动一般可分为命题画、意愿画和装饰画三种形式。由于它们各自的功能不同，因而指导方式也有所区别。

（一）命题画

命题画又称为主题画，是由教师确定集体绘画的主题与要求，幼儿按照绘画的主题与要求作画的绘画类型，它是幼儿园绘画活动的一种重要形式。根据绘画的主题内容不同，又可以分为物体画和情节画两种。

命题画的主要作用在于，帮助幼儿学习绘画基本造型、设色（选色、涂色、配色等）与构图等艺术形式语言，并对发展幼儿对周围现象的观察力、描绘物体的表现力和培养创造性想象方面起着一定的作用。

教师命题应注意，可以结合幼儿周围的现实生活命题；选择符合幼儿日常生活中见到的、听到的、熟悉的、有经验和有兴趣的，并在他们心目中留下深刻印象的，又有利于启发和创造的题材进行命题，如妈妈辛苦了、小兔乖乖、我的布娃娃、我的家、我爱幼儿园等。另外，命题绘画中，完成基本命题后，应鼓励幼儿联系主题进行有趣的想象与创作。

1. 物体画活动的指导要点

物体画是教师帮助幼儿在充分了解、体会某一物体的形象、色彩、结构、性质等的基础上，以绘画方式对该物体进行表达、表现的活动。物体画的内容非常广泛，只要是幼儿在日常生活中能接触到的、喜爱的、感兴趣的内容，都可以作为幼儿物体画活动的内容。

物体画是绘画活动的起点，教师必须让幼儿认识绘画对象的外形特征，并帮助幼儿掌握描绘这一对象的方法。所以，物体画对于发展幼儿的观察力，提高幼儿的绘画知识技能有着非常重要的意义和作用。

第一，调动幼儿学习的兴趣性和主动性。在选择物体画内容的时候，要选择幼儿喜爱且感兴趣的，运用多种方式激发幼儿和物体之间的情感联结。

第二，引导幼儿学会观察方法，把握物体主要结构和基本特征。教师应根据不同年龄阶段儿童的特点引导儿童观察。小班儿童的认知能力较差，还不会表现物体的基本结构和特征，因此，教师只需引导儿童观察物体的大致轮廓，形成对物体的基本视觉印象即可。中班儿童已能逐步地、有目的地作画，教师可引导儿童观察物体的基本结构和主要特征，如人物、动物、植物、交通工具、建筑物等的形状颜色、结构。大班儿童已积累了较多的知识经验和绘画技巧，教师可引导儿童细致地观察物体的形状、颜色、结构和特征，并辨别物体的异同。

在引导幼儿观察的过程中注意区分科学活动中和美术活动中观察物体的不同。在物体画教育活动中，要注意引导幼儿学会正确的观察方法，重点观察物体的形状、颜色、结构等特征，教师还可采用形象比喻、几何图形概括、特征对比等方法帮助儿童获得物体的视觉表象。

引导幼儿从不同角度来表现物体。物体画主要表现物体的结构和特征，如果观察的角度有限，那么表现的物体形象就单一，所以教师应帮助儿童学会从不同的角度来观察描绘物体。例如，儿童学习建筑物的造型表现时，教师可以指导儿童先表现房子的一般特征，接着表现组合在一起的房子，再表现我的家、我们的幼儿园街道，最后让儿童设计房子，想象未来的房子等。

第三，在幼儿物体画活动中，教师应多启发、鼓励，而不是只一味地强调幼儿是否画得像物体。

下面以活动案例大班绘画活动“哈哈大笑的人”为例，评析一下物体画的指导要点。

大班美术活动：哈哈大笑的人

活动目标：

1. 理解夸张变形的艺术手法，感知漫画人物五官夸张变形的诙谐幽默。

2. 尝试运用夸张的手法创造性地画出哈哈大笑的人物肖像。

3. 体验运用夸张变形创作带来的快乐。

活动准备：

1. 经验准备：有过欣赏漫画的经验。

2. 物质准备：肖像漫画 PPT，彩色卡纸、水彩笔、油画棒、记号笔。

活动方案PPT与幼儿作品

活动过程：

1. 回忆关于大笑表情的有关经验，激发幼儿参与活动的兴趣。

指导语：小朋友们，当你遇到非常高兴、非常开心的事情的时候，你会是什么样的表情？笑起来是什么样子的？谁来学一学？

小结：我们小朋友笑起来的时候嘴巴张得大大的，眼睛都眯眯的。

2. 欣赏 PPT 中的明星肖像漫画，感知并理解漫画中五官夸张的表现手法。

(1) 整体欣赏。

指导语：我们来看一些漫画，看看漫画里面哈哈大笑的人是什么样的？

小结：大笑的人嘴巴张得大很大，眼睛……

(2) 细致观察大笑的人的嘴巴，理解夸张的表现手法。

指导语：那我们仔细看看他们笑起来的时候嘴巴是什么样的？像什么？漫画里把哈哈大笑的人嘴巴画得这么大，这么有趣，是用到了一种方法，叫夸张。

小结：夸张就是把大的画得更大，小的画得更小。

(3) 观察除嘴巴以外的其他五官和脸型，进一步感受夸张的表现手法。

指导语：这些哈哈大笑的人除了嘴巴画得很夸张，还有什么地方也画得很夸张呢？

小结：漫画里哈哈大笑的人除了嘴巴画得很夸张，他们的鼻子、眼睛、下巴、脸型、头发，也画得很夸张。

3. 讨论绘画“哈哈大笑的人”的表现方法，并交代绘画要求。

(1) 引导幼儿讨论肖像漫画的绘画步骤。

指导语：我们也来用夸张的方法画一个哈哈大笑的人，先画什么呢？再画什么？你会画成什么样子？

小结：先画一个夸张的脸型，五官中可以先画出大大的嘴巴。

(2) 引导幼儿相互讨论自己想画的漫画特点。

4. 幼儿自由操作，教师巡回指导。

指导语：怎样让你的画更有意思？

5. 展示幼儿作品，引导幼儿欣赏和评价。

指导语：你觉得哪张脸最有意思？他什么地方用了夸张的手法？

活动延伸：

1. 美工区中投放一些肖像漫画图片，供幼儿欣赏。

2. 阅读区中投放“父与子”系列绘本，供幼儿阅读。

3. 鼓励幼儿在美工区运用夸张变形的手法画“我的自画像”。

活动评析：

1. 这个绘画活动是一个比较典型的物体画活动。以漫画“哈哈大笑的人”为绘画主题，图片诙谐幽默，幼儿兴趣浓厚。

2. 目标中要求幼儿运用夸张变形的手法，画出夸张的“哈哈大笑的人”的五官。因此，幼儿需要掌握“哈哈大笑的人”的五官典型特征，才能达成目标。

3. 绘画活动中的重点环节是观察欣赏环节，教师采用整体欣赏—局部重点欣赏的步骤，采用了对比观察、启发想象、探究讨论等不同的教学方法，引导幼儿观察漫画中“哈哈大笑的人”的五官以及脸型特点，为后面幼儿的创作积累了丰富的视觉经验。

2. 情节画活动的指导

情节画活动是在物体画活动的基础上进行的，它是教师让幼儿以个别物体与其他物体相配合，表达一定情节的绘画活动形式。情节画主要描绘对象是一组物体及其相互关系所反映的一定的情节，除了造型能力以外，更侧重于构图能力的培养。情节画在物体画的基础上，进一步帮助幼儿掌握如何表现物体形象，让幼儿知道如何根据主题内容和表现的需要把有关联的各种形象恰当地安排到画面上，正确地表现出形象间的相互关系。

情节画活动有助于提高幼儿绘画的基本技能，对培养幼儿绘画的目的性、计划性，培养幼儿构图、布局的能力，促进幼儿思维综合性和表达能力的发展，具有特别重要的意义。

第一，引导幼儿认真观察、感知周围的事物，以及事物之间的空间关系和相互的表象，为情节画学习打下基础。

第二，在进行情节画活动时，教师的示范讲解应突出情节画的构图、布局特点。

第三，运用多样化的练习手段，发展幼儿情节画的能力。在幼儿的情节画练习中，可以运用故事画、日记画、探索画、游戏画、练习画等，来练习发展情节画的表现能力。

（二）意愿画活动

意愿画是幼儿根据自己的生活经验，由自己独立确定绘画主题和内容，运用所掌握的美术知识和技能，自由地表达自己情感、愿望的一种绘画形式。意愿画强调幼儿要通过自己的想象和思维来作画，给儿童以充分的心理自由、想象自由、表现自由，因此，意愿画的学习对发展幼儿的想象力、创造力，培养幼儿大胆、主动的表现能力有着特殊的意义和作用。

下面结合一些案例说明意愿画活动的指导要点：

1. 结合幼儿生活经验，启发、帮助幼儿确立意愿画的内容

对于意愿画的创作，很多学前儿童会感觉无从下手，这就需要教师结合幼儿的当前生活经验，通过谈话、讨论的方式启发帮助幼儿确立意愿画的内容。如国庆假期期间，中班教师可以布置家长在班级群里将假期亲子游玩的照片上传至班级群相册，开学后，教师就围绕“假期去哪了?”“和谁在一起?”“有什么好玩的事情?”等话题与幼儿展开谈话，并结合群相册中亲子出游的照片，引导幼儿和其他小朋友分享假期里的趣事。通过谈话和分享活动，进一步引导幼儿思考如何表现“假期里的生活”这一绘画主题，激发幼儿回忆、构思、想象、创作自己的意愿画作品。

2. 创造宽松的创作氛围，鼓励幼儿大胆地进行意愿画活动

良好的创作氛围有助于幼儿更加自由地表达自己的生活经验和情绪情感。教师要为幼儿创设一个宽松的创设氛围，提供适宜的绘画工具和材料，鼓励幼儿独特性的表达方式。对于幼儿自主创作的作品，及时给予积极反馈。如在美术区里，可以鼓励幼儿开展意愿画活动，并及时分享交流幼儿的一些意愿画作品；也可以鼓励家长在家里开展亲子绘画活动，激发幼儿绘画的兴趣和情感体验。

3. 评价幼儿绘画作品时，要以幼儿的创造性为首要标准

学前儿童意愿画的主要功能在于发展幼儿的想象力和创造力。教师在评价幼儿的绘画作品时应该以作品是否具有创造性为首要标准。在意愿画活动中，并不特别强调“画得像”和“画得整齐”，更加关注的是，意愿画作品中是否表达出了幼儿独特的生活经验或独有的想象。教师在开展评价时，应该以正面评价为主，给予幼儿更多的“分享交流”的机会，邀请幼儿分享一下自己的绘画内容，并适时鼓励和表扬幼儿独特的表现形式。

（三）装饰画活动

幼儿的装饰画主要是指幼儿运用各种点、线、图案或色彩等在各种不同的纸形上按照形式美的规律进行美化和装饰的一种绘画形式。它突出的特点是或花纹优美，或色彩鲜明，或构图匀称均衡，均符合形式美的装饰规律。装饰画活动有助于发展幼儿手部动作的准确性、灵活性，有助于提高幼儿的审美能力，有助于发展幼儿创造性地美化生活的能力，以及认真、细致、耐心、有序等良好习惯的养成和良好学习品质的形成。

装饰画的指导要点：

1. 通过多种教学方式，帮助幼儿理解装饰原理

装饰画是一种规律性较强的绘画形式，只有真正理解这些装饰规律，才能更加有助于学前儿童进行装饰画的创作。生活中常见的装饰规律有对称和均衡、对比和调和、节奏和韵律、连续与反复等，还有图案花纹的变化、图案的组织形式和图案色彩的配置等。对于这些规则的学习，除了演示、讨论、操作等不同方式，教师主要通过欣赏的途径来进行，教师在开展欣赏环节时，应该注意以下几个方面：

第一，欣赏内容的选择应该具有典型性。教师在选择欣赏内容时应该注重装饰规律的典型性，每次欣赏的内容应该以某一种装饰规律为重点。如为了让幼儿理解对称的规律，可以选择蝴蝶、蜻蜓等昆虫翅膀的图案；为了让幼儿理解二方连续装饰的规律，可以选择一些二方连续剪纸、窗帘、手帕等典型的二方连续图案；为了让幼儿理解暖色调的色彩配置，可以选择秋天枫叶满山红等自然景色；为了让幼儿理解色彩的渐变规律，可以选择小雏菊、荷花等一些自然花卉……教师在选择欣赏内容时，一定要联系幼儿生活经验，选取具有典型性的图片给幼儿欣赏，给幼儿一种深刻的体验和美的享受。

第二，装饰规律的讲解应该结合幼儿的认知能力水平。不同年龄阶段的幼儿的理解能力具有一定的差异性，教师应该结合幼儿认知能力水平，运用通俗易懂的语言引导幼儿理解这些装饰规律。如圆盘边缘上的二方连续图案，教师可以用“手牵手”“排排队”等幼儿可以接受的语言来解释。“夸张变形”的艺术手法可以用“长的地方再长一点，短的地方再短一点”“看起来好搞笑”等形象化的语言去解释。

第三，采用多样化的欣赏途径和策略。教师在引导幼儿开展欣赏环节时，除了提供图片欣赏以外，还可以选择实物欣赏、视频欣赏、自然环境欣赏等多种不同的途径，引导幼儿在生活中、自然中、艺术活动中等感知装饰画的装饰规律。另外，在引导幼儿欣赏时，可以采用对比欣赏、启发联想等多种教学策略，引导幼儿感知装饰规律，并进一步提升想象能力。如在中班幼儿欣赏热带鱼图案时，教师除了问“这是什么颜色的?”“这是什么形状的?”“图案是怎么排列的?”以外，还可以问“你觉得像什么?”等更加开放性的问题，从而启发幼儿进一步的联想。

2. 注重装饰画学习的循序渐进性

一般在学习方法上，教师应该先进行欣赏，让幼儿多积累相关的审美经验，初步认识了一些装饰美的规律以后，再来引导幼儿进行一些装饰画的创作。

一般在学习内容上，图案花纹的学习应该由易到难，一般遵循点—线—几何形状—复杂图案的学习规律。小班幼儿一般学习用点和线来装饰一些规则的图形，如漂亮的围巾；中班幼儿可以加入一些几何形状图案的装饰，如漂亮的圣诞袜；大班幼儿可以学习一些具有民族特色的花纹等，如漂亮的青花瓷。

图案纹样的组织形式可以是单独的，也可以是连续的。开始学习一般以单独纹样的装饰为主，随着幼儿装饰能力的增强，可以学习二方连续图案，在此基础上，可以再学习四方连续图案。除了绘画以外，教师也可以结合剪纸等其他方式，引导幼儿体验不同图案纹样的组织形式特点。

3. 充分利用各种材料和手段，注重幼儿想象力和创作力的培养

装饰画的学习中除了让幼儿掌握这些装饰规律以外，也可以通过多样化的绘画工具和材料进行装饰画的创作，从而提升幼儿参与操作的乐趣。如小班可以运用印章画、弹珠滚画等绘画方式，引导幼儿自由装饰裙子、围巾等生活用品；中、大班可以采用对折印画、吸附画等不同的绘画方式，引导幼儿大胆创作富有特色的装饰画作品，体验创作的乐趣。

下面以大班绘画活动“漂亮的热带鱼”为例，说明一下装饰画的指导要点。

大班绘画活动：漂亮的热带鱼

活动目标：

1. 通过欣赏、观察和交流，感知热带鱼的不同造型特点和身上图案装饰的色彩美和线条美。

2. 能够大胆想象热带鱼的不同造型，并尝试运用点、线和不同的图案来组合装饰热带鱼身上的花纹。

3. 了解热带鱼的生活环境，体验创作和装饰热带鱼的快乐。

活动准备：

1. 经验准备：观看过海底世界或热带鱼，有过装饰画的经验。

2. 物质准备：PPT、海底世界短视频、底纸、黑色记号笔、彩色水彩笔、油画棒。

活动PPT和部分幼儿作品

活动过程：

1. 播放海底世界有关热带鱼的视频，导入活动主题。

指导语：在视频中你们看到了什么？它们是什么样子的？看起来像什么？

2. 出示“漂亮的热带鱼”课件，引导幼儿观察、感知和想象热带鱼身上的装饰。

(1) 出示具有点状装饰图案的热带鱼，启发幼儿对于点的装饰的想象。

指导语：这两条鱼身上有什么装饰？这两条鱼身上的点有什么不同的地方？你还能想到用什么样的点来装饰？

(2) 出示具有线状装饰图案的热带鱼，启发幼儿对于线的装饰的想象。

指导语：这两条鱼身上有什么装饰？这两条鱼身上的线有什么不同的地方？你还能想到用什么样的线来装饰？

(3) 出示不同图案装饰的热带鱼，启发幼儿关于不同图案装饰的想象。

指导语：这两条鱼身上有什么图案？你们觉得像什么？你还能想到用什么样的图案来装饰？

3. 出示海底世界背景图，创设情境，激发幼儿创作热带鱼的欲望。

指导语：今天海底世界要举行一场热带鱼比美大赛，很多不同造型的热带鱼都来了，你来做一个小小服饰设计师，为这些热带鱼设计一套独一无二的漂亮服饰。你想选择一条什么样子的热点鱼？你想为它设计一套什么样的服饰？

4. 幼儿自由创作，教师巡回指导。

指导要点：

(1) 鼓励幼儿大胆想象热带鱼的不同造型；

(2) 鼓励幼儿大胆尝试不同的点、线、图案花纹来装饰热带鱼的身体。

5. 将幼儿作品展示在海底世界背景中，并邀请幼儿分享交流自己的作品

指导语：谁来介绍一下自己的热带鱼？这次比美大赛的冠军，除了你自己的，你还会选择哪一条鱼？为什么？

活动延伸：

1. 美术区中投放相关绘画材料和一些手工装饰材料，鼓励幼儿开展装饰画创作。

2. 鼓励幼儿与家长一起探索海底世界的秘密。

案例分析：

上述案例是一个典型的装饰画活动，教师引导幼儿通过欣赏热带鱼的不同装饰特点，鼓励幼儿进行装饰画的创作。在欣赏时，教师运用了视频、图片欣赏等多种教学策略，重点欣赏了几幅典型性的热带鱼图片，由易到难，按照点的装饰—线的装饰—图案花纹的装饰的顺序依次引导幼儿观察和想象。在鼓励幼儿学习装饰规律的基础上，进一步联系生活经验，拓展装饰经验。在活动中，教师并没有讲授或示范装饰的技能技巧，但是幼儿通过观察欣赏，理解了点、线、图案装饰的基本装饰规律。因此在创作时，大部分幼儿能够大胆想象，充分利用已有装饰经验，结合教师创设的情景，大胆为热带鱼设计服饰，创作出了一幅幅较为丰富的作品。

案例评析

案例一："苦恼的妈妈"

笑笑妈妈最近觉得有点苦恼，自从爸爸给两岁的笑笑买了画笔之后，笑笑开始在家里到处乱涂乱画，墙壁上、沙发上、枕头上画得乱七八糟，笑笑妈觉得笑笑画的东西乱七八糟，完全看不懂，开始尝试教笑笑画具体的形象，但是笑笑并不感兴趣。

思考：请你根据幼儿绘画能力发展特点分析笑笑的行为，并给出教育建议。

案例二：画"我的妈妈"

在进行绘画活动"我的妈妈"时，王老师一边示范一边说："妈妈画成长头发，穿裙子，脸上的表情要笑眯眯……"

思考：你觉得王老师的引导适宜吗？为什么？

实践活动

1. 结合幼儿绘画能力发展特点，自选主题，原创设计一个幼儿绘画活动。要求活

动方案包含设计思路、活动名称、活动目标、活动准备、活动过程、活动延伸。

2. 利用入园实践机会，或者以小组为单位模拟试教一个绘画活动，并结合试教情况，写出活动反思。

3. 观摩一个完整的幼儿绘画活动或教学视频，尝试结合所学习的理论进行评析。

拓展练习

1. 主题绘画《动物妈妈和动物宝宝》

内容：

(1) 配合开展有趣的动物主题活动。

(2) 回答问题。

要求：

(1) 绘画的动物造型生动有趣，画面内容富有创意。

(2) 结合作品，说明如何在中班幼儿开展“有趣的动物”的主题活动。

(3) 请在 10 分钟内完成。

2. 主题绘画《红红火火过新年》

内容：

(1) 以绘画配合开展“快乐的新年”主题活动。

(2) 回答问题。

要求：

(1) 根据活动的需要进行绘画，作品能突出节日氛围。有童趣，幼儿能够理解，有一定的创意。

(2) 回答问题：如何利用你的作品引导 4～6 岁幼儿开展“快乐的新年”主题活动。

(3) 请在 10 分钟内完成。

3. 学前儿童在绘画时，往往会把眼睛看不到而实际存在的遮挡的部分也画出来，这种特殊画法叫作(　　)。

A. 展开式画法　　B. 夸张画法　　C. 透明画　　D. 基地线构图

4. 下面绘画表现属于学前儿童象征期绘画特点的是(　　)。

A. 基地线构图　　B. 画出圆形或螺旋线

C. 蝌蚪人　　D. 画出细节和动态特征

答案及解析

第五章　学前儿童手工活动

学习目标：

1. 了解学前儿童手工活动的内涵，了解学前儿童手工能力的发展特点。

2. 掌握学前儿童手工活动的主要内容，并能选择适宜的内容开展相关活动。

3. 理解学前儿童手工制作的心理过程，能够科学地设计与组织学前儿童手工活动。

4. 能够掌握不同年龄阶段学前儿童手工活动的指导要点，并能结合不同的内容特点开展指导。

第一节　学前儿童手工活动概述

一、学前儿童手工活动的内涵

手工艺术起源于早期人类的生产实践活动，人类为了更好地生存，维持生产活动，对所生活的自然环境进行改造，制作生产工具，这就形成了最早的手工制品。

手工，从字面意义来看代表着有较多的手部参与的造型活动。“手工”一词在《现代汉语词典》的释义为：“名词。① 靠手的技能做出的工作：做手工。② 用手操作的方式：手工劳动。”[①]从词源上对“手工”的概念进行把握，有助于我们对手工活动本质的理解。

学前儿童手工活动是指教师有计划、有目的地引导幼儿使用剪刀、胶水等各种手工工具，对泥、纸、布等手工材料进行加工，运用剪、撕、贴、折、塑等手工技能制作出平面或立体的艺术形象的艺术造型活动。根据材料的不同，幼儿园的手工制作活动一般可以分为纸工活动、泥工活动、综合材料制作等不同的类型。

① 中国社会科学学院语言研究所词典编辑室．现代汉语词典(第6版)[M]．北京：商务印书馆，2012.11：1196页。

二、学前儿童手工活动的价值

苏联心理学家列昂杰夫认为：心理发展起源于儿童与周围环境相互作用的活动，是活动“内化建构”的结果。而幼儿园的手工活动就是一种典型的与环境相互作用的活动。苏霍姆林斯基也曾说过：“儿童的智慧在他的指尖上。”可见，幼儿园手工活动对幼儿的发展有较大的价值。

《幼儿园教育指导纲要》指出，教师应该“指导幼儿利用身边的物品和废旧材料制作各种玩具、工艺装饰品，体验创造的乐趣”。手工活动能促进幼儿手部动作灵活性、精确性、协调性的发展，帮助幼儿获得一定的手工知识技能，对培养幼儿想象力、创造力、耐心、探索等个性品质有非常重要的意义。

(一) 锻炼学前儿童的精细动作，促进大脑的发育

手工活动是我们探索求知的一个途径，正所谓“心灵手巧”，手工活动可以锻炼幼儿的精细动作，促进幼儿思维意识和肌肉运动的统一协调。从粗略的手工到精细的手工的进步过程，就是幼儿动手能力循序渐进提升的过程。通过对不同工具材料的性质和多种用法的探索，不仅可以促进自己动手制作能力和解决问题能力的发展，也可以进一步促进大脑发育。

(二) 培养审美意识和兴趣，提升审美水平

手工制作的每一种艺术表现形式都需要精心构思作品的意境、内容、布局、形状与色彩，学前儿童手工制作往往采用大量的生活材料、自然材料和废旧材料等，幼儿在构思与操作中融入了“在生活中发现美”以及“用艺术去改变生活环境”的意识。在幼儿真实生活的世界中，他们所接触的事物都是立体的、有空间感的，而手工活动能较好地满足幼儿的这一视觉需求，与他们真实的经验进行连接。这样的感受与体验能拉近幼儿与艺术之间的距离，通过艺术的眼光去观察自己的生活世界，用艺术的语言对自己的感受与体验进行表达。手工制作能够促进幼儿更加关注自然和生活中的操作材料，提升审美情趣。如将自然材料拼贴成艺术作品，将废旧材料制作出可以应用的物品等。

(三) 培养学前儿童的探究能力和良好的学习品质

与绘画活动不同的是，手工活动注重理性思维的培养，幼儿必须先对材料有理性的认识才能更好地操作材料，完成手工制作。同时，手工制作讲究一定的步骤顺序，从而能够促进幼儿在手工作品的制作中逐渐树立严谨、细致、有序等科学精神。

手工活动能够培养幼儿的自信心和自我认知。在手工制作过程中，幼儿需要结合手工工具和材料进行操作，操作过程中不但可以培养孩子的观察力、创造力和想象力，而且幼儿在制作过程中，需要不断尝试探索，甚至需要小组合作，同伴互助，在这个过程中对于幼儿的坚持性、专注力以及细心、耐心的学习品质的培养均有积极影响。如豆类拼贴画就需要幼儿富有耐心，认真细致地对豆类进行拼贴。

可见，学前儿童手工活动是幼儿美术教育的重要组成部分，是幼儿园因地制宜实施全面发展教育的重要手段。

第二节 学前儿童手工能力的发展

学前儿童手工活动与绘画活动可以统称为幼儿美术创作活动，因此幼儿手工能力的发展与绘画能力发展大致相似。学前儿童在绘画活动中获得构思、构图、造型、色彩等方面的知识和技能，与学前儿童手工能力发展存在内在联系。但手工活动具有其特殊性，它既包含二维平面的作品，也包含三维立体作品创作，所以又与绘画能力发展有一定区别。因此，在本节中，我们将结合学前儿童绘画能力发展来分析幼儿手工能力发展各阶段及其表征特点。

有许多学者专家对幼儿手工发展阶段进行探讨，本书采用孔起英在《学前幼儿美术教育》(1998)中对幼儿手工发展阶段的划分，将幼儿手工能力发展分为三个阶段，分别是：无目的活动期、基本形状期、样式化期。

一、无目的活动期(2—4岁)

在这个阶段的幼儿进行手工活动没有明确目的，只是一种玩耍和游戏。

由于这个时期的幼儿手部小肌肉发育还不够完全，认知能力有限，所以他们并不理解手工工具材料的性质，也不能正确使用手工工具和材料，只是一种满足身体愉悦的活动，体验探索、操作这些手工工具和材料带来的乐趣。

虽然这一时期的幼儿还不能灵活使用材料，但是幼儿天生就是喜爱动手操作、喜爱探索的。通过小手对周围事物的探索、触摸、体验，他们对世界的认识变得更为丰富立体，所以我们在生活中也常常能看到幼儿在认识新鲜事物时，本能地喜欢用手去触碰。

在泥塑活动时，幼儿对泥有着天生的亲近感，他们拿到泥巴会本能地去拍、抓、掰，享受着手与泥材料的互动，感受着泥材料的触感和形变。所以此时幼儿的泥塑作品一般为细碎块状物，没有具体的造型。到了无目的活动期后期，幼儿逐渐会用手掌把泥料压平、压大，能运用双手搓出球状，并用圆球代替各种事物。这也和绘画发展阶段中，幼儿喜爱用圆形涂鸦代表事物的特点一致。

在纸工活动中，幼儿自发折纸活动虽然较早，但在该阶段的幼儿基本很难折出成型的东西(图5-1)。在剪纸活动中，幼儿不能掌握剪刀的运用，剪刀往往成了摆弄的玩具。到了该阶段后期，在成人的引导下，幼儿基本能运用剪刀工具，但是不能很好地进行剪纸，纸与剪刀不能协调配合，剪纸容易绞在一起，即使剪出某些作品，也是不规则的纸片。此阶段的幼儿拿到纸张时，喜爱撕、揉、搓纸张，想要把纸张弄碎弄破，从而获得快感。所以在这个时期的幼儿能撕出不规则碎片和长条(图5-2)，不能对齐边角进行折纸活动。

图 5 - 1　小班:自主折纸

图 5 - 2　小班:撕贴

幼儿泥工、纸工操作视频

在综合材料制作中,幼儿基本不能将材料和工具进行综合应用。例如,在工具使用上,幼儿并不了解糨糊、胶水的作用,所以常常会用手玩、抹胶水和糨糊,感受胶水的黏糊质感。在材料的综合应用上,不能对手中现有的材料进行组合、想象、改造等。

无目的活动期,顾名思义,幼儿在这个阶段的手工活动没有明确的目的,只是充分体验与材料接触、互动的快乐。因此,在这一时期,成人应该鼓励幼儿对材料和工具进行探索、体验,为幼儿提供安全、适宜的工具与材料以及充分感受材料的机会,同时引导幼儿认识工具材料,学习正确地使用工具材料的方法。

二、基本形状期(4—5 岁)

在这个阶段,幼儿由无目的的动作逐渐呈现出有意图地尝试。基本形状期对应的绘画发展阶段为象征期,在这一阶段,幼儿的动手能力和认知水平都有进一步的发展,表现出一定的创作欲望和创作意图。这时候的幼儿对于创作有自己的想法,并尝试将想法付诸实践,形成一定的作品。

在泥塑活动方面,该阶段的幼儿开始具有立体造型的最初意识了,他们能运用双手将泥料搓出球状物和粗细长短不一的长条、棒状物,此时的泥条相当于绘画形式语言中的"线条",泥球相当于"点"。幼儿能够将他们自由组合成"棒棒糖""蜗牛"等不同的形象。但是这个阶段幼儿往往还不能完成立体的作品,所以幼儿常常用泥料制作泥贴画、浮雕样式的作品。由于手部动作发展不够成熟,他们还不能很好地表现物体的细节。

在纸工活动方面,幼儿到 4 岁左右,在成人的指导下,能够学习一些简单的折纸。能学会并折出对边折、对角折、集中一角折等简单折法,能尝试看图谱进行折纸。但在开始的时候折纸作品的效果并不理想,此时受到手眼协调能力发展限制,折纸的边角容易对不齐或者折痕不直,作品总的来说比较松垮,不够硬挺有形。如小班幼儿折出的毛毛虫(图 5 - 3),边缘很难对齐,因此作品更加富有稚拙的美感。

图 5-3　小班折纸:可爱的毛毛虫

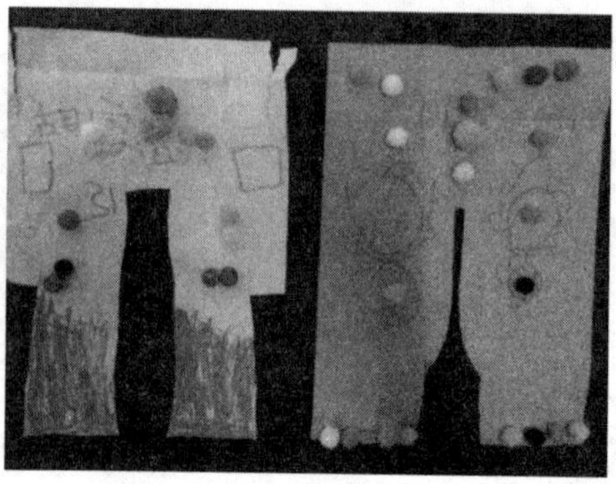

图 5-4　中班剪纸:牛仔裤

剪纸时,幼儿基本掌握剪刀的运用,能够沿着画出来的线直线剪,但幼儿还不能很好地剪曲线,一般剪到转弯处的时候,容易卡纸从而变成以撕代剪。因此往往出现轮廓线不整齐的情况(图 5-4)。所以该阶段的剪纸活动一般选取的内容比较简单,轮廓形状比较清晰。在该阶段的幼儿随着精细动作的发展,撕纸活动的精准度有所提高,能够撕出点状、条状、简单的形状。

综合制作类活动能力表现为:幼儿面对多彩丰富的手工材料时,兴趣浓厚,参与活动的积极性很高。但在该阶段的幼儿动手能力有限,例如,幼儿能够在材料上涂抹胶水糨糊,但不太能注意涂抹的正反面和涂抹的分量,导致粘贴效果不佳。对材质较硬的材料运用较难,只能进行一些简单的小纸盒制作项目。

三、样式化期(5—7 岁)

在这个阶段,幼儿的大脑功能不断趋向成熟,手眼协调能力增强,认知能力进一步发展,积累了较多的手工制作方法,能较好地将自己的想法和创意付诸实践,从而制作出完整、精细的作品。

幼儿手工能力发展样式化期相当于绘画发展的图式阶段,和图式阶段相似的是,幼儿此时已经基本掌握工具方法的使用,认识了多种材料的多种性质,开始对材料工具进行更为深度的探索,综合运用多种材料和工具来表现自己的创作想法。

在泥工方面,随着年龄的增长,幼儿知觉经验、造型能力、对事物的概括能力、立体造型能力得到发展。此时的幼儿手眼协调能力增强,又掌握了不同的手工工具、材料的使用方法,因此创作欲望和灵感强烈,已经能用泥塑的方式表达自己的体验。能双手协调地搓出立方体、圆柱体及各种弯曲盘绕的棒状物,从而完整地表现塑造的事物的主体部分,并且更加注意细节的处理。如大班幼儿可以在松果造型基础上,将彩泥通过团、压、捏等多种技能的综合运用,将松果变成了不同造型的小动物(图 5-5)。其中小刺猬、小兔子的耳朵等细节表现得非常生动。

图 5-5　大班泥工:松果变变变

在纸工方面,到 5 岁左右,幼儿逐渐掌握了不同的折纸方法,并能将这些折法进行组合。如双三角形折、双正方形折等。能折出很多复杂的作品,甚至能独立完成一些组合折纸作品。在剪纸活动中,相比前一阶段的幼儿,此时他们已经能较为灵活地运用剪刀,能剪出不同的曲线,能剪出一些形象较为复杂多变的轮廓形状。随着幼儿的理解能力和动手操作能力进一步提高,幼儿能够设计并剪出丰富多样的窗花、拉花等。撕纸方面,幼儿能撕出事物的轮廓、细小部位,能通过学习模仿撕出一些较为复杂的图形,也能用对折的方式撕出复杂的对称图形。到了大班,幼儿往往能够综合运用各种不同的纸工技能进行综合创作。如大班幼儿在折纸扇的基础上,将 4 个小纸扇进行组合,再结合剪纸、拼贴等不同的方法,制作出了可爱的小猪头(图 5-6)。

图 5-6　大班折纸:小猪头

图 5-7　大班综合制作:企鹅

在综合制作活动方面,该阶段的幼儿生理机能和心理机能得到进一步发展,基本掌握了手工工具、材料的使用方法,动手能力有所提高。例如,在成人的指导下,能准确、适量、均匀地把胶水涂抹在材料的背面,按照粘贴的程序,贴在一定的范围内,用小手轻轻按压贴实材料。如大班幼儿在纸筒的基础上,综合利用粘贴、剪纸、卷纸等不同技巧,创造出了形态各异的企鹅(图 5-7)。

他们已经能够正确地选择和利用一些自然物品和废旧物品,以及适合的手工材料和工具,运用剪、折、挖、插、粘贴、接、画等技能,制作相对复杂的作品或玩具,也很注意对作品细节的制作。

第三节　学前儿童手工活动的内容

手工活动的内容可以分为两种：一种是“是什么”的知识，这种知识具体指的是幼儿对手工活动的材料和工具的认知、理解。另外一种是“怎样做”的知识，这种知识指的是幼儿在手工活动中所运用的技能技法。幼儿园选择手工活动内容时既要有“是什么”的知识，也应涉及“怎么做”的知识。

一、手工工具、材料及其性质

不同的手工类型，需要不同的手工工具和材料。如剪纸活动需要剪刀，拼贴活动需要胶水，染纸活动需要颜料等。除了基本的操作工具和材料，为了手工作品的美观性，还经常需要一些辅助工具和材料。

适合幼儿进行手工活动的材料较为丰富，可以是各种常见的生活物品、废旧物品、自然物。对这些材料进行形态上的归类可分为四种形态：点状材料、线状材料、面状材料、块状材料。

（一）点状材料

主要有种子、沙子、珠子、纽扣、瓶盖、木屑等，多为形态微小的事物。从某种意义上来说，任何的事物缩小都可以成为点状材料，如将纸片撕碎，将毛线剪碎等。点状材料一般可以通过拼贴、串联等技能进行操作，并经常用来进行作品装饰。例如，幼儿园常见的谷物拼贴画、拼豆玩具等(图 5－8、图 5－9)。

图 5－8　大班：豆类拼贴

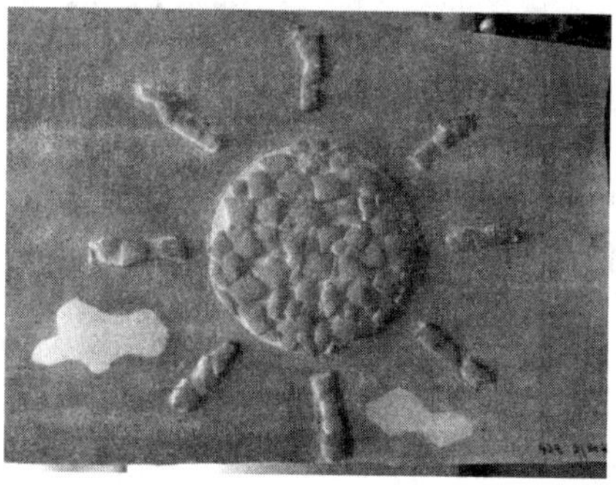

图 5－9　大班：橘皮拼贴画

（二）线状材料

主要有绳子、毛线、树枝、火柴棒、麦秸、电线、扭扭棒等条状事物。线状材料可以通过编织、缠绕、拼贴、连接等技法制作成平面或半立体、立体作品，如编柳树枝、绕瓶子、绳贴画等(图 5－10、图 5－11)。线状材料通过分解可以转化为点状材料，通过组合可以转化为面状材料。

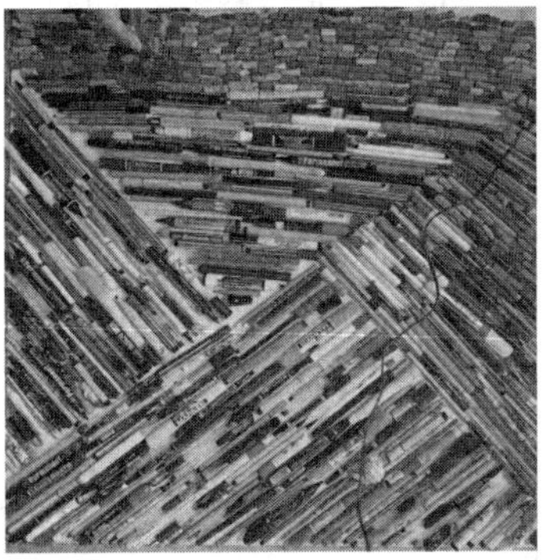

图 5－10　水彩笔组合

图 5－11　毛线装饰瓶子

（三）面状材料

面状材料主要有纸张、树叶、布料、玻璃、胶片、木板等，多为扁平的有一定面积的材料。面状材料可以通过撕、剪、折、贴等方式进行手工活动制作成平面作品或半立体、立体作品，如树叶粘贴画、布贴画等。面状材料可以分解转化成点状材料和线状材料。

（四）块状材料

块状材料主要有各种纸盒、木盒、铁盒、瓶子、罐子、瓜果蔬菜、面团、泥团、石头等。块状材料可以通过塑造、拼接、组合等方法给材料做“加法”或做“减法”来制作立体的手工作品，如制作小汽车、小房子、制作人偶等。

二、常用的学前儿童手工技能方法

不同的手工活动类型需要运用不同的技能，不同的年龄阶段的幼儿，对同一种技能的掌握程度也不一样。幼儿手工活动所运用的技法丰富多样，我们接下来主要分析拼贴、撕、剪、染、折、塑的基本操作和每一种技能可分为哪些不同难度层次以及它们所对应的年龄层次。

1. 拼贴

拼贴是一种艺术创作技术，将纸张、布片或其他材料进行糅合、重组、叠加，从而创造出一个全新的艺术整体，使其在视觉上具有叙事性，呈现出一种由原始素材拼接形成的全新概念内容。拼贴所需要的能力主要有：

（1）掌握拼贴工具的使用。主要包括了解胶水、双面胶等不同粘贴工具的性质，学会能够结合拼贴材料的不同性质，选取合适的粘贴工具，如固体胶适合于粘贴纸张，而树叶拼贴一般选用双面胶。胶水、糨糊等粘贴工具的正确使用方法。

（2）拼摆的能力。能够结合构思形象，在合适的位置拼摆出具体形象。

（3）造型的能力。运用各种材料拼贴具体形象时，需要有造型能力。

（4）构图的能力。在底板拼贴具体形象或情景画时，需考虑构图。如主要形象在整体画面中的位置。

(5) 色彩搭配的能力。将不同颜色的材料合理搭配进行拼贴。如材料之间色彩的搭配,材料与底板之间的色彩搭配等。

(6) 装饰的能力。综合运用剪、挖、折等操作技能来装饰;运用不同材料装饰。

如图 5-12 所示,大班幼儿在进行这个拼贴活动时,需要综合运用剪纸、泥工、拼贴等多种不同的技能,而最重要的是,在拼贴过程中需要考虑整体画面的构图、色彩搭配以及进一步的装饰。

图 5-12　大班拼贴活动:七星瓢虫

2. 撕纸

撕纸不需要画草稿而且不需要工具,是一种完全用自己的身体来跟纸交流的艺术。撕纸主要包括自由撕、目测撕、沿轮廓撕、折叠撕。

(1) 自由撕。在幼儿还不能熟练掌握撕纸技能的阶段,可以让幼儿用自由的方式随意进行撕纸游戏活动。比如,给幼儿提供各种颜色的彩纸,随意地撕成自己喜欢的形状,再创意地组合粘贴或进行添画,还可以给作品起一个好听的名字。

(2) 目测撕。当幼儿具有一定的撕纸经验之后,在教师引导下,有目的地撕出一些简单的物体形状,如面条,头发等。这些撕纸动作都是靠目测完成的,幼儿凭借观察、经验和想象来给动作进行定位,进一步获得撕纸的基本技法。

(3) 沿轮廓撕。在目测撕练习一段时间后,幼儿可按照纸上的轮廓线,撕出需要的图形和形状。轮廓线可以由教师画,也可以由幼儿自己画。有时为了帮助幼儿准确地按轮廓线撕纸,教师会沿着轮廓线用针扎出小孔,请幼儿沿着扎好的孔线完成撕纸。

(4) 折叠撕。将纸按照一定的方法折叠后,撕出对称形象的方法。由于幼儿的手部肌肉发育不成熟,纸的折叠层数不宜太多,一般折叠 2~3 层即可,折叠层数太多,容易导致幼儿撕不动。

3. 剪纸

剪主要运用剪刀对材料进行形态上的改变,幼儿所用的剪刀最好是幼儿专用的安全剪刀。教师首先应指导幼儿正确使用剪刀,方法是大拇指和其余四指分别伸入剪刀的两个柄环中,通过大拇指和四指协调发力,一张一合,剪刀也随之张合,将纸剪开。剪纸的方法可以分为目测剪、沿轮廓剪、折叠剪，和撕纸大致相同。

（1）目测剪。幼儿凭自己的感觉和经验，在没有任何痕迹的面状材料上剪出自己所需形象的方法。

（2）沿轮廓线剪。幼儿根据已有的轮廓线来剪出所需形象的方法。

（3）折叠剪。折叠剪一般分为对折剪（图 5－13）、二方连续剪（图 5－14）和多次折叠剪三种剪法，一般是先折叠，再画出轮廓图案，再剪的方法。

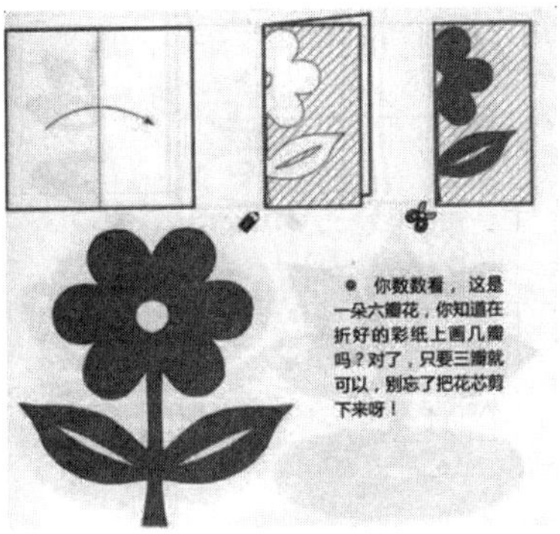

图 5－13　对折剪

图 5－14　二方连续剪

4. 染纸

“染纸”是流传于我国民间的一种图案艺术形式，是将吸水纸用折叠、绞夹、孔卷、搓、捏皱等方法进行加工，并通过点、渍、罩、接等方法上色而形成纹样的一种表现方法。

（1）浸染。即将折好的纸插入染料中让纸自动吸色，如将手帕纸进行折叠后用一角蘸颜料制作成彩色的手帕（图 5－15）。

图 5－15　浸染操作图

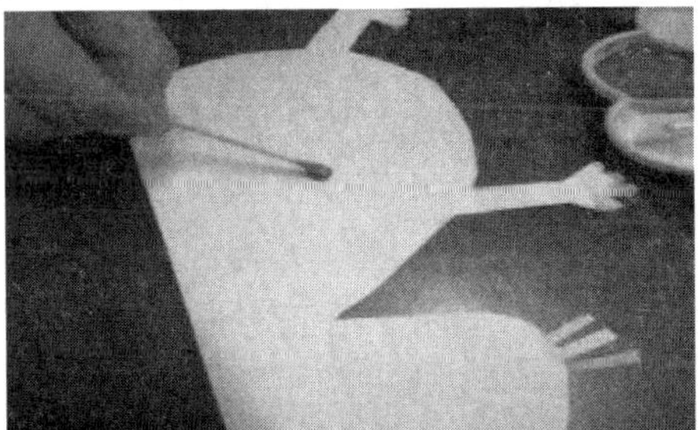

图 5－16　点染操作图

（2）点染法。即用笔蘸色在纸的中心部位或细小的地方染色（图 5－16）。

（3）滴染法。这种方法是用笔蘸的颜料水分更多，笔一竖起来，颜料就滴在纸上；或者直接拿颜料瓶滴管将颜料滴在纸上。

（4）冲染法。在染过色的地方蘸上水，并立即用抹布或吸水纸吸去多余的颜色。

（5）浓破淡法。即在淡色的地方再染上颜色。

（6）留白。在染色时不全染，留有一定的白纸，也会出现特殊的效果。

5. 折纸

折纸主要是通过双手对边折、对角折等折的方法，将纸折叠成平面或立体物象的造型活动。折纸的基本规则是对齐、抹平。教师在指导幼儿学习折纸时，应该引导幼儿认识折纸的图谱，了解边、角、中心线、中心点、对角线等基本术语，从而为后期幼儿通过折纸图谱，自主探索折纸步骤打下基础。

（1）对边折。将正方形或长方形纸两边相对折叠，成为两个长方形。

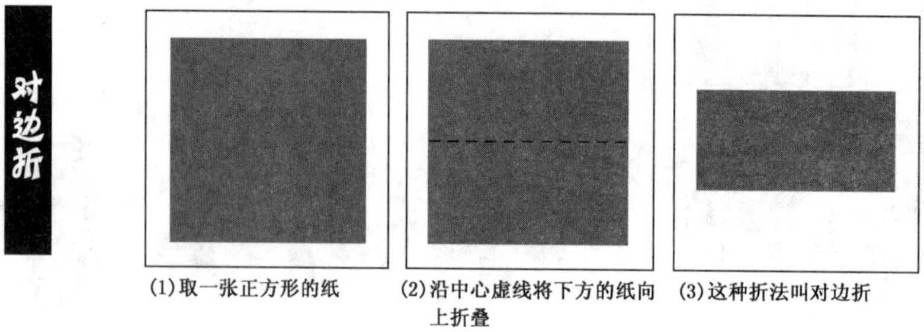

图 5-17　对边折图谱①

（2）对角折。用正方形纸，将对角相对折叠，而成为两个直角三角形。

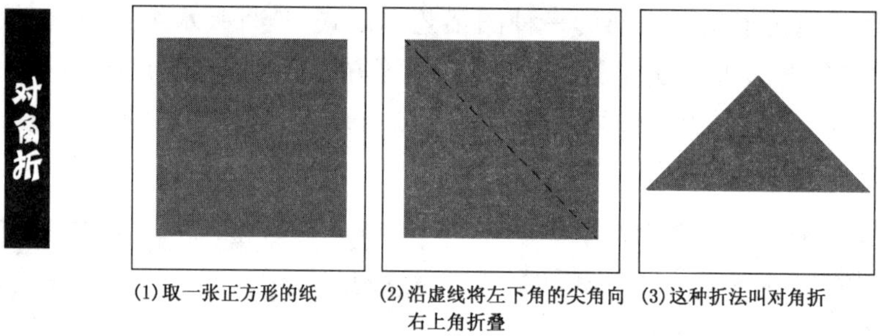

图 5-18　对角折图谱

（3）集中一角折。在正方形纸的对角线上，将相邻的两边相对着折叠，如飞机。

（4）集中一边折。在正方形或长方形的中线上，将相邻的两边相对着折叠，如纸扇。

（5）四角向心折。将正方形纸折两条对角线，找出中心点，然后将四个角向中心点折，如东西南北中。

折纸的方法与图谱

（6）双正方形折。用正方形纸先对边折，再根据中线一边向前，一边向后折，从中间撑开，压平，如千纸鹤。

（7）双三角形折。用正方形纸先对角折，再根据分角线一边向前，一边向

①② 图片来源于网络

后折，从中间撑开，压平，如海鱼，青蛙等。

6. **泥塑**

(1) 团。将粘土放在两只手心中间，双手相对旋转，用力均匀，用力不要太大(图5－19)。

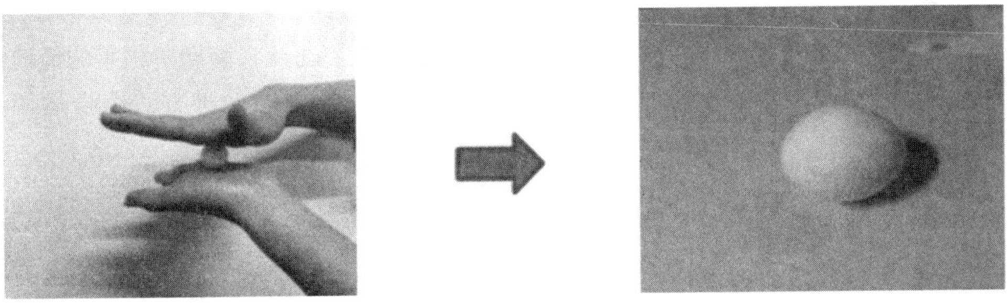

图5－19　团泥

(2) 压。两个手掌相对发力，将粘土压成薄薄的饼片状(图5－20)。

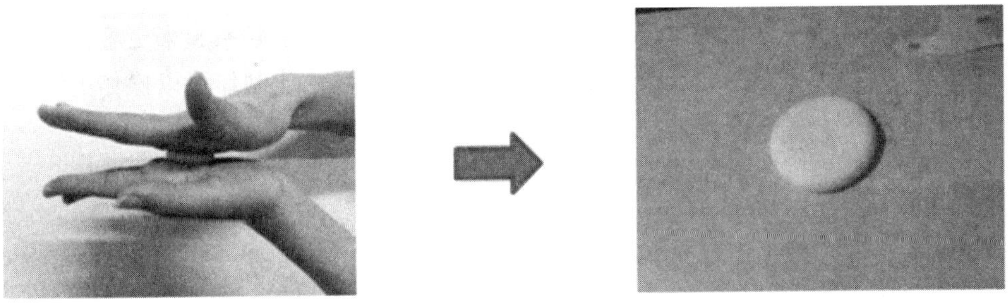

图5－20　压泥

(3) 搓。将粘土放在双手心中，或放在手指与桌面之间，两手前后运动或一只手在桌面上压擀粘土来回运动(图5－21)。

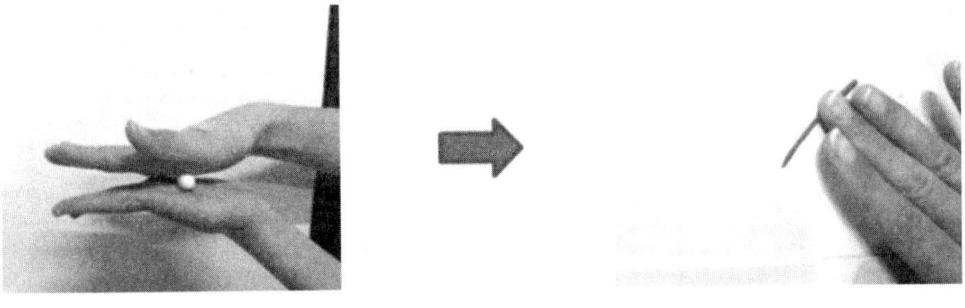

图5－21　搓长

(4) 捏。用拇指、食指或中指的指尖相互配合，挤压出物体细小的部分。

(5) 挖。用工具将立体的泥块中间挖去，修整成空心的物体。

(6) 分泥。用目测的方法将较大的泥块，按照所要塑造的物体的比例，分成若干小块的泥。

(7) 连接。将所塑造的物体各个部分粘连在一起，成为一个完整的事物。可以用加水的方式帮助泥块进行粘连，也可以用小木棍等工具插入两头黏结处，帮助黏结成型。

7. 综合制作

该活动顾名思义，综合制作所运用到的技能较多，需要幼儿将前期所积累的经验结合已有材料进行综合设计运用。主要分为修剪材料、接合材料两种方法综合运用的技能。

(1) 修剪材料的能力。依据制作需要，对材料进行修剪，使材料造型适于制作。如制作小汽车需要对纸盒进行修剪。

(2) 接合材料的能力。将多种不同的材料进行连接，主要可以通过胶水、针线、牙签等工具帮助材料进行连接。对于工具的选择要参照所要连接的材料性质。

三、常用的手工题材

在进行幼儿手工活动题材选择时，能够与幼儿园环境创设联系起来更容易激发幼儿的创作动机和成就感。在选择制作玩具题材时，活动设计成制作可以操作的玩具能让幼儿更有兴趣。幼儿手工活动题材主要分为：

(1) 玩具。如折纸飞机、折纸枪、风筝、泥塑人偶等。

(2) 贺卡。如生日贺卡、节日贺卡。

(3) 节日装饰。如剪窗花、做灯笼等。

(4) 日常装饰。如染纸、粘贴画、瓶盒造型等。

(5) 游戏装饰。如制作面具、头饰等。

第四节　学前儿童手工活动的设计与组织

学前儿童的手工教育活动是教师引导幼儿发挥自己的想象力与创造力，直接用双手或操作简单工具，对各种形态的(点状、线状、面状、块状)、具有可变性的物质材料进行加工、改造，制作出占有一定空间的、可视的、可触摸的、多种艺术形象的一种教育活动。它对学前儿童了解手工构成原理、造型规律、装饰手段等，培养手部动作的灵活性、精确性，手眼协调能力以及想象力、创造力，耐心细致，勇于实践等个性品质都有非常重要的意义。它与学前儿童的绘画教育活动一样，同属于艺术创作范畴，是学前儿童美术教育不可或缺的组成部分。

一、学前儿童手工的心理过程

结合成人开展手工活动的过程，一般情况下，学前儿童进行手工创作过程可以分为产生意图、构思与设计、制作与装饰三个心理阶段。

（一）产生意图阶段

是什么驱使幼儿开始一次手工操作的探索呢？是意图。意图是指制作一件手工作品的动机。意图的出现既是创作的前提，也是创作的开端。幼儿手工制作的意图分为自发型和诱导型。早期幼儿的手工制作的意图一般是自发型的、偶然的，他们的手工制作就是玩耍，即只是对手工制作的过程本身感兴趣，并没有预先的目标；随着教育的深入以及幼儿手工经验的提升（如对手工工具和材料的了解、对手工制作的各种技法的学习等），其手工制作的意图也逐渐明朗，幼儿在开始手工活动之前，能先想好要做什么，然后再动手做，制作行为的目标驱动表现出一定的意图。

（二）构思与设计阶段

构思就是立意、构想。它是指在头脑中通过想象和思维，对手工工具材料的性质、操作方法以及手工作品的造型、结构、色彩、装饰、成品效果、性能等各构成因素及其相互关系等进行全面的计划与思考的过程。这一过程是为了实现创造意图，寻找和比较各种材料和技法，以形成创作的方案，用以支配此后制作行为的思维过程。包括对手工作品的用途的考虑、对所要创作的新形象进行可视化的内在加工，还包括对材料的选择以及对材料如何使用的艺术构思（主要有“因意选材”和“因材施艺”两种思维方式）。

设计是指把脑中的构思转化为具体的工作方案的过程。学前儿童受其思维方式的制约，其手工制作中基本上不存在独立的设计这一步骤，而是构思与设计融为一体，甚至构思、设计与制作三者合而为一，充分体现了其思维的特点。

（三）制作与装饰阶段

制作是幼儿运用手部动作对材料进行加工，改变材料的形态，从而实现设计方案的施工过程。在制作过程中，由于材料的性质与形态、创作的意图、审美观点的不同，手工制作的技法也多种多样。例如，点状材料的制作多为加法成型，如运用串联、黏接、拼贴、排列、垒积等技法；线状材料的制作也多属于加法成型，如盘绕、编织、排列、拼接、垒积等技法；面状材料的制作有加法、减法、变形不变量法，常用的技法有剪、刻、折、卷、粘贴、排列等；块状材料的制作也既有加法、减法，也有变形不变量法，常用的技法有剪、拼接、组合、串联等。

装饰是指对手工作品进行的恰如其分的涂绘、修饰。学前儿童的装饰，常用添加的方法。其装饰的目的，一是为了作品的完整，例如，他们在塑好的动物或人物泥工作品上添加细小的豆子，来作为眼睛。二是为了美观，他们常常按照自己的审美趣味在手工作品上添加一些纹样，这些纹样常常丰富而多彩。

二、学前儿童手工活动的组织环节

结合幼儿手工制作的心理过程，教师应该在不同的心理阶段给予不同的指导和支持，与绘画活动类似，教师在组织手工活动一般经历：促进幼儿产生意图、引导幼儿构思设计、指导幼儿制作装饰、鼓励幼儿分享交流四个最基本环节。

（一）促进幼儿产生意图

产生意图的方式有很多，因此教师可以通过“材料激趣”或“情景激趣”等方式激发幼儿参与手工活动的兴趣。

（二）引导幼儿构思设计

构思与设计阶段主要解决两个问题：“做什么”以及“怎么做”。与绘画活动类似，教师可能需要通过观察与欣赏环节帮助学前儿童积累关于物象的视觉经验，从而帮助幼儿更好地构思自己的形象。而教师可以通过示范讲解、图谱探究等多种方式引导幼儿学习探究某种手工作品的制作方法。

（三）指导幼儿制作装饰

与绘画活动不同，手工活动在制作完作品的主体部分以后，在自由操作时间，教师还可以给能力较强的幼儿提供辅助线装饰材料，鼓励学前儿童进一步装饰、丰富自己的手工作品。如折纸“小鱼”折完以后，还可以鼓励幼儿对小鱼的身体进行花纹的装饰。

（四）鼓励幼儿分享交流

分享与交流是学前儿童围绕自己以及他人的手工作品进行的分享与交流，主要包括对自己手工作品的阐述以及对他人手工作品的评价。作为手工活动的重要组成部分，在这一阶段，不仅能够培养学前儿童分享交流的意愿和能力，也能够通过分享型学习获取更多手工制作的乐趣和创意点。

下面以中班染纸活动“青花瓷”为例，分析一下学前儿童手工活动的组织环节。

中班手工活动：青花瓷（染纸）[①]

设计思路：

活动PPT和幼儿作品

青花瓷是我国传统文化，是中国主流瓷器种类之一。英语中的中国叫“China”，也是瓷器的意思。随着中国瓷器在欧洲大陆的广泛传播，“中国”与“瓷器”成为密不可分的双关语，具有意义深远的教育价值。中班幼儿已经掌握折的一些基本技能，本活动中综合运用折、染、展开等美术技能，鼓励幼儿大胆制作出有创意的花纹图案，通过欣赏青瓷花瓶的图片，感受中国风蓝白深浅不一的青瓷特征、图案的千变万化，欣赏图案美，了解中国的传统工艺制作。大胆激发幼儿的想象，体验染纸的乐趣。

活动目标：

1. 了解青花瓷的由来，感受青花瓷图案的千变万化之美。
2. 尝试探索多种折叠的方法，运用浸染的方法为花瓶染出漂亮的青花瓷图案。
3. 积极参与染纸活动，体验创作青花瓷瓶的乐趣。

---

① 活动创意及设计均来源于长沙师范学院黄茜茜。

活动准备：

1. 经验准备：对颜色深浅变化的认知，有基础的折纸经验。

2. 物质准备：PPT、剪成花瓶状的生宣纸、废旧报纸、深浅不一的蓝色水彩颜料、小碟子。

活动过程：

1. 创设故事情景，激发幼儿创作青花瓷花瓶的欲望。

指导语：今天班级里来了一个新朋友，叫小丽。最近她非常不开心，因为她想办一个独特的花瓶展览会——青花瓷花瓶展览会。可惜辛辛苦苦制作的花瓶被小老鼠打碎了。这可怎么办？

2. 观察欣赏青花瓷瓶，感受青花瓷瓶上花纹的色彩美和图案美。

(1) 播放青花瓷的小视频，整体感受青花瓷图案，了解青花瓷的含义。

指导语：这些青花瓷瓶是什么样子的？

小结：他们的颜色都是蓝色，有个特殊名字叫青花瓷。

(2) 观察欣赏青花瓷瓶，引导幼儿感知图案的变化。

指导语：这些青花瓷瓶上面的图案有什么不同？你觉得像什么？你喜欢哪一个？为什么？

注意：重点引导幼儿欣赏花卉疏密颜色变化的对比；山水风景图和故事情节图案的对比；鱼儿与龙动物之间的对比；经典图案深浅颜色的对比等。

3. 出示材料和图谱，引导幼儿探究讨论染纸的步骤和注意事项。

(1) 出示染纸材料，结合图谱讨论染纸步骤。

指导语：这里有一些空白的花瓶，我们如何染出青花瓷的图案呢？

小结：染纸的步骤是折叠—染—展开。

(2) 分别讨论折叠和浸染的方法，请个别幼儿示范。

指导语1：不同的折叠方式可以染出不同图案的花瓶。现在教师这里是对边折的花瓶。你还可以怎么折？

指导语2：折叠好后的花瓶，就可以给它染上漂亮的蓝色了。浸染的时候应该注意什么呢？

小结：浸染中可以染角，也可以染边；染不到的地方可以再次折叠；注意染的时候可以尝试深蓝和浅蓝色交错染，并适当留出白色的地方。

指导语3：染完了以后，展开时要注意什么？

4. 幼儿自主操作，教师巡回指导。

注意：(1) 注意卫生，染的时候不要把全部的纸放在颜料里。

(2) 注意色彩搭配，染好后要用报纸洗洗水，再尝试打开。

5. 教师布置花瓶展，分享交流活动成果。

指导语：每位幼儿都染出了漂亮的青花瓷花瓶，小丽的展览终于举办成功了。我们一起来参观欣赏一下吧。说一说，你喜欢哪个花瓶，为什么？

活动延伸：

1. 家园合作：请家长和幼儿一起查阅资料，帮助幼儿了解蜡染、扎染等民间工艺。

2. 美工区投放染纸的相关工具材料，供幼儿练习浸染。

活动分析：

1. 活动选材取自具有中国特色的“青花瓷”图案，结合了染纸的技法，既可以让幼儿了解中国传统文化，又可以感受浸染中蓝色深浅变化带来的色彩美和图案美。

2. 活动过程采用导入—观察欣赏—方法学习—自主操作—分享交流的思路。采用创设情景的方式，激发幼儿创作的意图。在构思与设计这个心理阶段，教师通过有层次、有重点的欣赏让幼儿感知了青花瓷图案美，运用了对比观察的方法帮助幼儿积累自己的视觉形象；又通过看图谱、自主讨论、幼儿个别示范等方法引导幼儿掌握浸染青花瓷瓶的步骤和方法。过程中并没有采用教师直接示范的方式，而是以幼儿自主探索、教师小结归纳的方式引导幼儿构思与设计。

3. 自主操作环节教师指导重点清晰，明确指导任务。分享交流环节再次回归到情景创设本身，布置“花瓶展”，引导幼儿赏析自己的作品，提升成就感。

第五节　学前儿童手工活动的指导

一、学前儿童手工制作过程中各阶段的指导要点

学前儿童手工活动有其自身的特点，它大约经历了产生意图到构思与设计，再到制作与装饰，最后到分享与交流这样一个流程。每一个阶段又有不同的特点，教师应根据这些特点进行有针对性的指导。

（一）产生意图阶段的指导要点

意图制约着一切行为的方向和途径。早期学前儿童的手工制作的意图不甚明了，因此，此阶段应注意帮助幼儿逐步地将意图明朗化。手工制作意图的产生主要有两个源头，一是材料引发意图，“这个材料可以把它做成什么”；二是目标物象引发意图，“我是不是也可以做出一个这样的东西”。所以在这一阶段，教师可以从这两个方面着手进行指导。

1. 给学前儿童提供与材料充分接触的机会

学前儿童手工制作的意图大多是在与材料接触的过程中逐渐产生的，因而教师要为他们提供与材料充分接触的机会。让他们在撕、揉、卷、折、剪、贴等活动中了解纸的软硬程度以及它的可折叠、可分解等特性；在拍打、压、滚、团、搓、戳、捏等活动中，了解泥的可塑性等。即让他们在与材料相互作用的过程中，对手工制作产生兴趣，愿意去操作，从而产生手工制作的意图。

2. 在游戏与欣赏手工作品的过程中明确制作的意图

对学前儿童来说，手工活动就是游戏活动，他们在这种玩耍手工材料的过程中得到满足。学前儿童对手工制作的明确意图是在教师的引导下逐渐产生的，因而在手工游戏中，教师要将儿童的活动朝着有目的的方向引导。例如，在学前儿童无目的的制作过程中，教师可以启发他们联想“你在做什么东西”“你想做个什么东西”等。另外，教师也要引导幼儿进行手工作品的欣赏，包括欣赏民间手工艺术品、成人以及儿童的艺术作品等。例如，欣赏民间艺人的剪纸窗花、民间的印花布、古代陶俑等。在欣赏的过程中幼儿会捕捉到新的形象，积累对于各种物体的印象，教师则可以向他们提问“你想不想也来做一个”“你打算做什么”等以激发他们进行模仿或创作的兴趣，使他们产生明确的手工制作的意图。

（二）构思与设计阶段的指导要点

在学前儿童明确了模仿或创作的意图后，他们的手工制作也就进入构思与设计阶段了。在这一阶段中，教师的指导可从以下几方面入手：

1. 帮助学前儿童积累多种表象

构思是以表象为基础的，手工制作中所需的表象的积累应特别注意表象的空间存在形式。教师可以引导学前儿童用眼睛看一看、用手摸一摸的方式来加强对表象形体的记忆。例如，“它的尾巴是长的还是短的”“耳朵是圆形、扇形还是三角形的”等。其次，教师还可以通过比较，更好更准确地帮助学前儿童把握表象的形体特征。例如，“大象的鼻子长长的”“长颈鹿的脖子长长的”等。

2. 提供多种材料，引导学前儿童进行联想

在构思阶段，主要有“因意选材”和“因材施艺”两种思维方式。因此，教师在给学前儿童提供材料时，不仅自己应熟悉各种材料的特性，还应把最适合学前儿童的、对本次活动来说最具有表现力的材料提供给他们。让学前儿童把材料与自己的经验联系起来，既能够根据自己的意图选择适宜的材料；也能够根据材料本身的特性，充分发挥自己的想象力，在头脑中对材料进行充分想象，从而构思出多种制作方案。例如，请幼儿思考，若要制作一条金鱼，可以用哪些材料来做。又如，拿一段电线，请幼儿想象，它可以制作出些什么形象。相反，如果教师自己对材料的性质不甚明了，提供给学前儿童的材料也并不适合表现，那么，学前儿童的构思就会受到影响。

3. 引导学前儿童多欣赏佳作，学习其造型、色彩、构图等艺术手法

学前儿童对于造型、色彩、构图等艺术手法的学习，可以通过欣赏的方式来获得。其方式主要有三种：其一，多欣赏“因意选材”类手工作品，如同一形象的手工作品用不同材料制作而成；其二，多欣赏“因材施艺”类手工作品，如同一种材料制作出的不同的形象的手工作品；其三，多欣赏多种材料制作出的多种形象的手工作品。通过欣赏，学前儿童不仅开阔了眼界，学习了如何运用造型、色彩、构图这些艺术语言来进行创作，同

时他们也将从中获得创作和构思的线索。

（三）制作与装饰阶段的指导要点

在制作与装饰阶段，教师的指导可以从以下方面入手：

1. 引导学前儿童掌握各种工具和材料的基本使用方法

对手工工具和材料使用方法的掌握是手工制作的关键所在，因此，教师首先要注意根据学前儿童身心发展的年龄特征，有选择地引导他们学习各种工具和材料的基本使用方法，而不是一股脑地把关于手工制作的技能技巧全部灌输给学前儿童。其次，教师应注意让学前儿童在学习过程中，弄清其原理和步骤，以帮助他们形成技能，并将技能迁移到其他手工制作活动中去。

2. 提供充分的手工制作的机会

手工制作是一种手部的操作活动，需要一定的模仿和练习机会。这种练习包括分步练习与整体练习。可以先进行分步练习，再进行整体练习。分步练习可以帮助学前儿童确切地掌握每一种动作方式的要领；整体练习则可以帮助学前儿童掌握系列动作之间的联系与协调。与此同时，教师还应注意学前儿童的练习时间的合理分配、练习方式的游戏化等，以增加学前儿童对手工制作的兴趣。

3. 引导学前儿童将临摹、仿制与独创相结合

在制作阶段的指导中，教师可以引导学前儿童将临摹、仿制与独创结合起来。临摹是指完全按照原作制作；仿制是在原作的基础上稍加改变；独创是全新的形象。学前儿童的手工制作应以仿制为主要形式，兼及临摹和独创。因此，教师在指导中要鼓励学前儿童在掌握基本技法的基础上努力创新，制作出与众不同的形象。

4. 引导学前儿童将手工制作与绘画相结合

在手工制作中添加绘画不仅是培养学前儿童对手工制作的兴趣，发展其手工制作与装饰能力的有力手段，还能通过手工制作，在深入理解形象的结构特点和空间关系的基础上，使学前儿童的绘画更富表现力。

（四）分享与交流阶段的指导要点

在分享与交流阶段，教师不仅要为学前儿童提供自评、他评的分享和交流机会，也应以身作则，引导学前儿童正确评价每个人的手工作品。切不可以手工制作技能技巧水平的高低为标准来衡量学前儿童的手工作品。应正确认识到，学前儿童的手部肌肉发育不成熟，因而他们的手工作品不可能像成人的作品那样技术精湛、装饰精美。在评价学前儿童的手工作品时，应更加注重其构思的新颖、材料的恰当运用、情思与技巧的意趣天成以及独创性等。

二、幼儿园不同类型手工活动的指导要点

幼儿园手工活动主要有拼贴、泥塑、纸工、综合制作四种基本类型，其中纸工活动主

要有撕纸、折纸、剪纸、染纸和卷纸(衍纸)等。不同类型的幼儿手工活动均有其自身的特点,教师应根据不同类型手工活动的特点,进行有的放矢地指导。下面结合幼儿园常见的几种手工类型,概述其指导要点。

(一) 拼贴活动的指导要点

拼贴是幼儿园常见的手工活动形式,是指将事先准备好的点状、线状、面状、块状材料,通过适宜的黏合工具,以一定的方式拼贴在纸张、板材或其他材料的背景上,使其表现一定的物体、情节或场景。幼儿园拼贴活动包括点状拼贴、线状拼贴和面状拼贴三种类型。教师在进行拼贴活动指导时需注意以下几点:

1. 引导学前儿童认识和了解拼贴工具和材料各自的性质及用途

拼贴活动需要用到各种质地不同的黏合工具,比较常用的有胶水、固体胶棒、双面胶、糨糊、胶枪、泡沫胶等。为了方便使用这些黏合工具,可能还要运用到棉签、毛笔、剪刀、抹布、垃圾篓等辅助工具。拼贴活动中的材料是非常丰富的,主要包括不同质地的点状、线状、面状、块状材料。拼贴活动中,教师不仅要引导学前儿童认识不同的拼贴工具和材料,了解不同拼贴工具和材料的使用方法,还要注意不同拼贴材料与黏合工具的匹配度。比如粘贴树叶时,用双面胶比用胶水、固体胶、糨糊更好,因为如果使用胶水、固体胶、糨糊粘贴树叶,在晾干后树叶容易脱落。

2. 促使学前儿童体验将多种材料进行拼合的乐趣,迸发创新思维的火花

在拼合塑形的过程中,材料的不断更新和组合可以开启学前儿童的思维。吃的豆子、瓜子,用的绳子、花布,还有树上长的叶子和花朵等都可以拼贴出漂亮的图画,原来生活中、自然界中可以寻找到这么多美术素材,可以产生这么多奇思妙想的创意。学前儿童由惊讶到尝试、从模仿到迁移的过程,就是其创造力涌动和迸发的过程。在拼贴活动中,教师可以引导学前儿童沿着"因意选材"和"因材施艺"两种创作思路展开想象,从而处理好构思和选材的关系。以树叶贴画为例,"因意选材"即先构思自己所要拼贴的形象,并设计画面的布局,然后根据这一设计,选择适当的形状和颜色的树叶进行拼贴;"因材施艺"则是先引导幼儿仔细观察各种树叶,找出它们各自的特点,想一想它们像什么,可以做成什么形象。如银杏叶像扇子,又像小人的裙子;枫叶像金鱼的尾巴;柳叶像一叶小舟等。

3. 在拼拼贴贴、小修小补的过程中,培养学前儿童良好的学习品质

考虑到学前儿童手部动作的灵活性及手眼协调能力较差的发展特点,教师在为学前儿童设计画面形象或引导学前儿童自己设计画面形象时都要注意其轮廓线应尽量简单,不宜有太多的细小凹凸。若有多个形象,还需要引导学前儿童注意画面的布局:先定主要的、大的形象,再定次要的、小的形象;将主要的形象摆放在画面突出的位置上,再根据画面的需要安排次要形象的位置。另外,拼贴活动对于学前儿童细致和耐心的程度都有一定的挑战,教师可以有意识地引导学前儿童关注作品的细节。例如,点状拼贴画中,还有没有较大的空隙,是否需要补贴;有没有贴到轮廓外面的材料,是否需要用塑料片刮除掉等。在拼贴活动中提升幼儿的学习品质。

4. 在物与物的拼贴过程中，提升学前儿童色彩搭配的能力

从作品的美观考虑，教师要引导学前儿童注意画面形象的材料颜色与底纸颜色之间的搭配。通常来说，材料的颜色与底纸的颜色应成对比，这样才能起到突出画面形象的作用。例如，材料的颜色为浅色，则底纸的颜色就应选深色；材料的颜色为彩色，底纸的颜色就应选无彩色。

（二）泥工活动的指导要点

学前儿童都很喜欢用泥造型，柔软的泥可以任意改变形状，塑造出各种立体和半立体形象，比绘画活动更符合学前儿童认识事物的特点，更能激发他们的兴趣。泥工活动的目的在于锻炼学前儿童的手指肌肉动作的灵活性，发展学前儿童手眼协调能力，培养学前儿童的空间知觉能力。泥工活动的主要内容包括玩泥、泥拓印、立体泥塑、泥贴画，教师对学前儿童泥工活动的指导应从以下方面入手：

1. 提供充分的泥工活动的机会

为学前儿童提供充分的、进行泥工活动的机会，不仅可以让学前儿童感受手部动作带来的建构和塑形，增强学前儿童的力量感和效能感，还可以通过与泥工工具材料的接触，使学前儿童了解泥工工具和材料的特性及功用。例如，了解泥既柔软又可粘粘且任意变形的性质，知道泥工板时放泥和塑泥时用的、刻（竹）刀是分泥或修泥时用的、豆类和果蔬类辅助材料是装饰泥工作品时用的等。

2. 引导学前儿童学习泥工的基本技法

泥工基本技法的学习是学前儿童泥工活动的重难点，主要包括分泥、搓长、团圆、拍压、伸拉、连接、盘绕、捏、挖。为了帮助学前儿童掌握这些技法，教师除了示范演示以外，还应该以幼儿熟悉的形象为造型任务，驱动幼儿塑造成型。例如，运用这些基本技法塑造出学前儿童熟悉的球体、长方体、圆柱体等基本几何形体，并启发学前儿童什么样的动作能塑造出什么样的形体，什么样的形体与什么样的实物相联系。如球体的技法是团圆，实物联系可以是汤圆等。

3. 发展学前儿童的立体空间思维

泥工活动中，教师在引导学前儿童进行观察和表现时，除了要关注物体的形状和结构，还要特别关注物体的深度、厚度以及它不同方位的特征，进而引导学前儿童获得一定的泥塑能力，发展学期儿童的立体空间思维。比如做一个罐子，不仅要塑造出罐子的外形轮廓像，还要调整罐子壁的厚度、深度，检查罐底有没有洞等，这样的造型是三维的，是全方位的。教师将幼儿既可以从基本的几何形体出发进行塑形，也可以从基本技法出发进行塑形。例如，从球体出发，在球体上插上一根细木棒就成了樱桃、葡萄等；从捏这个技法出发，可以塑造出碗、勺等。

4. 引导学前儿童学习使用泥工的辅助材料

教师要引导学前儿童学习使用泥工的辅助材料，泥工的辅助材料有时可以起到画龙点睛的效果，有时可以起到支撑的作用，让作品加固。例如，豆类可以做出动物的眼睛，羽毛可以做公鸡的尾巴，牙签或火柴棒可以将物体的两部分连接起来等。

5. 引导学前儿童恰当地装饰与评价，并妥善处理泥工作品

另外，教师也可引导学前儿童对自己制作的泥工作品进行着色描绘以美化作品。具体的操作方法是：待泥工作品干透后，用水粉颜料上色；选择颜色时，可以用形象的固有色，也可以只考虑美观而用装饰色；着色的顺序是先涂白色作底色，干后再上其他颜色；着色时不宜来回反复涂，否则颜色易浑浊而不干净。

值得注意的是，因学前儿童手部动作不灵活，手眼协调能力较差，所以教师在评价学前儿童泥工作品时不应把重点放在追求作品的精确与细致上，而应注重其泥工操作的过程及作品的独创性。

教师应妥善处理学前儿童的泥工作品，将其保存在通风阴凉处。若需整改，应与儿童商量或不当着儿童的面处理，避免挫伤他们的积极性。下面以小班美术活动“美味的比萨”为例，介绍一下如何利用辅助材料，创新性地指导幼儿的泥工创作。

小班美术活动：美味的比萨

设计思路：

生日蛋糕、比萨、甜甜圈等与美食相关的主题是小班幼儿十分喜爱的美术创作素材。结合本班“小小美食家”的活动主题，设计并组织了本次活动。因为小班幼儿泥工技能相对匮乏，仅限于能够搓长、团圆等，为了增加活动的趣味性，本活动引导幼儿模拟小厨师的角色，在游戏情景中用颜料和超轻黏土共同做出美味的比萨。通过“涂酱料”“做食材”“撒佐料”等游戏环节，鼓励幼儿创新性地运用多种辅助材料制作自己的“比萨”。最后通过“烤比萨”的设计呈现所有幼儿的美术作品，极大地满足了幼儿的成就感。

活动目标：

1. 了解制作比萨的步骤，知道比萨的口味是由不同的“食材”决定的。

2. 在均匀“刷酱料”的基础上，能大胆自主选择喜欢的超轻黏土，运用搓、团、压等泥工技能制作出不同口味的“比萨”。

3. 体验当“小厨师”自主制作“比萨”的乐趣。

活动准备：

1. 经验准备：幼儿对比萨有一定的认识，学习过泥工中搓、团、压的技能。

2. 物质准备：

(1) “平底锅”KT 版，欢快的音乐，PPT 课件。

(2) 按“平底锅”形状分为的 12 块“比萨片”KT 版，桌布，黄色、红色、绿色水粉颜料，刷子，各色超轻黏土，湿抹布，自制调料瓶 6 个。

幼儿作品图片和过程图片

活动过程：

1. 谈话导入，激发“小厨师”们对制作比萨的兴趣。

指导语：小厨师们，你们吃过比萨吗？今天我们都是制作比萨的小厨师，你们知道比萨是怎么走出来的吗？

2. 观看课件中的图谱，引导幼儿初步了解比萨的制作方法。

指导语：你看到的比萨是怎么做出来的？先干什么？再做什么呢？

小结：首先在比萨饼上涂一层厚厚的酱，然后上面放上肉、水果或蔬菜，再放上一些佐料，最后放进烤箱，美味的比萨就做好了。

3. 欣赏课件中的不同味道的比萨，观察比萨饼上不同食材的摆盘方式。

指导语1：这块比萨上有什么？上面的食材是怎么摆放的？

指导语2：你最喜欢什么味道的比萨？比萨饼上都有什么？

小结：比萨上面有点状的火腿，有线条一样的沙拉酱，还有不同形状的水果或肉片。

4. 出示操作材料，重点讨论“比萨饼”和“食材”的制作方法。

(1) 介绍材料，讨论不同材料的用途。

指导语：这是什么材料？可以用来做比萨的什么呢？

(2) 个别幼儿示范，引导幼儿讨论比萨饼上酱料的操作方法。

指导语：比萨饼上的酱怎么做？怎样才能把比萨饼涂满好吃的酱料？

小结：涂颜料时可以按照一定的顺序，从上到下或从左到右涂，尽量涂满、涂均匀。

(3) 引导幼儿讨论比萨饼上的“肉”“蔬菜”或“水果”的制作方法。

指导语：你想用什么颜色的超轻黏土？可以怎么做？

5. 幼儿自主选择材料，制作不同口味的“比萨”，教师巡回指导。

(1) 教师再次总结制作要求：选择“比萨饼”后，先涂酱料，然后选择超轻黏土用团、压、搓等方式制作自己喜欢的食材。

(2) 出示特殊的自制“佐料”，进一步丰富幼儿的作品。

6. 展示和交流，分享制作比萨的方法和口味。

(1) 出示“平底锅”，将幼儿的“比萨”拼摆着放进平底锅。

(2) 在游戏中引导幼儿分享自己的比萨。

指导语：你的比萨是什么口味的？怎么做出来的？

活动延伸：

1. 将制作好的比萨投放在角色区“小餐厅”里，供幼儿进行角色扮演。

2. 结合“小小美食家”的主题活动，开展一次真正的制作比萨的活动。

案例分析：

上述案例是一个以超轻黏土为主要操作材料的美术活动。活动中教师创设了“小厨师”的情景，引导幼儿在游戏中学习比萨的制作方法。先用图谱的形式引导幼儿了解生活中比萨的制作方法，又在欣赏不同口味比萨的基础上，分步骤地自由讨论比萨的制作方法。通过“涂酱料”—“做食材”—“撒佐料”三个简单形象的操作环节，引导幼儿制作出不同口味的比萨。活动中不仅提供了超轻黏土一种泥材料，还有水粉颜料和彩色碎纸条。这些辅助材料的提供，进一步丰富了“比萨”的美术效果。最后，教师通过“平底锅”的形式整体呈现幼儿的美术作品，强烈的视觉冲击大大提升了幼儿的成就感。

（三）折纸活动的指导要点

折纸是指利用双手将纸折成立体形象的活动，是我国民间传统的手工活动之一。通过折纸活动不仅可以锻炼学前儿童手部动作的灵活性，也培养了他们的目测能力、空间直觉能力和对图形变换的思维能力。折纸取材方便，报纸、挂历纸、打印纸、彩纸等薄而有韧性的纸均可用来折叠。在折纸活动中，教师应注意以下几点：

1. 引导学前儿童学习折纸的基本术语

折纸的基本术语主要是对纸张各部位要素的了解，如边、角、中心线、对角线、中心点等，以便学前儿童在学习时能够理解教师的讲解和指导。然后理解和掌握折纸的基本规则，即对齐、抹平等。要让学前儿童明白，如果不对齐、不抹平，那么折出来的物体形象就容易歪歪扭扭、松松垮垮，既不美观，又容易散开。

2. 引导学前儿童学习折纸的基本技法

学习和掌握折纸的基本技法能够帮助学前儿童更顺利地完成折纸作品，获得成就感和满足感。折纸的基本技法有对边折、对角折、集中一角折、集中一边折、双正方形折、双三角形折、四角向中心折以及组合折等。

需要注意的是，折纸的基本技能的学习应游戏化，例如，在对边折活动中，教师可以先让学前儿童将纸变成“一本能打开的书”等。另外，折纸活动也可以与游戏活动、生活活动相结合进行。例如，折出的可以跳起来的青蛙是游戏的道具，再比赛看看谁的青蛙跳得最远；再比如，午睡起床后叠被子，可以练习对边折和向中心线对折等。

3. 运用多种适宜的方法帮助学前儿童学习折纸

折纸活动最大的难点是折叠的步骤，包括每一步纸张的空间和位置的变化、纸张叠压的要领和方法等。教师可以运用以下教学方法来帮助学前儿童学习。

（1）讲解示范法

讲解示范是教学活动中最常用的方法，教师通过边讲解边示范边带学前儿童练习的方法，可以同时调动听觉、视觉、动觉，帮助幼儿进行学习。教师在讲解示范折纸时需注意：其一，教师用的纸要大些，最好正反两面颜色不同；其二，教师的手部动作要明显，每折一步都要指明折叠的依据和标准部位；其三，教师应告诉学前儿童每个折法的名称和规则要求，折法名称如“对边折”和“对角折”等，折法规则主要包括“对齐”和“抹平”；其四，教师的讲解语言要简单、精练，如对边折：“上面这条边和下面这条边对齐”，尽量避免使用“这样”“那样”等代词。

（2）看图折纸法

由于折纸的特点是容易忘记，因而，当学前儿童进入中班后，教师可引导学前儿童学习看图示折纸。教师准备的步骤图上线条要简明，教师也要用简要的语言讲解“虚线（折痕）”“箭头（方向）”等折纸的图示符号，培养学前儿童的识图能力。当学前儿童掌握了较多的折叠方法，找到了折纸和图示的一般规律后，看图折纸就能很好地帮助学前儿童完成折纸活动了。

(3) 恢复原形法

恢复原形是指教师预先将折好的原形打开,然后再根据折痕折回原形。折痕为学前儿童折纸的再造过程提供了参考依据,降低了操作难度,常用于有难度步骤的折纸活动。可以在美术区中投放一些教师折纸的成品,以帮助幼儿自主探索折纸的步骤。

4. 引导学前儿童进行创造性折纸及装饰

折纸活动通过对纸张的折叠,以一种抽象变形的方式塑造了对象的轮廓及结构,在“具体的形”和“抽象的形”之间的变换,需要目测能力、空间知觉能力去把握,更需要想象力去连接。引导学前儿童进行创造性折纸,教师可以先出示折纸作品,但不急于告诉学前儿童是什么,让他们看看像什么,鼓励他们各种奇思妙想;也可以在引导学前儿童折好一个作品后,保留其基本的折法,拆掉基本折法后的几个步骤,并鼓励学前儿童改变之,变成另外一个作品;还可以通过装饰等手段进行创造性的设计。如折完热带鱼以后,可以鼓励幼儿进一步装饰鱼身上的花纹。

(四) 撕纸活动的指导要点

撕纸活动是幼儿园常见的手工活动形式,撕纸活动最大的特点在于它把手指作为工具,双手手指配合撕出所需的图形和形象,这种活动操作性强,能极大限度地锻炼学前儿童的手指肌肉运动及控制能力,而用手撕出来的形象边缘粗糙,质朴自然,具有浑厚、稚拙的独特美感。撕纸活动主要有自由撕、目测撕和沿轮廓撕三种方式。一般来说,开始学习撕纸时,可进行自由撕,逐渐地,教师可引导学前儿童学习沿轮廓撕和折叠撕。撕纸活动的指导应注意以下几点:

1. 提供充分的撕纸活动的机会

撕纸活动是小班甚至托班就可以开展的一项活动,应该说是学前儿童纸工活动的开端。教师应给学前儿童提供充分的撕纸活动的机会,让学前儿童从“玩纸”的游戏开始,享受把纸撕开、再撕开,把纸变小、再变小的这种快乐,也让学前儿童建立起通过简单动作来改变纸的形状及形象的经验。另外,教师还应注意,每次提供给学前儿童的纸不宜太大,以免儿童由于手的控制能力差而越撕越小,结果是一张大纸被撕成了一个很小的形象,造成浪费。

2. 引导学前儿童学习撕纸的基本方法

撕纸活动的难点在于能够有控制地撕,而非随意地将纸一分为二。所以在撕纸活动中,教师需引导学前儿童学习如何一点点地、慢慢地撕。其基本方法是:双手的大拇指紧紧靠在一起,一前一后捏住纸,往相反的方向,一点一点往下撕,注意每次撕口不要太长,以便控制所撕形象。在学前儿童学习撕纸的基本方法时,教师可以通过一些具象的物体来进行教学,如“撕条”可联系成“撕面条”,“撕点”可联系成“撕星星”等。另外,教师还可以运用儿歌来进行动作提示,例如:

大拇哥，二拇弟，
夹起纸片做游戏，
一个往前，
一个往后，
咔嚓、咔嚓，
咔嚓、咔嚓，
撕出面条细又细。

3. 促使学前儿童获得撕纸的成就感

撕纸活动深受学前儿童的喜爱，却也很容易和玩耍、浪费等联系在一起。要让学前儿童获得撕纸的成就感，应注意：其一，撕纸活动所表现的形象，轮廓应该简练，不能有太多的凹凸，因为凹凸的形象不容易通过撕而得到。其二，教师不能强求学前儿童精确地撕出某一形象，与目标形象的相似性也不能作为作品评价的标准。如果学前儿童所撕的形象与教师预设的形象有较大出入时，教师可以引导儿童用“借迹重构”的方法，让儿童仔细观察手中的纸形，想象它像什么，再把它加工成一幅另有创意的作品。其三，教师可以引导学前儿童为撕好的形象进行添画和装饰，点睛之笔也许会点亮整个作品的效果。

（五）剪纸活动的指导要点

剪纸是指运用剪刀将纸剪成所需要形象的手工活动，它是我国传统民间艺术之一。剪纸的材料主要是纸张，一般来说，剪纸所用纸张以不薄不厚为宜。学前儿童剪纸活动的目的主要是让学前儿童学习使用剪刀，学习剪的技能，锻炼手指肌肉运动的灵活性，同时发展学前儿童的手眼协调能力和创造性思维能力。学前儿童剪纸的题材一般是比较简单的植物、动物、人物、生活用品以及简单的连续花纹。学前儿童剪纸的基本剪法有目测剪、沿轮廓剪和折叠剪。教师在指导学前儿童开展剪纸活动时应注意：

1. 提供充足的剪纸机会让学前儿童熟悉使用剪刀

学前儿童所用剪刀应以儿童专用剪刀为好，要求剪刀是圆头的，两个柄环能伸进幼儿的大拇指和其余四指，这样儿童使用时较为安全且不易疲劳。教师指导学前儿童学习剪纸的第一步就是引导学前儿童学习怎样使用剪刀，即大拇指和其余四指分别伸进剪刀的两个柄环里，利用大拇指拉和四指推的力量张合剪刀把纸剪开。为了介绍剪刀的使用方法，教师可以边示范边讲解，也可以用念儿歌的方法来进行示范，增加趣味、便于记忆。如：

小剪刀，两个把，
小小手指伸进来。
手指分开嘴张开，
手指捏紧闭起来。

另外，教师还应提醒学前儿童，剪时左手要配合着右手剪的动作转动纸片。如剪直线，左手需要将纸片往后拉；剪曲线或原形，需要将纸片由外向内旋转。双手动作要协调，避免连撕带剪。

2. 循序渐进地培养学前儿童的剪纸能力

剪刀的使用对于学前儿童来说存在一定的难度，教师要循序渐进，根据学前儿童的能力水平安排学习的进度，才能让学前儿童有信心、有兴趣地参与剪纸活动。剪纸的初期，不能对学前儿童提出过高的要求，只需要提供一些边角纸给他们，让他们随意取剪，只要能把纸剪碎就行。没有压力的活动就会像游戏一样，学前儿童在游戏中熟悉了剪刀的性能，了解剪刀和纸之间的关系。当学前儿童可以剪不规则的雪花片后，教师可让他们剪一些简单的图形。当学前儿童不满足于剪简单图形之后，教师可以通过“变戏法”，让他们由易到难发现折叠剪无限变化的乐趣。这样循序渐进的学习是建立在操作经验的基础上的，让学前儿童具备了充足的剪刀使用的经验以及目测剪、沿轮廓剪、折叠剪的剪纸技能。慢慢地，他们就能够熟能生巧，越剪越快，越剪越好。

3. 培养学前儿童良好的剪纸习惯

剪纸活动中，培养学前儿童良好的剪纸习惯非常重要。主要包括剪刀的安全使用、剪纸过程的注意点以及碎纸片的回收等。

由于剪刀容易伤人，教师需告诉幼儿剪刀离眼睛要远一些，不能用剪刀乱戳。手持剪刀时，应该避免拥挤和走动，使用完毕应该将剪刀闭合，并放置在固定的地方。需要传递剪刀时，应该手握剪刀头，将剪刀柄环的方向朝向他人。

剪的过程中要注意细微的连接处不能剪断；折叠剪时，折叠的次数不宜太多，一般以两三次为宜，折叠剪的作品揭开摊平时，要按折叠层逐层地揭，可轻轻抖动作品使其散开，保证作品的完好无损。

剪下的碎纸屑要放在指定的容器里，保持桌面、画面、地面和衣服的整洁，养成良好的卫生习惯。

（六）染纸活动的指导要点

染纸是将吸水性强地纸折叠后浸于水性颜料中，染色后打开，形成色彩交融的美丽纹样。染纸可以让学前儿童了解颜料的渗透性，感受色彩交融所产生的变化，以及色块重复排列带来的美感。染纸活动主要包括浸染、点染两种技法。染纸活动的指导可从以下几方面入手：

1. 引导学前儿童了解染纸活动材料的特点

染纸的材料主要包括吸水性强的纸、水性颜料等。生宣纸、餐巾纸、毛边纸等都属于吸水性较强的纸。为了增加渗透的能力，可在颜料中滴入少许白酒。教师可以让学前儿童分别用不同材质的纸和不同性质的颜料来进行尝试，如宣纸和卡纸、水性颜料和粉质颜料，通过尝试让学前儿童了解染纸所需要的材料的性质和特点。

2. 在色彩与纹样的变化中，引导学前儿童体验染纸带来的惊喜

染纸活动可以说是可控和不可控的矛盾统一，在可控与不可控的色彩和纹样的变化中，学前儿童体验着染纸所带来的乐趣和惊喜。说它可控，是因为从折到染，其视觉效果是我们采用染纸的各种操作方法达成的；而说它不可控，是因为颜料的渗透性以及色彩在纸上的晕染、交融是偶然的，无法预设的。正是在可控与不可控的矛盾统一中，染纸这项活动才更显其神奇和魅力。当学前儿童打开折叠层，看到那些千变万化的色彩与纹样，心中是惊喜无比的。这种强烈的情感，正是推动他们继续探索和实践美术规律的动力。教师在和孩子们分享这份惊喜的同时，也可以引导他们去发现纹样是怎样形成的，从而引导学前儿童理解：纸的折叠方法不同，染色后呈现的色块排列样式就会不同。在学前儿童染纸活动中，常用的折法有“田字格”折（图 5－22）、“米字格”折（图 5－23）、放射形折（图 5－24）和自由折等。

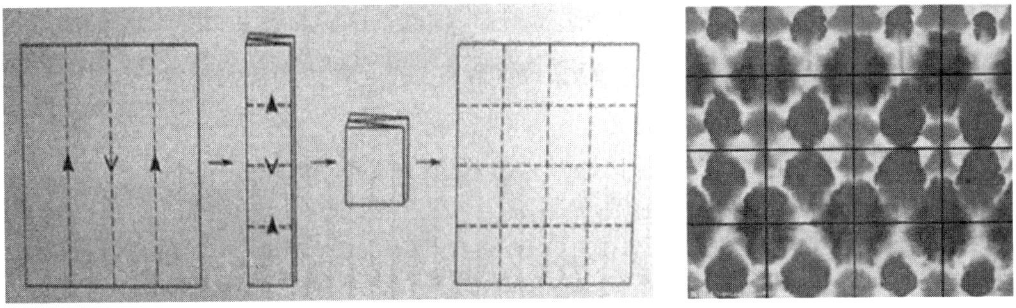

图 5－22　“田字格”折及染纸效果

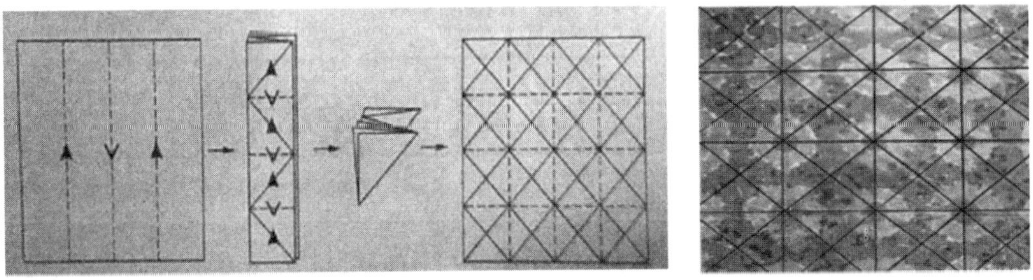

图 5－23　“米字格”折及染纸效果

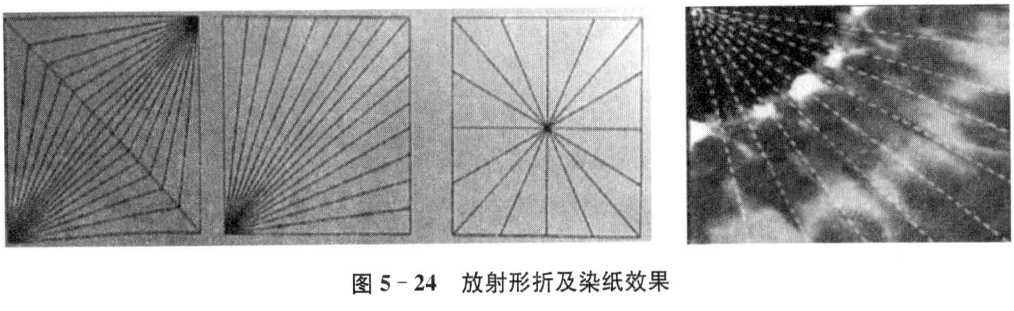

图 5－24　放射形折及染纸效果

除了对不同纹样与折纸方式的探索，学前儿童对色彩的敏感和喜爱也是天生的，染色活动恰恰是学前儿童体验色彩搭配的极好机会，教师可以借用染色这种艺术形式，充分满足学前儿童进行色彩搭配的欲望，有效提升学前儿童色彩搭配的能力。例如，教师可以引导学前儿童选择以一种颜色为主，再配以少量小面积的对比色。另外，教师可以引导学前儿童在色度上有深浅的变化，如主色调若是深色的，则其余颜色应为浅色；在色块的排列上有疏密的变化、形状的变化，以形成节奏感；在染色顺序上先染浅色，后染深色，因为深色可以覆盖浅色等。帮助学前儿童了解色彩的不同选择和排列所形成的变化，并运用这些变化来创作。

3. 引导学前儿童更好地揭开染好的纸

在初学染纸时，许多学前儿童由于缺乏经验又心急，常常将染好的纸揭烂，导致前功尽弃，这样会伤害学前儿童的成功感和活动动力。为了避免这种情况，教师应该对学前儿童加以提醒和演示，必要时可动手帮助他们，或者请幼儿相互帮助。正确的方法是：先把染纸晾至接近半干，也可以用干净的吸水纸放在染纸上压吸，再按照折叠层慢慢揭开。

4. 染纸活动需注意的问题

在幼儿园开展染纸活动的前后，教师需要注意以下问题：

（1）在准备工具时要注意多备几支毛笔，染色时可以专笔专色，以保证颜色的纯正。

（2）纸经颜料浸染后会变得褶皱，简单的办法就是趁湿把纸贴在平滑的玻璃板上抚平。晾干后纸很容易揭下来，而且非常平整。另一种办法是利用熨斗（非蒸汽熨斗）将染纸熨平，但这一工作只能由教师来完成。

（3）染纸作品可以经过简单的装裱成为独立的欣赏品，也可以用作再创造的材料，如用染纸再进行剪纸、折纸、撕纸、拼贴，作品将别具风格，其形象也会更具有丰富细致的色彩层次（图 5 - 25）。

图 5 - 25　染纸的再创作

（六）综合制作活动的指导要点

幼儿园综合制作活动是指幼儿综合运用多种手工技能，利用多种工具和材料进行造型，制作成他们喜爱的物品或者简单的玩具。综合制作对于学前儿童的动手能力、想象力、创造力的培养具有非常重要的意义。综合制作活动的主要特点是它的综合性和创造性，综合性主要体现在工具材料的多样性以及制作技法的综合性，创造性主要体现在不同工具材料、制作技法的随意组合以及变废为宝的独创性。因此，教师在指导综合制作活动时应注意：

1. 促使学前儿童体验奇思妙想的创意乐趣

综合制作活动最能吸引学前儿童兴趣的就是对各种材料的巧妙利用。平时吃的、用的、玩的东西，甚至是平时当作垃圾扔掉的东西，经过一番改头换面，可呈现出非常可爱、富有童趣的新样式。奇思妙想的创意特别能吸引学前儿童的兴趣，教师可以借助他们的兴趣，引导他们从模仿开始，再逐渐迁移、创造，让学前儿童体验到创意的乐趣，形成“创意无处不在”的思维习惯。

2. 培养学前儿童大胆尝试、大胆动手的良好品质

在综合制作活动的起初阶段，学前儿童可能会有畏难情绪，教师应该鼓励他们去尝试，只要他们敢动手就应该得到表扬。在学前儿童具备了一定的制作经验后，如果他们出现了困难，教师也不要包办代替，而应该鼓励他们自己想办法解决问题。另外，在准备的材料上，教师可以考虑难易兼备，让学前儿童都有机会选择到适合自己的操作材料，尽可能让每个学前儿童都能获得成功的快乐。

3. 给予学前儿童适宜的综合制作的思路

综合制作是一种极具趣味性、综合性和创造性的活动，不可避免地，在制作过程中也存在一定的难度。教师可以通过适当地演示示范帮助学前儿童积累一定的制作思路，也可以通过拆解成品的方法引导学前儿童探索其制作思路，还可以通过启发学前儿童发现材料的特点，包括形状、颜色和质地等，引导学前儿童思考利用这些特点可以制作什么，或者按照自己的设计可以选择哪些材料更合适等。综合制作通常会利用一种材料的原型作基本形体，然后再用“加法”和“减法”，对这一基本形体进行加工和改造。但无论利用哪　种思路，在制作过程中都应尽量通过游戏情境去驱动学前儿童探索，而最终制作出来的作品也可以直接用到游戏中作为道具和玩具。

4. 发展学前儿童个性化的表现方式

综合制作活动的材料多样，制作手法多样，正是培养学前儿童个性化表达的好机会，教师可以引导学前儿童自己设计，并按照自己设计的需要去选择材料和制作手法。因此，教师准备的制作材料要种类多、数量足，这样学前儿童才总可以找到所需的材料来实现自己的创意，甚至可以为一个创意找到不同的材料来进行比较选择。非常值得注意的是，在对学前儿童综合制作的作品进行评价时，教师也应该以个性化的表现为评价的重点。以下提供几个学前儿童综合制作的作品(图 5－26～图 5－29)：

图 5－26　大班综合制作《夜晚的猫头鹰》

图 5－27　大班综合制作《飞机》

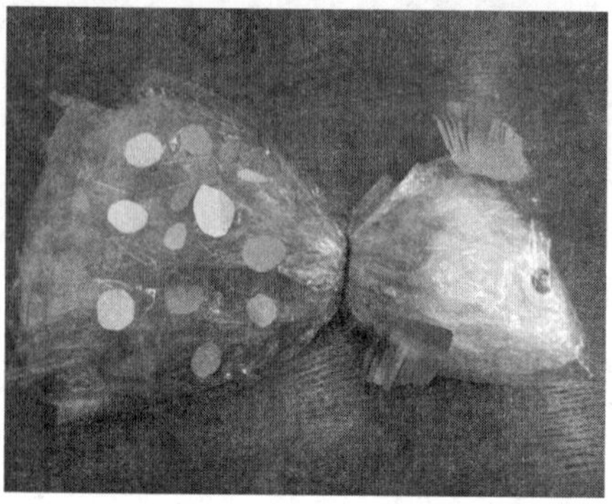

图 5－28　大班综合制作《鱼》

图 5－29　大班综合制作《仙人球》

案例分析

1. 请简要分析二维码视频中这个手工活动中的选材和教育策略方法的运用。
2. 案例：

苦恼的老师

欣欣是刚刚参加工作的新老师，在组织中班折纸活动“小青蛙”[①]时，她一步步一边演示一边讲解了“青蛙”的折纸步骤，并带领幼儿跟随她一步一步地学习了相关折法。但是在活动组织的自主操作环节，不断地有幼儿请求老师的帮助，“下一步怎么折？”“老师，我这样折对吗？”……一次活动下来，欣欣在教室里走来走去，帮助每一个幼儿处理各种困难。活动结束后，她累得满头大汗，主班老师问她：“你怎么没有做折纸的图谱呢？”她说：“我以为教一遍，他们就会了。”

思考：

折纸活动中，为什么教一遍，很多幼儿仍然无法掌握折纸的步骤？

教师可以采用哪些方法，帮助幼儿更好地掌握折纸的方法？

1. 染纸活动视频
2. 青蛙折叠步骤图

① 青蛙折法见二维码

实践活动

1. 结合幼儿园实际，尝试制作出不同类型手工活动的范例，并尝试讲解制作方法。

2. 尝试为幼儿设计一个手工活动，主题不限，题目自拟，写出完整的活动方案，并利用小组模拟试教或入园实践组织活动。

3. 利用入园机会，观摩一个幼儿手工活动，并尝试利用所学习的理论分析记录。

拓展练习

请根据题目的基本要求进行试讲。

1. 题目：纸工《风车》

(1) 图示(类似)：

第一种方法

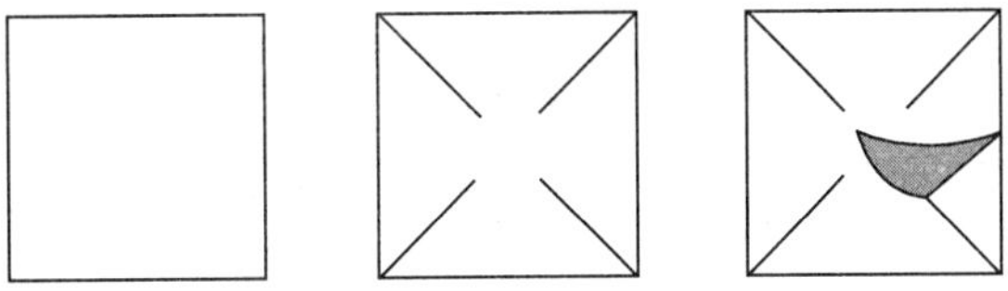

(1)准备正方形的纸　(2)对角折两次　(3)沿折痕剪开，不要剪断

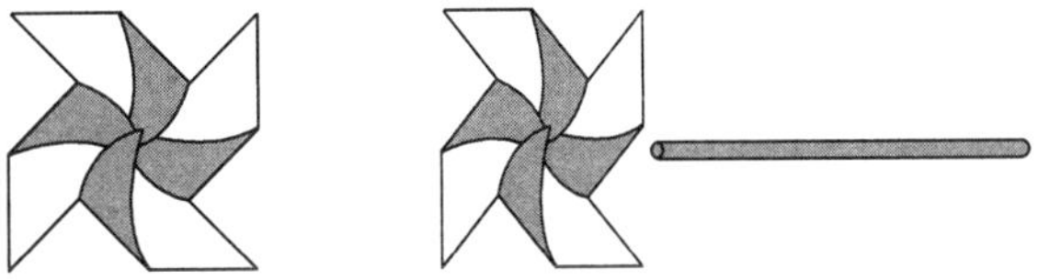

(4)把四个角拉到中心，用大头针固定　(5)用大头针把风车插在铅笔擦头(或高粱秆)上

第二种方法

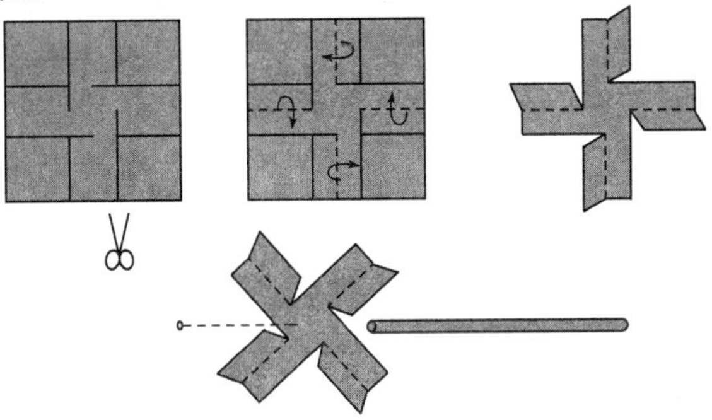

(2) 内容及要求：

① 按图示步骤完成纸工“风车”；

② 回答问题：

该内容适合什么年龄段的幼儿学习？

如何利用纸工“风车”引发幼儿开展其他活动？

2. 题目：纸工《小孩帽》

(1) 图示：

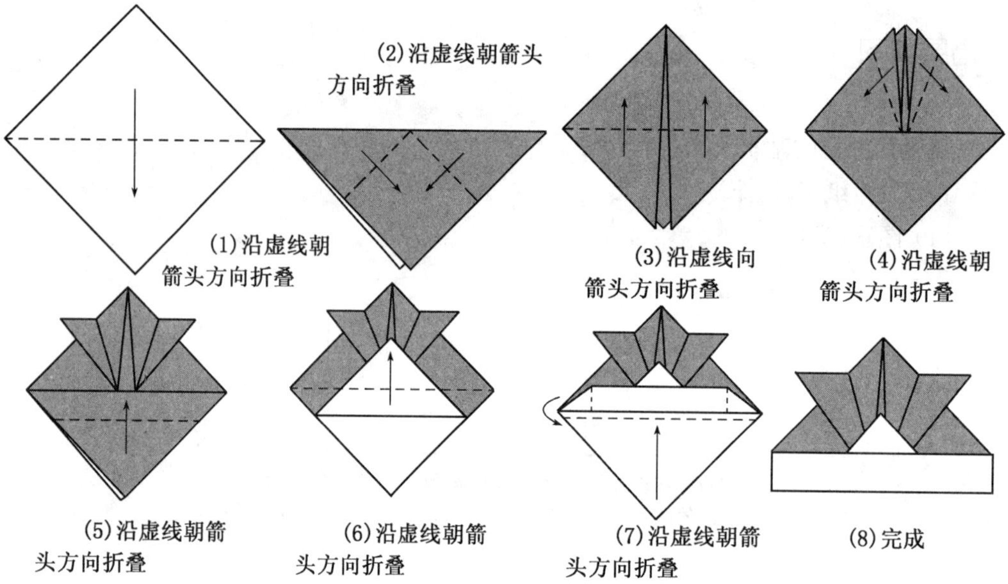

(2) 内容及要求：

① 按图示步骤完成纸工“小孩帽”；

② 回答问题：

该内容适合什么年龄段的幼儿学习？

如何利用纸工“小孩帽”引发幼儿开展其他活动？

3. 辨析：幼儿园要求利用废旧物品自制玩具，李老师认为这是增加工作量，不如花钱买一些奇特新颖的玩具，你怎么看？

答案及解析

第六章　学前儿童美术欣赏活动

学习目标：

1. 了解学前儿童美术欣赏能力的发展，了解不同发展阶段学前儿童美术欣赏能力的特点。

2. 掌握学前儿童美术欣赏活动的主要内容，并能够选择适宜的内容开展学前儿童美术欣赏活动。

3. 理解学前儿童美术欣赏的心理过程，并学会设计学前儿童美术欣赏教育活动。

4. 能够掌握不同年龄阶段学前儿童美术欣赏活动的指导要点，并能结合不同的内容特点开展指导。

第一节　学前儿童美术欣赏活动概述

一、学前儿童美术欣赏活动的含义

美术欣赏是美术教育的重要组成部分，是培育人类艺术素养的一个重要途径。学前儿童的美术欣赏，是指儿童被生活环境、自然环境以及美术作品中美的事物所吸引，从审美感知出发，借助审美想象和审美情感，产生初步的审美认识的一种艺术经验。这种艺术经验的核心在于艺术欣赏过程中的审美感知、审美想象与审美情感。

学前儿童美术欣赏活动指的是，教师引导幼儿欣赏和感知美术作品、自然景物和周围环境中的美好事物，感受其形式美与内容美，从而丰富幼儿的美感经验，培养其审美情感和审美评价能力的教育活动。其中形式美的构成因素一般划分为两大部分：一部分是构成形式美的感性质料（如色彩、形状、线条等），另一部分是构成形式美的感性质料之间的组合规律，或称构成规律、形式美法则（如对称与均衡、节奏与韵律等）。内容美一般包括两个层次：较浅层次一般称为“题材”，指作品中反映的现实生活（物象、场景等）及其意义；较深层次一般称为“主题”，指作者对这些现实生活（物象、场景等）及其意义的理解、评价、态度和情感等。如中国传统年画中的“鱼”是最常见的一种绘画题材，但是它往往还代表着作者赋予的“年年有余”的象征意义和对他人的美好祝愿。教师在开展美术欣赏活动时，应该注重对于作品的形式美和内容美的深入分析，才能更有针对性地开展美术欣赏活动。

二、学前儿童美术欣赏活动的价值

随着社会的发展，人类的物质生活不断丰富，艺术生活越来越受到重视。“并非每个儿童将来都会成为艺术家，但每个儿童将来都会接触到艺术……比起艺术创作能力，理解和欣赏艺术的能力对儿童将来的发展来说是更重要的，至少，在儿童应具有的艺术素质结构中它不应是被忽略的部分。”[①]由此可见，美术欣赏对儿童来说是有意义和价值的。

（一）有助于学前儿童感知觉的发展

儿童进行美术欣赏时，首先需要用到他们的视知觉。儿童运用视觉观察身边美的事物，欣赏艺术作品。经常开展美术欣赏活动，有助于儿童视知觉的发展，逐渐养成一双“发现美的眼睛”。除了视觉之外，在美术欣赏中儿童还可以用手去触摸，用耳朵去听，用身体的多种感官多通道去感受审美对象，从而促进儿童感知觉的发展。

（二）有助于学前儿童想象力的发展

儿童在欣赏美术作品时，必须借助审美想象才能达到欣赏的目的。儿童通过欣赏“在场”的艺术作品，想象到“不在场”的生活经验，在作品中实现“观者的认同”（伽达默尔），从而真正进入到作品中去，产生情感的体验甚至作品的理解。因此，经常开展美术欣赏活动，有助于激发儿童的审美想象，从而促进儿童想象力的发展。

（三）有助于学前儿童美术创作能力的发展

在美术欣赏活动中，儿童积累了丰富的审美经验，对美术作品的内容和形式特点也有了更为充分的认识，在感受和欣赏的基础上，开展美术表现与创作活动，有利于儿童将美术欣赏中所获得的审美经验、审美认识转化成创作能力。因此，开展美术欣赏活动有助于学前儿童美术创作能力的发展。

第二节　学前儿童美术欣赏能力的发展

一、本能直觉期（0—2岁）

0—2岁的幼儿还没有形成真正独立的美感反应，但在出生后几个月就已经对颜色和形状这两个美术的基本要素具有一定的审美感知能力了。尽管这些感知基本都是本能的反应，是一种直觉敏感性，但这种本能的直觉却为以后更高层次的美术欣赏活动做

---

① 边霞主编，幼儿园美术教育与活动设计[M]. 高等教育出版社，2016：93.

好了心理上的准备。因此，通常情况下，我们将这一阶段学前儿童美术欣赏能力的发展阶段概括为“本能直觉期”。

拓展阅读

幼儿早期色彩感知

斯塔普利斯用“视觉偏爱法”研究儿童的早期颜色视觉。他给婴儿呈现两个亮度相等的，但一个是彩色的、另一个是灰色的圆盘，测量儿童的注视时间。结果表明，3个月大的婴儿注视彩色圆盘的时间几乎是注视灰色圆盘的两倍。

冯小梅用“去习惯化”的方法测定婴儿的颜色视觉分辨能力，发现80%的出生8分钟至13天的新生儿能分辨红圆和灰圆。弗拉维尔提出“颜色视觉很可能是儿童早期心理装置中的一个重要成分”。

瓦伦丁概括了许多心理学家和实验美学家的大量实验研究的结果，系统地介绍了关于人对色彩美、形状美以及对美术作品和音乐的审美特点的实验研究，并提出了自己的审美心理观点。瓦伦丁等人对年龄很小的婴儿进行色彩偏爱的实验研究，发现在婴儿出生的最初几个月里，对他们最有吸引力的色彩是光谱上“暖色”那一级的色彩。可见婴儿喜欢明亮的色彩，而不喜欢黑暗的颜色。瓦伦丁把这种现象的原因归结为“直接的生理效应”。

对形状的早期直接审美感知

范茨专门用视觉偏爱的方法研究了婴儿对形状的辨别和偏爱。他给1～15周的婴儿看几对模式图，每对模式图在形状和复杂程度上都有不同：线条图和靶心图、棋盘图和正方形图、交叉“十”字和圆形。研究发现，婴儿对靶心图和线条图注视时间最长，而对简单的图形注视的时间较短。这个研究表明婴儿似乎天生对复杂的图形有所偏爱。

美国心理学家吉布森和沃尔克的“视觉悬崖”实验表明，5个月以后的婴儿不仅具有深度知觉，而且对于立体的而非平面的物体表现出更大的偏爱。

二、审美感知期(2—7岁)

随着年龄的增长，2岁以后的儿童的感知能力也在逐渐发展，并且从初期的生理、直觉反应，开始逐渐受到社会认识的制约，表现出审美的知觉能力。比如，他们会挑选自己喜欢的服装，有的女孩还会模仿妈妈穿高跟鞋，涂抹口红，看到花时会用“漂亮”来形容。我们将这个阶段称之为审美感知期，年龄阶段一般界定为2—7岁。从美术作品的元素出发，这个阶段的儿童对于内容和形式两个元素的关注是有差别的，主要表现出以下特点：

（一）首先关注作品的内容要素

当儿童面对一件美术作品的时候，他们首先喜欢在作品中寻找画面上画了什么，也就是关注作品的内容。而且，儿童在关注作品内容时表现出如下特点：

其一，特别喜欢寻找自己熟悉的内容，并且喜欢以自己生活中熟悉的经验代替画面中的内容。例如，大班女孩在欣赏《女芭蕾舞演员》（图 6－1）作品时，联想到自己的生活经验，说道："我看到一个女孩在跳舞，我和然然也一起跳舞，也穿着这样漂亮的裙子，开心极了。"大班男孩在欣赏蒙德里安的《百老汇的爵士乐》（图 6－2）时，将自己玩游戏的经验代入进来，说道："我想到一个小人遇到了死亡陷阱，因为这儿像一个迷宫，蓝色的是死亡毒物，红色的是炸弹。这个小人要走过去找到自己的家，黑色的可以走，白色的是陷阱。我的心跳得很快，希望这个小人不要掉到这个陷阱里去。"这两位儿童在欣赏美术作品时，都试图在作品中寻找自己熟悉的内容，并且把自己生活中熟悉的人、物、事都融入作品中。

其二，对作品内容的把握往往是浅表层次上的感知，还不能深入理解美术作品的内容所蕴含的意义。有的时候，幼儿对作品内容的把握是非常主观的，甚至是错误的。例如，幼儿欣赏米罗的《舞者》，结合自己的知识经验说道："我感觉这幅画是家里装饰用的，画的是一个小老鼠。这个小老鼠顺着这个圆柱子爬上去，正在偷东西。这边洒了很多米粒，这些老鼠顺着这些米粒正在吃东西，这个地方放了一个绳子，可以捕捉到老鼠。但是我的心里有点高兴又有点不开心，因为这个老鼠老偷吃我们东西，我们捕捉它倒是应该的，可是老鼠也不全是坏的，也有好的。"可见，儿童对美术作品内容的理解比较主观，经常会结合自己的生活经验来理解，而未必能直接关注到作品背后所蕴涵的意义。

图 6－1 《女芭蕾舞演员》（德加）

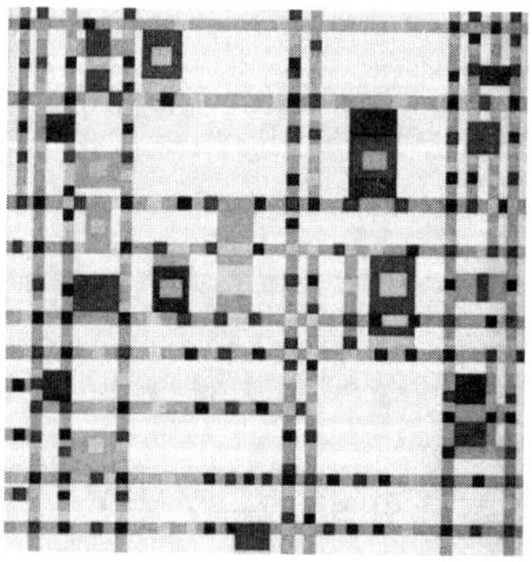

图 6－2 《百老汇的爵士乐》（蒙德里安）

（二）初步关注作品的形式要素

作品的形式要素主要包括色彩、线条、形状和构图等要素。儿童在欣赏美术作品时，在成人的引导下，能够初步关注作品的形式要素，尤其在欣赏以形式要素为主的抽象作品时，由于没有具体的内容限制，幼儿更容易被形式要素所牵引。例如，在欣赏康定斯基的《划船》(图 6－3)时，有的幼儿由画面中心弧形的红线产生想象，为这幅画起名为“荡秋千的红线”；有的幼儿由画面的构图联想到鸟儿在森林中欢歌跳舞，将它起名为“舞百凤”。幼儿在欣赏蒙德里安的《红黄蓝的构成》(图 6－4)时，教师问道：“如果把画面中的一块黑色去掉，你有什么感觉?”有的幼儿表示“会跌倒”；有的幼儿表示“现在这样很平稳，不要去掉”。由此可见，幼儿开始关注到作品的形式要素，且具有了初步的感受能力。

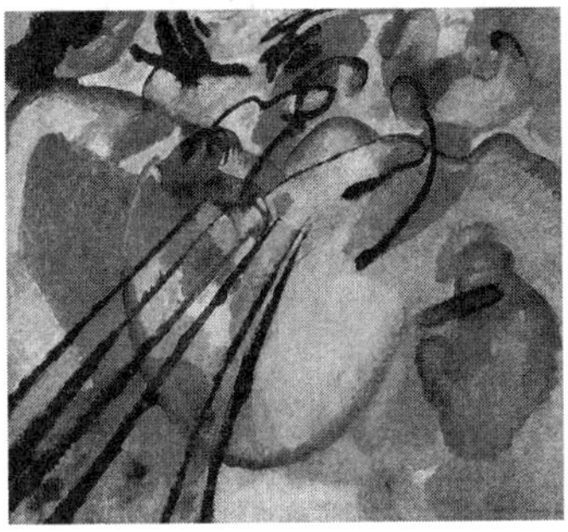

图 6－3　《划船》(康定斯基)

图 6－4　《红黄蓝的构成》(蒙德里安)

（三）对美术作品具有自己的审美偏爱和评价标准

这个阶段的幼儿更喜欢感知描绘熟悉的物体和令人愉快的现实主义美术作品，已经具有了较为明显的审美偏爱。“作品的内容是否客观地、真实地再现了现实世界，作品的色彩是否丰富、鲜艳，是他们判断作品好坏的两个最重要的标准。”[①]无论是中国画，还是西洋画，如果他们看不出一幅作品画了什么，他们就可能不喜欢它。

随着年龄的增加，儿童对于美术作品的评价标准也开始注重形式要素和表现技巧两个方面，他们对于审美偏爱的原因分析也有了自己的标准。如孔起英(2004)曾在幼儿园大班做过一个小测验，让 92 名 6 岁的幼儿从毕加索的油画《格尔尼卡》、齐白石的水墨画《虾》、东汉出土的陶俑作品《侏儒俑》以及民间彩色剪纸作品《老虎与娃娃》中选择一幅自己最喜欢的。结果显示，81 名儿童选择了《老虎与娃娃》，理由是这幅作品“有各种各样的颜色，好看”“颜色看上去喜气洋洋”“颜色艳丽”等。而不喜欢其他几幅的原因是“颜色不好看”。可见，色彩是他们进行审美评价的一个重要标准。除了色彩上的偏爱，在造型方面，他们一般喜欢看一些具体的、简练的形象。对于艺术风格上，他们更喜欢夸张和拟人风格的作品。另外，作品的题材若是儿童比较熟悉的，则比较容易成为他们喜欢的作品。

总之，学前儿童美术欣赏能力的发展，经历了一个从笼统到分化，从没有标准到具有一定的标准，从以自己的主观情感偏好到比较客观的分析为主的逐步发展的过程。在以后的美术欣赏教育活动中，教师应该结合不同年龄段幼儿的欣赏能力，为学前儿童

① 孔起英著. 幼儿园美术教育[M]. 北京：人民教育出版社，2004：31.

选择合适的美术欣赏的内容，结合他们的欣赏作品时表现出来的特点，有目的、有计划、循序渐进地引导学前儿童感知、理解美术作品中的内容美和形式美。

第三节　学前儿童美术欣赏活动的内容

《幼儿园教育指导纲要》艺术领域目标中提出，幼儿“能初步感受并喜爱环境、生活和艺术中的美”。《3—6 岁儿童学习与发展指南》艺术领域中同时提出：“喜欢自然界与生活中美的事物，喜欢欣赏多种多样的艺术形式和作品。”基于《纲要》和《指南》，我们将学前儿童美术欣赏活动的教育内容分为两大部分：了解学前儿童美术欣赏活动内容来源，掌握美术欣赏知识与技能。

一、学前儿童美术欣赏活动内容的来源

（一）生活环境中的美术欣赏

艺术源于生活，并最终运用于生活。儿童未来未必成为艺术家，但一定会在生活中接触艺术。因此，美术欣赏教育的内容应首选学前儿童生活中的美好事物，立足日常生活的欣赏教育。注意欣赏内容的生活化，有助于调动学前儿童的生活经验和情感体验，增强审美敏感性，并逐渐发展到对艺术作品的审美兴趣。

生活环境中的美术欣赏可以选择儿童熟悉的具有美感的生活用品，如形式各样的杯子、餐具，具有装饰美的雨伞、服饰；可以选择具有设计感的家居用品，如造型各异的椅子、灯具、装饰元素丰富的窗帘、桌布、瓷砖等；还可以选择儿童感兴趣的玩具或动画形象，如各式各样的玩具车、玩具飞机，动画片中的动画人物、动物形象等。

（二）自然环境中的美术欣赏

自然环境是最好的艺术宝库，很多艺术家的创作灵感都来源于大自然，甚至有人提出，艺术就是模仿大自然。面对同样的自然环境，艺术家往往能够将其变成具有美感的艺术作品，而普通人却往往忽略，不知其美。以莫奈的《干草垛》为例，在我们看来，干草垛看上去毫不起眼，甚至有点丑。但在莫奈的画里，干草垛却散发出了迷人的光彩。正如罗丹所说：“美是到处都有的。”对于我们的眼睛，不是缺少美，而是缺少发现。因此，选择自然环境作为学前儿童美术欣赏的内容，不仅素材易得，且对于儿童审美敏感性的培养具有重要的意义。

自然环境中的美术欣赏可以选择花草树木等植物，不同种类的花草树木，色彩、形态、造型各异。例如，可以引导儿童欣赏迎春花花团锦簇的形态之美、抽出新芽迎风飘舞的柳树的造型之美、秋天一片片火红枫树的色彩之美（图 6 - 5）、贵州彩色梯田的线条之美（图 6 - 6），还可以选择欣赏日月星空等宇宙行星，如太阳的东升西落、月亮的阴晴圆缺、星空的奇幻布局，感受宇宙的变化无穷；还可以引导儿童欣赏种类繁多的虫鱼

鸟兽，例如，引导儿童关注蝴蝶翅膀的对称花纹，感受可爱的长颈鹿的不同姿态，欣赏海洋鱼类的形态多样。

图 6－5　火红枫树

图 6－6　彩色梯田

（三）美术作品中的美术欣赏

选择适合幼儿欣赏的美术作品，可以考虑美术史上具有一定影响力的经典作品，特别是与儿童的生活经验、知识经验相关的美术作品，也可以选择一些形式要素特别突出，容易激发儿童审美感受的优秀作品。从类型上来说，主要可以分为绘画、雕塑、建筑、民间美术作品等，也可以选择一些优秀的儿童美术作品。

1. 绘画作品

绘画作品是美术作品的主要组成部分，由于其易得且易于呈现，也是幼儿园美术欣赏最常用的内容。绘画作品所包含的内容非常多，题材也很广泛。在选择时可以兼顾不同工具材料，如中国水墨画和西洋油画；考虑不同形式，如壁上画、架上画等；选择不同主题，如儿童所熟悉的动物画、人物画、风景画等。

名画作品欣赏

教师既要注意选择适宜的中国画作品，又可以选择经典的西方油画作品；既可以选择内容为儿童熟悉的具象作品，又可以选择形式要素鲜明的抽象作品。中国画作品以齐白石的虾、徐悲鸿的马、李可染的牛、丰子恺的人物画、吴冠中的风景画等为代表。在西方的经典美术作品中，既可以选择梵高、莫奈、修拉等印象派画家的风景画，如梵高的《星月夜》、莫奈的《睡莲》、修拉的《人碗岛的星期天》；可以选择蒙德里安、康定斯基、波洛克等注重形式要素的抽象画，比如蒙德里安的《百老汇的爵士乐》、康定斯基的《构成第八号》；也可以选择马蒂斯、蒙克等注重情感体验的表现主义作品，如马蒂斯的《忧愁的国王》、蒙克的《呐喊》；还可以选择具有丰富想象力的米罗、毕加索的作品，如米罗的《星空》《哈里昆的狂欢》、毕加索的《梦》等作品。

2. 雕塑和建筑

雕塑和建筑是立体的艺术形式，难以直接获得，但可以借助图片、视频等形式，帮助儿童全面感知和欣赏。教师应尽可能选择儿童感兴趣的主题，形象生动且具有想象空间的作品。如可以选择经典的马踏飞燕、狮身人面像、母与子等作品；也可以选择一些有特色的地方民俗作品，如无锡惠山的泥人、形象生动的面塑作品等。

适合儿童欣赏的建筑艺术，可以考虑中国和国外经典的建筑作品，如中国的长城、故宫，外国的埃菲尔铁塔、悉尼歌剧院等；也可以结合地方文化选择当地的风格独特的建筑样式或地方标志性建筑，如安徽的徽派建筑、福建的土楼建筑、北京的鸟巢、上海的东方明珠塔等。

3. 民间美术作品

民间美术是以美化环境、丰富民间风俗活动为目的，在日常生活中应用、流行的美术。民间美术具有鲜明的民族特征和地域文化特征。民间美术大多是就地取材，内容与生活贴近；在形式方面，色彩艳丽，造型简谱，富有趣味，因此，尤其适合儿童欣赏。

适合儿童欣赏的民间美术作品，包括年画、剪纸、窗花等民间纸艺，泥人、面人、兔儿爷等民间雕塑，风筝、皮影、木偶等民间玩具，蓝印花布、织锦、刺绣等民间布艺，唐装、汉服、荷包、鞋垫等民间服饰。

小资料

幼儿园美术欣赏教育丛书目录[①]

《中国画欣赏》	六、李可染画牛	五、哈尔斯和《卡特林	**内心体验篇**
古画篇	七、徐悲鸿画马	娜与奶妈》	一、马蒂斯和他的画
一、古代人物画	**花鸟篇**	六、科普利和他的画	二、毕加索和他的画
二、古代山水画	一、陈之佛的工笔花	七、斯丁和《快乐家庭》	三、康定斯基和他
三、古代花鸟画	鸟画	八、勒布伦夫人和她	的画
瓜果草虫篇	二、喻继高的工笔花	的画	四、蒙德里安和他
一、齐白石画虾	鸟画	九、夏尔丹和《餐前祈	的画
二、齐白石画瓜果、蔬菜	**人物篇**	祷》	五、米罗和他的画
三、齐白石画昆虫	一、任伯年的画	十、台德玛和《天伦之	六、波洛克与“行动
山水篇	二、丰子恺的画	乐》	绘画”
一、傅抱石的山水画	三、林风眠的画	十一、米勒和他的画	**《雕塑与建筑欣赏》**
二、吴冠中的水墨画	四、叶浅予的画	十二、夏加尔和他的画	**雕塑篇**
三、吴冠中的线条画	五、关良的画	**亲近自然篇**	一、石雕人头
动物篇	**《西洋画欣赏》**	一、梵高和他的画	二、陶动物
一、齐白石画三鼠	**感受亲情篇**	二、莫奈和他的画	三、双人舞盘鎏金铜
二、齐白石画柳牛	一、索拉瑞奥和他的画	三、卢梭和他的画	扣饰
三、吴作人画金鱼	二、达·芬奇和他的画	四、柯罗和他的画	四、卧牛、伏虎、卧象
四、吴作人画熊猫	三、拉斐尔和他的画	五、米莱和《盲女》	五、说唱俑
五、吴作人画骆驼	四、穆立罗和《圣家族》	六、希斯金和他的画	六、马踏飞燕

① 屠美如，南京师范大学出版社，2005年12月出版。

（续表）

七、麦积山窟童男、童女像 八、养鸡女 九、石武将 十、大阿福 十一、天鹅 十二、睡童 十三、玉米神陶香炉 十四、狮身人面像 十五、牛头 十六、鸟 十七、做扁桃花游戏的一对恋人 十八、摇椅第 2 号母与子 **建筑篇** 一、长城 二、明清故宫 三、布达拉宫 四、宏村 五、中山陵 六、金字塔 七、雅典卫城	八、古罗马角斗场 九、圣索菲亚大教堂 十、比萨斜塔 十一、圣巴兹尔教堂 十二、巴黎圣母院 十三、科隆大教堂 十四、埃菲尔铁塔 十五、高迪和圣家族大教堂 十六、流水别墅 十七、朗香教堂 十八、悉尼歌剧院 十九、卢佛宫的“金字塔” 二十、蓬皮杜艺术中心 二十一、古根汉姆博物馆 二十二、奇琴伊察古城遗址 二十三、吴哥古迹 二十四、泰姬陵 二十五、金阁寺和教王护国寺	**《民间艺术欣赏》** **民间玩具篇** 一、面塑 二、糖人 三、大阿福和无锡泥人 四、泥泥狗 五、兔儿爷 六、布老虎 七、风车 八、编扎玩具 九、木制玩具 十、三勿猴 **娱乐表演篇** 一、傩面具 二、泥塑脸谱 三、皮影 四、风筝 五、花灯 **染织工艺篇** 一、民间织绣工艺 二、蓝印花布 **生活用品篇** 一、娃娃枕	二、陶罐 三、扑满红猪 四、青花瓷 五、剪纸 六、年画 七、民画

二、学前儿童美术欣赏的知识与技能

在美术欣赏活动中，教师引导学前儿童感知和欣赏来自自然景物、生活环境以及美术作品中的美好事物，帮助幼儿形成初步的欣赏知识和欣赏技能，主要包含以下内容：

（一）初步的欣赏知识

1. 作品的形式美分析

结合学前儿童美术欣赏能力特点，艺术作品的形式美一般可以通过几个不同的维度引导幼儿去感知。第一，可以引导幼儿欣赏作品中包含的形式语言之美，如线条美、色彩美等；第二，可以引导幼儿欣赏感知作品中所蕴含的对称均衡、节奏韵律、调和对比、多样统一等方面的法则之美；第三，可以引导幼儿欣赏感知创作作品的特殊材料的纹理、质地之美。如欣赏民族服饰“旗袍”，既可以让幼儿感知旗袍的色彩、款式、花纹装饰之美，也可以引导他们感知旗袍上某些盘扣或图案的对称、均衡、色彩调和之美，还可以让幼儿触摸真实旗袍的面料，感知丝绸特殊的纹理和触感。

2. 作品的内容美分析

作品的内容主要包括作品的主题、情节、情感，作品中的人、事、物等要素。艺术家在创作不同的艺术作品时，可能会围绕一定的情感表现或主题进行创作。如毕加索的《格尔尼卡》反映了战争给人们带来的灾难生活；徐悲鸿的《奔马图》产生于抗日战争时期，他的马成为正在觉醒的民族精神的象征。教师在选择相关的艺术作品给学前儿童欣赏之前，应该对作品的创作背景、艺术家的创作意图、作品中的象征内涵等全面分析。

很多传统的艺术作品中的形象具有独特的象征意义，如京剧脸谱中的色彩代表人物性格，剪纸或年画中的某些图案代表某些传统祝福(年年有“鱼”、蝙蝠象征“福”、鹤代表“长寿”等)。教师在选择相关内容时，应该根据学前儿童的接受能力引导幼儿进行某些主题的分析。

在开展学前儿童美术欣赏活动时，教师也应该注意适当介绍一下欣赏主题的背景知识。如艺术家的生平、艺术风格，京剧脸谱中京剧的历史渊源和地位，青花瓷的来历与特色等。

(二) 初步的欣赏技能

1. 对作品的观察和描述能力

美术欣赏要求我们能够对作品进行仔细观察和探究，并能够用语言大胆地表达自己在欣赏过程中的所思所感。如我们可以引导幼儿说出作品中有哪些人、哪些事物，记下作品中的人物或事物的位置，然后进行描述。因此，观察和描述的能力是学前儿童美术欣赏的重要技能之一。

2. 对作品的理解与表达能力

在仔细观察和完整描述作品的基础上，应鼓励幼儿大胆想象和体验，感知、体会作品中蕴含的情感，理解作品的风格，尝试领会作者的表达意图，并进一步引导幼儿用语言、表情、动作以及不同的艺术形式表达自己对于作品的理解。因此，要真正地达成欣赏的目的，需要重点引导幼儿结合作品进行分析和表达的能力。

第四节　学前儿童美术欣赏活动的设计与组织

一、学前儿童美术欣赏的心理过程

美术欣赏的心理过程是审美的心理过程，人类的审美经验大体可以分为三个主要阶段：准备阶段，高潮阶段和效果延伸阶段。具体来说，准备阶段是指心理机制进入一种特殊的审美注意状态，伴随这种注意状态，情感上有一种积极的期望，即审美期望。高潮阶段又可包括审美知觉、审美体验(包括审美联想、审美想象和审美情感)、审美愉快等心理状态。效果延续阶段包括审美判断以及由这种判断造成的更高的审美欲望(需要)。① 学前儿童的美术欣赏是指幼儿被周围自然环境或生活中具有外在形式美的物像或美术作品所吸引，从感知出发，以想象为主要方式，以情感的激发为主要特征的一种艺术经验。② 因而，学前儿童美术欣赏的心理过程包括审美注意、审美感知，以及审美体验等阶段，其中审美体验是审美经验中的高潮阶段，主要是基于幼儿的审美认识(主要包括审美想象和审美情感)，产生审美解释和审美评价。

(一) 审美注意阶段

审美注意发生在审美的初始阶段，是即将进入审美状态的预备阶段。在这个阶段，人的日常意识被中断，审美对象唤起了意识的注意，此时就进入了审美注意阶段。审美注意是一种期望的心理状态，同时内心的情感也被唤起，是一种精神上对美好世界的期待状态。例如，你听说公园里今天开放了一个花展，有很多美丽的花展出，你很喜欢花，在去参观的路上，你的情感是非常积极和期待的，你不会关注路上的风景，一心想着到达公园，参观花展。此时，你的心理状态就是审美注意。

幼儿的心理世界是开放的，注意力容易分散，容易被感兴趣的事物所吸引。在准备开展美术欣赏活动前，教师需要通过一定的方式来唤起幼儿的审美注意，激发幼儿对审美对象的期待，将幼儿的注意力集中到审美对象上来，才能更好地带领幼儿感受审美对象。比如，教师告诉幼儿，幼儿园里布置了一个机器人展览馆，一会带他们去参观。此时幼儿的注意力全部被教师吸引了，开始期待参观，内心燃起了一种积极的情感状态。此时，幼儿就产生了审美注意，为接下来的欣赏活动做好了心理准备。

(二) 审美感知阶段

感知包括感觉和知觉，审美感知不同于理性的认知过程，也不同于纯感性的单一认知，而是在欣赏艺术文本时，对欣赏对象的整体性把握，是一种完形知觉，又称为“格式塔”。在美术欣赏过程中，当幼儿看到欣赏对象时，被审美对象所吸引，即产生了审美感知，审美感知将幼儿带入了审美世界的大门。从幼儿审美心理的发展来看，幼儿首先关注的是审美对象中他们熟悉的内容。因此，在审美感知阶段，可以从欣赏审美对象的内容着手，引导幼儿尽可能全面地感知作品的内容美。

在感知的方式上，幼儿的审美感知具有多通道性的特点。与成人习惯于用语言通道来进行交流不同，幼儿则表现出语言和非语言的表情、动作等多通道的特点。如幼儿欣赏《女芭蕾舞演员》这幅作品时，有的幼儿说自己听到了美妙的音乐，有的幼儿说小女孩的舞步很轻盈，有的幼儿则说小女孩的芭蕾舞裙很漂亮。当幼儿对作品进行多感官的体验时，就能从不同的角度感知作品，有利于幼儿对作品的理解和认识。

在审美感知阶段，我们要重视幼儿的多通道感知，引导幼儿用不同的方式去表达欣

---

① 滕守尧著. 审美心理描述[M]. 成都：四川人民出版社，1998：77.

② 孔起英著. 幼儿园美术领域教育精要—关键经验和活动指导[M]. 北京：教育科学出版社，2015：63.

赏作品时的感受。我们可以让幼儿用语言表达出欣赏作品时的想法和情感体验，也可以让幼儿用肢体语言诠释作品中的旋律，或者让幼儿用作品表达，将感受和想法用绘画的形式呈现出来。例如，在欣赏春天的柳树时，我们可以让幼儿通过语言表达柳条的颜色和造型，也可以让幼儿用身体动作来表达柳条迎风飞舞的姿态，还可以引导幼儿用绘画、手工等自己喜欢的方式表达自己的想法。

（三）审美认识阶段

在审美感知阶段，幼儿对审美对象进行了初步的认识，这种认识是对物体表象的大体扫描，是审美活动的预热，关注的重点是审美对象的内容美，对审美对象的形式美还缺少深入的认识。“一种完整的审美经验，还必须进一步对知觉完形做进一步审视和欣赏，一旦‘细细审视’活动开始，审美活动便进入了特殊的审美认识阶段，经过一段审视之后，我们往往称这一部分是美的或适宜的，称那一部分是不美的或不适宜。这种称某物或某部分美与不美的判断，必须以在多样性之中见出统一和对部分与部分之间关系的正确识别和辩论作为前提，因此，这是一种更加延长的过程。假如一次审视不能做出判断，就要做出重复扫描或回返关照等更加细致的活动。”①审美认识就是这种“细细审视”，是观者借助审美想象和审美情感，对审美对象的深入理解，是对审美对象的内容和形式，特别是对形式美做深入的认识。这个阶段是整个审美过程的高潮阶段，是审美心理构成中最核心的阶段。

在审美认识阶段，审美想象和审美情感是两种重要的心理特征。审美想象是指儿童在美术欣赏活动中，通过对艺术作品的审美知觉，提取已有的审美经验，并对其进行加工和改造，从而形成新的审美意象的心理过程。儿童通过审美想象进入到艺术作品的精神世界，在想象中去理解艺术，体验艺术。审美想象的发生与自身的生活经验和审美经验有相关性，因此，虽然欣赏同样的艺术文本，不同人产生的审美想象和审美情感存在很大的差异，这就是所谓的“一千个读者就有一千个哈姆雷特。”

审美情感参与着审美想象的整个过程，不仅是审美想象的动力，也是审美想象能力的表现。与成人相比，幼儿的审美认识更具有情感表现性的特点。当面对艺术文本时，作为成人，“我们总是习惯从科学的角度或经济的角度去思考一切和看待一切，所以我们总是要以事物的大小、重量和其他尺度去解释它们，而不是以它们外表中所具有的能动力来解释它们，这些习惯上的有用和无用、敌意和友好的标准，只能阻碍我们对事物的表现性的感知，甚至使我们在这方面不如一个儿童或一个原始人。”②孔起英曾经做过一项研究，让幼儿和成人同时观看毕加索的《和平》，幼儿的反应是：“这幅画太乱了，像在打仗”“农民的伤心生活”“一个可怕的地方”“大人和孩子玩游戏的开心生活”。而成人的反应则是，这幅画是谁画的，是什么流派，是怎么画出来的。由于幼儿还没有丰富的社会文化知识，他们的情感发展较之理智发展更具有优势，因此他们在审美认识时

① 滕守尧，审美心理描述[M]，四川人民出版社，1998：83.

② 阿恩海姆著. 滕守尧、朱疆源译. 艺术与视知觉[M]北京：中国社会科学出版社，1984：626.

表现出更强烈的情感特点。所以，在欣赏活动中必须要重视丰富儿童的情感体验。应该以情感体验式教学代替原来的知识授受式教学。在教育内容上，应当减少技能和知识的教授，增加欣赏性和情感性的教育。

（四）审美解释阶段

在审美感知和审美认识阶段，观者对审美对象的内容美和形式美有了认识，完成了外显的美术层面的认识，也是幼儿美术欣赏中最重要的认识，但要真正理解作品，还需了解美术作品背后所蕴涵的意义，包括创作者、创作的背景和意图、创作者的独特表达方式等，这个阶段叫作审美解释。

作品背后所蕴涵的意义与当时的历史背景、创作者个人的生活背景等有着重要的联系，幼儿生活经验和认知水平有限，这些内容可能是幼儿无法完全了解的。有时，幼儿的理解可能还会与作品不一致，与教师对作品的预期解释不一致，但不意味着幼儿一定要接受教师对作品的解释，他可以有自己的理解。因此，该阶段要注意用幼儿能够接受的方式与幼儿进行对话，引导幼儿对作品做出自己的解释即可。

（五）审美评价阶段

经过审美认识和审美解释，观者对审美对象产生了心理判断，如“这件事物是美的”“这个东西是丑的”。“由审美认识所产生的必然的或直接的心理效果，是一种审美判断。这种‘判断’，紧接着审美经验的主干而产生，具有心理上的必然性和时间上的连续性。”审美判断运用了个人早先取得的有关“美”的普遍性概念，基于个人的审美经验，是非常理性的。

对于幼儿来说，幼儿的审美经验有限，难以进行系统的审美判断，但幼儿可以结合自己的情感体验做出自己的审美评价。如“我喜欢这个东西，因为它看上去很漂亮”。年长些的幼儿还会描述出“因为它的颜色很漂亮”“因为它看上去很光滑”等具体评价的理由。

二、学前儿童美术欣赏活动的组织过程

基于学前儿童的审美心理过程，即审美注意、审美感知、审美认识（包括审美想象和审美情感）、审美解释和审美评价五个阶段。我们将幼儿美术欣赏活动的过程主要分成相应的五个阶段。

（一）审美注意阶段——导入主题，引发欣赏兴趣

审美注意阶段即导入环节，教师可以设置情境、游戏等方式，吸引幼儿的注意力，将幼儿的日常生活关注打断，唤起幼儿的审美注意，为开展美术欣赏做好准备。因此，导入环节的设计应该能激发幼儿的兴趣，吸引幼儿的注意力，可以采取游戏、情境、音乐等多种方式，同时要注意所选取的导入方式要与作品有联系，能够自然而然地引出欣赏对象。

以欣赏作品《星月夜》为例，教师出示浩瀚星空的画面，设置问题：小朋友们有没有

在晚上看过天空呢？都看见了什么？

分析：教师通过出示星空的图片吸引幼儿的注意力，唤起幼儿的审美注意，再通过提问，引发幼儿的生活经验，为感受画面中的内容做好铺垫。

（二）审美感知阶段——整体描述，感受作品的内容美

审美感知阶段主要是通过引发幼儿对作品内容的感知，对作品进行初步的认识，是幼儿对作品的主观感受和印象的描述。该阶段主要是让幼儿用自己的语言把见到的作品内容描述出来，而不涉及作品的含义及价值。因此，教师不需要多加解释，用对话的方式引发幼儿尽可能描述出作品中的各种事物。这个阶段需要幼儿有高度的审美注意，能够在教师的带领下感知作品中的主要内容。因此，在出示作品之后，要注意给幼儿一定的时间进行独立的欣赏，不要操之过急，尽可能让他们畅所欲言。

以欣赏作品《星月夜》为例，教师在审美感知阶段的核心问题如下：

1. 小朋友，你们在画中看到了什么？

2. 除了星星和月亮，天空中还有什么？

3. 这些云朵和你平时看到的一样吗？画中的云朵像什么？

4. 除了天空中的星星、月亮、云朵，画中还有些什么？

5. 除了这些，你还看到了什么？

分析：问题1提出“你们在画中看到了什么？”，这样的提问幼儿容易理解，也容易回答，因此这个问题可以广泛运用在美术欣赏活动中。这种开放式的提问，有助于幼儿不受教师的影响，独立的欣赏和描述作品。问题2、3、4三个问题是基于教师对幼儿欣赏作品时可能的回答，由于这幅作品中最主要的内容是天空中星、月和云朵，幼儿很容易注意到，基于这样的预测，教师可以提前预设出关于这些内容的相关问题。问题5“你还看到了什么？”也是一个开放式的问题，是为了引导幼儿较全面、细致地观察作品，尽可能穷尽作品的所有内容与细节。

当然，所选择的审美对象不一样，教师预设的提问也会有差异，只要抓住作品内容特点，基于幼儿的理解能力去设置相关的问题，尽可能全面地引发幼儿描述作品即可。

（三）审美认识阶段——形式分析，欣赏作品的形式美

审美认识阶段以欣赏作品的形式要素为主，主要是指分析要素之间的关系，也就是分析作品所表现的美的形式，如造型、色彩、构图及其所表现的对称、均衡、节奏、韵律、统一、变化等形式美的特征。形式分析阶段的指导是学前儿童美术欣赏教育的关键环节，一般会按照线条、形状、色彩、构图、空间、明暗、动态等来分析作品，教师可以根据这样的程序用通俗的语言向幼儿提问，引导幼儿欣赏以后进行小结。

形式分析阶段指导的注意事项：

第一，教师适当选择作品中2～3个重要的形式要素进行分析。

第二，教师引导幼儿感知欣赏形式美时，应该有一定的逻辑顺序，问完一项再说下一项。

第三，教师在引导幼儿想象时，应该结合幼儿生活经验，及时对幼儿的反应进行反馈。

第四，引导幼儿适当地理解美术欣赏中初步的艺术语言，帮助他们进一步加深对作品的情感体验。

以欣赏作品《星月夜》为例，教师在审美认识阶段的核心问题如下：

1. 你们看画上都有哪些颜色？这些颜色是鲜艳的还是灰暗的？蓝色让你有什么样的感受？黄色让你有什么么感受？

2. 你们看画面中都有哪些线条？天空中的“云朵”是什么样子？这个“云朵”和小朋友画的有什么不一样？地面上的“房子”是什么样子？画面中的树是什么样子的？

3. 画面上的树是哪个位置？画面的后面画了些什么？前面和后面的东西看上去一样大吗？哪个更清楚？

4. 看完整幅画后，你感觉怎么样？

分析：该阶段教师围绕这幅作品的主要形式要素进行引导，分别引导幼儿欣赏作品的色彩、线条、构图等要素，提问时用幼儿可以理解的问题提问。《星月夜》最主要的形式特征是画家运用了冷暖色的对比，运用连续的短线条和螺旋的画法表现动态的云朵，教师通过提问不同颜色给人的不同感受，引导幼儿发现冷暖色对比的效果，通过将画面中的云朵与幼儿自己画的云朵进行比较，感受画家独特的线条画法。引导幼儿欣赏画面构图时，为了让幼儿理解近大远小的画法，教师分别让幼儿观察画面前面画了什么，后面画了什么，让幼儿比较是否一样大，哪个看上去更清楚。通过这样的引导幼儿很容易理解画面中的空间感，在美术创作中，稍加引导容易理解，逐渐将美术欣赏中获得的认识变成自己的绘画能力。

（四）审美解释阶段——适时介绍背景知识，尝试理解作品的意义

经过内容和形式两方面的欣赏，幼儿对欣赏对象有了一定的审美认识。此时，教师可以对作品进行进一步的解释。解释阶段一般涉及作品的创作者、创作背景、作品所蕴含的意义、创作者个人特有的情感表达方式，以及一些约定俗成的具有象征意味的符号含义等。该阶段是幼儿对作品细节进行欣赏之后，再从整体上进行欣赏，是一种整体感受。该阶段可以让幼儿为作品命名，让幼儿说出自己对作品的整体感受。

以欣赏作品《星月夜》为例，教师在解释阶段的指导如下：

教师出示梵高自画像，做出解释：

1. 刚才这幅美丽的画作就是这个人创作的，他的名字叫梵高。他很喜欢用冷暖色对比来装饰画面的颜色，他也很喜欢画螺旋线。

2. 老师这里还有一些梵高的作品，我们一起来看看。

3. 请你为这幅画取个名字。

分析：该阶段教师通过出示梵高自画像以及梵高的其他作品，让幼儿了解作品的创作者，以及梵高独特的创作特点。通过“为这幅画取个名字”，让幼儿总体解释作品。

（五）审美评价阶段——形成初步的审美判断，激发创作的欲望

对幼儿来说，评价作品不是重点。如果幼儿能对作品说出自己的喜欢之处，说出自己对作品含义的某些理解，或是吸收作品的某些方面，进行自己的创作，应当说就已经达到目的了。幼儿在反复观看艺术作品后，对作品有了初步的感受，会自然地产生创作的冲动。因此，该阶段主要是帮助幼儿形成初步的审美判断，进行激发创作的欲望。

以欣赏作品《星月夜》为例，教师在评价阶段的核心问题如下：

1. 你看了这幅画后有什么感觉？你觉得这幅画美吗？
2. 你喜欢这幅画吗？为什么？
3. 今天我们也来试一试像梵高一样画画。

中班美术欣赏《星月夜》教案

分析：该阶段教师通过提问“这幅画美吗？你喜欢这幅画吗？”让幼儿说出自己欣赏之后的感受，做出自己的审美评价。教师进一步提出“今天我们也来试一试像梵高一样画画”，激发幼儿创作的愿望。

基于儿童的审美心理，专门的学前儿童美术欣赏活动可以按照如上五个阶段来实施。一般情况下，教师还可以根据作品的难易程度、活动时间的容量来决定是否要安排表现和创造。

欣赏活动中的表现和创造是指幼儿在欣赏完作品之后，将欣赏的审美经验以作品的形式表现出来。美术欣赏活动中的表现和创造与美术创作活动中的表现和创造不同，欣赏后的表现和创造既尊重幼儿的意愿，也鼓励幼儿把欣赏的经验结合进来，或学习、借鉴画家的作画方式和表现手法，或用自己的绘画语言、身体动作描绘作品所表现、传达的情感等。例如，在欣赏完《星月夜》作品之后，教师引导幼儿用螺旋线的方式创作自己喜欢的云朵，主要是学习画家的画法，是一种模仿。幼儿创作完成作品之后，教师还可以组织作品的欣赏评议，在欣赏评议中进一步引导幼儿感受艺术作品的内容美和形式美，体会创作者独特的表达方式。

第五节　学前儿童美术欣赏活动的指导

一、学前儿童美术欣赏的基本方法——对话法

（一）对话法的内涵

对话法是指教师、幼儿与美术作品三者之间相互作用与相互交流的一种方法。对话法是学前儿童美术欣赏最基本的教学方法。

从理论上来看，德国现代解释学美学大师迦达默尔认为“艺术作为文本是无限开放的”，艺术作品的意义不是固定不变的。一方面，艺术家在创作艺术作品时，不仅将自己自觉意识到的东西放入作品中，也会将他无意识或潜意识的东西放入作品中。因此，艺

术作品的意义往往大于艺术家本人的创作意图。另一方面，随着时代的变化，艺术作品也会被时代赋予新的意义。通过对话，艺术作品中潜在的意义和新的时代意义会被不断地挖掘出来。因此，对话法是艺术欣赏中最基本的方法。

从实践出发，对话法摒弃了传统的美术欣赏教育中的灌输法。不再是教师将自己掌握的美术知识灌输给幼儿，而是一种平等的、对话式的、双向交流式的关系。在对话过程中，幼儿不再被动接受，没有自身的感受和体验，而是在教师的引导下，通过积极思考教师提出的问题，积极参与到对作品的感受、理解中去。因此，对话法是学前儿童美术欣赏中较为适宜的方法。

（二）对话法实施过程中的注意事项

对话法的具体实施是问和答。欣赏者在与艺术作品对话时，首先需要提出问题“该艺术作品是什么样的？它要表达什么？它是通过什么方式表达的?”等，通过问和答，欣赏者逐渐进入艺术作品中去。但是，学前儿童作为欣赏者，在面对艺术作品时，由于其心理发展、认知经验、艺术经验等方面的限制，决定了学前儿童不可能达到与艺术作品的自觉对话，因此，需要教师作为中介，引导幼儿与作品进行对话。教师在实施对话法的过程中，需要注意以下两点：

1. 对话中需要坚持平等互动、开放包容的原则

教师与幼儿平等互动关系的建立是实施对话法的前提条件。在整个美术欣赏的过程中，一幅作品各个要素传递出的信息并不是唯一的，教师不能强求幼儿接受某一权威的结论，也不应该向幼儿灌输自己对美术作品的看法，而应鼓励幼儿提出自己的想法和解释，尊重幼儿独特的体验和感受。

对话法的实施过程是问与答的过程。首先，教师要注意多提开放式的问题，如教师可以用“你看到了什么?”“给你的感觉是怎样的?”这类开放性问题进行提问，而不是用“是不是?”“好看不好看?”这类封闭性问题来提问。鼓励幼儿有不同于他人的观念和体验。其次，教师要适时地追问，带领幼儿进入与作品的对话中去。如教师可以提问“你看到了哪些颜色?”，幼儿回答后紧接着可以追问“这些颜色给你什么感觉?”。通过教师的追问，不断拓展幼儿的思考深度，将感性的、零散的视觉经验转化为理性的、系统的审美经验。对话过程中还需要引导学前儿童接受、理解别人的想法，以培养他们在美术欣赏过程中民主、包容、多元的人文特质。

2. 教师可采用多种策略引导学前儿童与作品开展对话

对话活动中既有口头语言的问与答，也有许多非语言的身体动作、表情等其他方式的沟通。语言的对话主要是教师与幼儿、幼儿与幼儿之间以语言为媒介同作品进行的对话。这种对话是美术欣赏活动中最基本、最常用、最直接的一种运用。在不同的美术欣赏心理过程中，教师根据学前儿童的审美水平、幼儿对作品的实际体验而设计不同的问题，有重点、有目标地引导幼儿对作品进行对话，一般情况下，提问过程可以遵循整体描述—局部形式分析—整体评价这样的逻辑顺序。

非语言的对话是指幼儿通过审美体验和领悟与作品或与作品相关内容之间的对话。对学前儿童来说，非语言对话不仅仅可以激发他们欣赏的兴趣和潜能，丰富他们的审美体验，而且还可以最大限度地激发他们的联想，丰富美术欣赏活动中的审美想象和情感体验。学前儿童美术欣赏活动中常见的“非语言对话”的方法主要有以下几种：

(1) 情景创设法

情境创设法是指为学前儿童创设与美术作品相关的情景，或将幼儿带入作品中表现的自然情景，丰富幼儿的感性经验，激发幼儿对美术作品进行审美体验的一种方法。如在引导大班幼儿欣赏“青花瓷”前，教师先设置一个“青花瓷器展览会”的场景，引导幼儿与真实的青花瓷亲密接触，去欣赏感知青花瓷器的色彩美和图案美，积累相关的感性经验，感受一种身临其境的美，为幼儿后面欣赏青花瓷独特的色彩和装饰花纹的美奠定了感性基础。

(2) 多通道感知法

多通道感知法主要是指在引导学前儿童进行美术欣赏时，充分调动幼儿的视觉、听觉、触觉、动觉、嗅觉等多感官之间的联合，全方位地感知和体验美术作品的内容美和形式美一种方法。如在引导大班幼儿欣赏梵高的《星月夜》时，可以让幼儿用手指画一画天空中云彩的线条，感受螺旋线与“翻滚”“转动”等动感之间的关系，这就运用了视觉—动觉的联合。在引导幼儿欣赏徐悲鸿的《八骏图》时，可以带领幼儿在《赛马》的背景音乐中去感受体验策马奔腾的气势，这就运用了视觉—听觉的联合。

(3) 角色扮演法

角色扮演法主要是指在引导学前儿童进行美术欣赏时，通过引导幼儿扮演作品中的某些形象，在扮演角色或模仿角色动作的过程中更加深入地理解作品表达的情感。如在欣赏米莱的名画《盲女》时，教师引导幼儿带上眼罩扮演盲人的角色，初步体验盲人看不到外界事物时的孤独、害怕的心理感受。在欣赏《拾穗者》时，教师创设拾麦穗的场景，引导幼儿扮演拾穗的农妇，模仿体验一下连续拣麦穗的动作。通过角色扮演或动作模仿，幼儿更容易理解作品中力和情感的表现形式。

(4) 对比欣赏法

对比欣赏法是通过对作品表现手法、表现形式及表现风格的比较，提高幼儿对作品形式审美的理解能力。如在欣赏毕加索的《哭泣的女人》时，教师可以通过与曾经欣赏过的《梦》做比较，通过引导幼儿观察人物表情、动态、线条的对比，让幼儿进一步感受画家表现的两个女人的不同情绪。如在欣赏一些民族服饰时，可以选择两种少数民族服饰引导幼儿进行对比，找出民族服饰在色彩运用、款式设计、图案装饰等方面的相同或不同，感受不同民族服饰的不同美感。

(5) 游戏创作法

游戏创作法是指教师在引导学前儿童欣赏完相应的美术作品时，适时地提供各种美术创作材料，满足幼儿创作的冲动和愿望，让他们在自由、忘我的游戏操作中再次与大师对话、与艺术家对话的一种方法。如小班幼儿在欣赏完米罗的《天空中蓝色的金子》后，教师引导幼儿运用蔬菜印章画的美术游戏，进行星空的再创作；大班幼儿欣赏完蒙德里安的格子画后，教师提供大量的纸盒、纸袋等相关美术材料，引导幼儿模仿蒙德里安的风格进行格子画的创作。创作的过程是再次对话的过程，也是孩子们走进大师，再次获得表现与创作成就感的过程。

由此可见，对话法是学前儿童美术欣赏活动中最基本的一种方法，但是语言对话只是其中的一种，教师应该结合不同的内容和形式，灵活选用一些适宜的非语言对话的方式，引导学前儿童在轻松愉快的氛围中感知和欣赏美术作品，并运用表情、动作、再创作等多种方式表达自己的审美感受。

二、不同年龄幼儿美术欣赏活动的指导要点

学前儿童美术欣赏活动在幼儿园小、中、大班都可以开展，但基于学前儿童审美心理的发展特点，不同年龄阶段幼儿美术欣赏活动的指导要点也有区别。

（一）小班幼儿美术欣赏活动指导要点

小班幼儿的年龄小，认知水平低，审美心理的发展处于萌芽期。因此，小班幼儿美术欣赏的内容最好选择幼儿生活及周围环境中美的事物，欣赏对象的美术形式语言也要相对简单。结合小班幼儿年龄特点，一般欣赏过程中要加入操作体验，增加活动的趣味性。指导要点主要有以下几点：

1. 带幼儿多接触大自然，引导幼儿关注自然环境中美的事物

小班幼儿大多喜欢大自然，喜欢关注自然界中的花草树木、日月星空、鱼鸟昆虫。大自然是幼儿最好的艺术宝库，带领幼儿走进大自然，关注自然界的美，能够培养小班幼儿对美的敏感性。因此，我们可以经常带领小班幼儿接触大自然，关注不同季节、不同自然景色的美。

2. 尽可能选择具有美感的生活用品，并注意引导幼儿关注生活中美的事物

从日常生活入手，选择小班幼儿感兴趣的生活物品或生活情境，引导幼儿感受与欣赏。比如，选择幼儿使用的小花伞，引导幼儿感受小花伞的色彩和装饰图案；选择幼儿喜欢的动画人物，引导幼儿感受动画人物的造型特点等。这种欣赏主要用于创作活动的导入。另外，在生活物品的选择上，尽可能选择具有生活美感的用品，逐渐培养幼儿生活中的审美态度。

3. 选择艺术语言简洁的美术作品，引导幼儿初步欣赏作品的内容和形式美

小班阶段幼儿对美术作品的欣赏主要是初步的感受，或作为美术创作活动的先导。可在幼儿的生活环境中布置一些优秀的儿童绘画、泥塑作品，或符合幼儿审美心理的美术作品，营造具有美感的艺术环境，熏陶幼儿的审美。如草间弥生、波洛克、米罗的作品，美术形式语言以点、线、形为主，适宜于小班幼儿欣赏与创作。

（二）中班幼儿美术欣赏活动指导要点

中班幼儿的认知水平有所提高，生活经验更加丰富，但是审美心理的发展仍然不够

成熟，因此，中班阶段的美术欣赏仍以渗透的欣赏，或美术创作中的先导欣赏为主，但相比较小班阶段幼儿的欣赏，可以在欣赏的要求上有所提高。

中班阶段幼儿美术欣赏的指导要点主要有以下几点：

1. 欣赏自然环境和生活物品时，可以引导幼儿关注审美对象的形式要素

经过小班阶段的积累，中班阶段的幼儿对美术的要素（色彩、线条、形状等）有了初步的了解，因此，中班幼儿的美术欣赏不仅仅停留在感受阶段，已经可以开展简单的形式要素的欣赏。比如，在欣赏自然环境中美的事物时，可以引导幼儿说说所看到的花是什么颜色的，形状是什么样子的，像什么，引导幼儿关注花的色彩、形状和造型美。

2. 选择适宜的美术作品欣赏，在欣赏的基础上引发幼儿模仿的愿望

到了中班阶段，幼儿的认知经验和审美经验都有了一定的积累，教师可以选择一些适宜的美术作品，适当地开展集中的美术欣赏活动，引导幼儿感知美术作品的内容美与形式美，并引发幼儿模仿的愿望。但由于该阶段幼儿的美术创作能力仍然不够成熟，难以完整表现出或不能表现出欣赏对象，因此，要充分尊重幼儿的意愿，有意识地引导幼儿，但不强求幼儿表现。

（三）大班幼儿美术欣赏活动指导要点

大班阶段的幼儿认知水平进一步提高，审美能力的发展也进一步提高，注意力持续时间较长，因此，该阶段可以开展集中的美术欣赏活动，当然也要注意生活中的积累，渗透式的美术欣赏也同时开展。

大班阶段幼儿美术欣赏的指导要点主要有以下几点：

1. 定期开展丰富的美术欣赏活动，提升幼儿的欣赏知识和技能

大班阶段，幼儿已初步掌握了美术中的主要元素，能够理解冷暖色、对比色、各种线条以及近大远小等概念。在选择美术作品时，既可以选择基于幼儿生活经验的具象作品，也可以选择以形式要素为主的抽象作品；在使用材料上，由于幼儿已接触过大部分的美术材料，可以选择不同美术材料的作品，既可以选择中国的水墨画、西洋的油画，也可以是形式多样的剪纸作品、雕塑作品、民间美术作品等。

同时，由于幼儿的生活经验较为丰富，社会认知能力有所提高，幼儿不仅可以感受作品的形式美感，还能初步理解作品背后的创作意图和意义，能够结合自己的审美经验说出自己的审美感受，并能提出简单的审美评价。

因此，大班阶段幼儿的美术欣赏，在选择适宜作品的基础上，要结合作品特点和幼儿特点进行系统的设计，有目标地引导幼儿进行较为深入的欣赏。

2. 创造机会拓展幼儿的审美视野，注重幼儿的独创性表达

相较中小班幼儿，大班幼儿社会活动的范围进一步扩大，除了接触身边的自然环境和生活中美的事物之外，还可以带领幼儿去不同的地方感受不同的自然景观，不同地方的建筑特色、民间艺术。同时，还可以创造机会带领幼儿参观美术馆、博物馆、文化馆等专门的美术空间，接受美术作品的熏陶，而不是仅仅停留于活动室中，局限在画册或多媒体等载体中。

大班幼儿的语言表达能力进一步提升，在欣赏的过程中，可以与幼儿一起讨论和交流对美的感受，让幼儿学会关注身边美的事物，培养发现美的眼睛，并能够在讨论中说出自己对美的感受与理解。

3. 鼓励幼儿在美术欣赏的基础上进行创作，并用幼儿的图画、手工制品等装饰和美化环境

大班幼儿的美术创作能力较强，可以边欣赏边创作，因此，大班阶段可以带领幼儿开展写生活动，让幼儿及时将欣赏的经验表现在作品的创作中。也可以先欣赏后创作，在集中的欣赏活动中，设置表现创作环节，让幼儿模仿欣赏中习得的美术经验，逐渐转化为自己的表现能力。

幼儿创作的作品，既可以用来装饰和美化环境，也可以作为欣赏对象，要鼓励幼儿将自己的创作过程和结果与别人分享。

三、不同内容幼儿美术欣赏活动的指导要点

（一）幼儿欣赏生活环境的指导要点

生活中处处有艺术。生活环境是幼儿最为熟悉的，生活素材是最容易获得的。然而，我们接触的生活环境内容复杂，幼儿审美经验缺乏，难以自觉地发现生活中的美。我们要帮助幼儿甄别生活环境中具有美感的事物，和幼儿一起发现生活中美的事物的特征，引导幼儿从复杂的生活环境中发现美的事物，关注事物的美术特征。

（二）幼儿欣赏自然环境的指导要点

自然环境丰富多样，且是幼儿喜爱和愿意亲近的，幼儿在观察和欣赏自然环境时，教师可以有意识地引导幼儿关注其中蕴含的美术特征，如花朵的色彩、树叶的形状、昆虫的造型等，引导幼儿从美术的角度观察自然环境，能够帮助幼儿逐渐形成主动的审美意识和审美能力。

（三）幼儿欣赏美术作品的指导要点

美术作品，特别是适宜幼儿欣赏的经典的美术作品，无论是绘画、雕塑、建筑，还是民间美术作品，都具有明显的、典型的美术特点，是学前儿童美术欣赏最主要的内容。

引导幼儿欣赏美术作品时，要注意结合美术作品的主要美术特征，有意识地引导幼儿关注不同美术作品的特点进行欣赏。下面重点介绍幼儿园常见的绘画作品欣赏和民间美术作品欣赏的指导要点。

1. 绘画作品欣赏的指导要点

绘画作品是美术作品最主要的形式。绘画作品主题丰富、风格多样，引导学前儿童欣赏时，可结合作品本身的艺术特点进行欣赏。

首先，欣赏绘画作品要注意结合作品的形式特点。具象作品的欣赏重在内容美的

欣赏，重点激发幼儿与作品内容的情感共鸣。具象作品的形式美欣赏则主要集中于作品中人与物的造型，以及画面的构图。如欣赏米莱的《盲女》，重在引导幼儿欣赏画面中盲女的表情、衣着，体验盲女无法感受身边美景的伤感，进而引导幼儿欣赏画面的近景和远景，感知画面的构图特点。下面以大班美术欣赏活动“盲女”为例，简要说明具象作品的欣赏指导要点。

大班美术欣赏活动：盲女

活动目标：

1. 通过欣赏作品，领会画面中由近及远的自然风光之美，体验盲女用心去感受的宁静。

2. 在音乐与环境的艺术氛围中用心去想象，感受作品的意境与人物的情感。

3. 通过角色扮演，体验盲人生活中的不便，愿意给予生活中的盲人关心与帮助。

活动准备：

1. 经验准备：知道盲人的眼睛是看不见的。

2. 物质准备：

(1) 班得瑞的轻音乐《迷雾森林》，眼罩人手1副，PPT课件。

(2) 剪好的房子和树的图片，剪刀、胶水、水粉颜料，水粉笔。

盲女PPT

活动过程：

1. 播放《迷雾森林》音乐，创设情景，引导幼儿体验扮演盲人的游戏。

指导语：今天我们玩一个角色扮演的游戏，请一部分小朋友扮演盲人，另一部分小朋友扮演帮助盲人的人。

玩法：小朋友们分为A、B两队，一一对应站好。A队幼儿戴上眼罩，扮演盲人；B队幼儿不带眼罩，扮演帮助盲人的人。在背景音乐下，B队幼儿需要搀扶A队中的幼儿穿过一个障碍物，按照顺序找到合适的小座位坐下来。

2. 出示名画作品《盲女》，引导幼儿整体描述画面。

指导语1：刚才的扮演游戏中，扮演盲人的小朋友有什么感觉？扮演帮助盲人的小朋友和平时自己找到座位坐下来，有什么不一样的感受吗？

指导语2：今天我们来欣赏一幅和盲人有关的作品《盲女》，请大家仔细观察一下画面，说一说，你都看到了什么？画面给你什么感觉？

3. 引导幼儿按照由近及远的顺序观察画面中的形象和周围的景色，用心体验盲女的情感。

(1) 引导幼儿讨论近处的人物关系，观察盲女和小女孩的表情，大胆想象体验作品的意境。

指导语：先来看近处的两个女孩，她们是什么样子的？为什么有个小女孩闭着眼睛呢？她们两个在做什么？什么样表情？你们觉得盲女能够感受到这里美丽的景色吗？除了用眼睛看，还可以用什么来感受周围的美景？

(2) 引导幼儿观察画面中的形象,感受近处和远处不同的景色。

指导语:你们觉得盲女她们这是在哪里? 盲女能感受到哪些美丽的景色? 可以听到什么? 嗅到什么? 摸到什么? 远处你又看到了什么?

(3) 教师播放轻音乐,创设艺术氛围,引导幼儿用心感受周围美景。

指导语1:现在请所有小朋友闭上眼睛扮演一下盲女,老师来扮演那个小姑娘。我将带着大家去一个非常美丽的地方,请你们用心去感受,等会儿说一说你都感受到了什么?

指导语2:亲爱的盲姑娘,你们跟着我来。你们听到潺潺的水流声了吗? 伸出你的双手,摸一下你手边的野花,闻一闻,有没有野花的清香? 再请你仔细听一听,有没有小鸟的叫声……

4. 出示一幅美景图,再次进行角色扮演游戏,体会分享互助的快乐。

指导语:现在老师带着大家再去一个非常美丽的地方,请第一次没有带眼罩的小朋友带上眼罩。等会儿请没有戴眼罩的小朋友认真观察画面,轻声地和你旁边看不到的小朋友讲一讲你看到了哪些美丽的景色。

5. 操作相关材料,再次体验互帮互助的快乐。

指导语:请刚才结对的两个幼儿一组,相互合作,共同操作,创作出刚才我们欣赏的那幅美景图。

6. 分享交流,共同欣赏创作的美术作品。

指导语:刚才你们俩是怎么合作的? 你们觉得以后我们可以如何给盲人提供帮助?

活动延伸:

1. 在美术区里投放水粉画的工具材料,引导幼儿在区域活动中画一些景色。

2. 语言区投放一些与分享、互助相关的绘本,注重幼儿社会交往能力的发展。

案例分析:

《盲女》是一幅具象作品,这幅名画描绘了一幅乡村生活的美丽景色。画面前景中有两个具体的人物形象:盲女和小女孩。通过近景和远景细致地描绘了乡村原野上的动物、植物、房子、天空、彩虹等美丽景色。整个画面景物比较开阔,色彩舒人心脾,非常适合大班幼儿开展欣赏活动。

活动中教师由角色扮演的游戏导入活动主题后,采用对话法的方式引导幼儿由近及远的逻辑顺序观察画面,重点观察了近景中两个人物的动作、神态和表情。又通过情景创设、角色扮演、游戏操作等多种非语言的对话方式引导幼儿去观察远景,大胆想象,用心感受画面上乡村的美景,体验盲女和小女孩之间的关爱之情。在最后的讨论分享环节,将整个欣赏的内容升华到"生活中如何关爱盲人"这样一个情感主题中。本次活动不仅提升了孩子们鉴赏名画、分析名画的能力,也丰富了幼儿的情感体验。

抽象作品的欣赏重在形式美的感知和体验,如康定斯基作品中色彩和线条所表现的节奏和韵律,蒙德里安的格子画中线条和色块带来的均衡感,米罗作品中点与线组合产生的无限想象。各种研究证明,抽象画的欣赏尤其适合学前儿童,因为学前儿童生活经验缺乏，往往很难理解具象作品的内容和背后的含义，反而是形式要素突出的抽象作品，更适宜学前儿童欣赏。

下面以小班美术欣赏活动"美妙的星空"为例，简要说明抽象作品的欣赏指导要点。

小班美术欣赏活动：美妙的星空

活动目标：

1. 欣赏米罗的作品《天空中蓝色的金子》，感受作品中大和小的相对概念。

2. 结合作品中点和线的组合造型，大胆想象，能用简短的语言说出自己对作品的感受。

3. 能大胆选择印章画的材料，创作自己的想象画。

活动准备：

1. 经验准备：开展过蔬菜印章画的活动，了解印章画的操作方法。

2. 物质准备：名画作品 PPT，黄瓜、土豆、胡萝卜等蔬菜印章，蓝色、红色、黑色水粉颜料，黄色卡纸，记号笔，背景音乐。

活动过程：

1. 复习音乐律动《闪烁的小星星》，导入活动主题。

引导幼儿复习《闪烁的小星星》律动曲，鼓励幼儿跟随音乐一起律动。

引导幼儿讨论，说一说白天和夜晚的天空各是什么样子的？

2. 欣赏米罗的作品《天空中蓝色的金子》，引导幼儿大胆想象作品中的内容。

指导语：

(1) 图上有什么？有什么形状？有什么颜色？

(2) 画面上最大的圆在哪里？是什么颜色的？

(3) 把一个小圆和一个大圆用线条连起来，像什么？

(4) 你在天空里，还看到了什么？

3. 简单介绍作品及画家，引导幼儿了解作品背景知识。

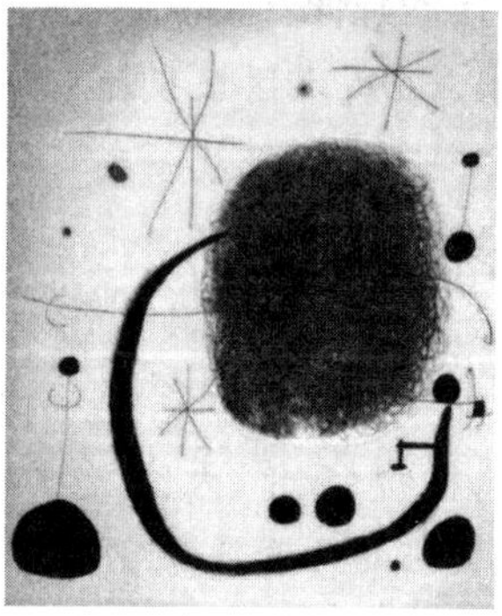

图 6－7 《天空中蓝色的金子》(米罗)

指导语：你们能够给这幅画起个名字吗？这幅作品是米罗爷爷的作品，他非常善于画晚上的星空。

4. 在充分感受理解作品后，激发幼儿运用大小圆的组合和线条创作自己的"星空"。

(1) 引导幼儿想象心中的星空。

指导语：假如让你们创作一幅星空，你会在星空里画什么？

(2) 出示材料，介绍蔬菜印章画的注意事项。

指导语：我们今天用蔬菜印章画的方式来创作自己的"星空"。

提醒幼儿印的时候选择不同材料，注意疏密。印完后，再将不同的圆圈用线条连起来。

5. 展示幼儿作品，分享交流自己“星空”中的形象。

指导语：谁来说一说你的星空里都画了什么？

活动延伸：

1. 在美工区中投放印章画材料，鼓励幼儿创作不同的星空图。

2. 鼓励家长带领幼儿观赏晚上的夜空中的星星。

案例分析：

上述案例中的美术欣赏的素材选用的是西方超现实主义画家米罗的作品《天空中蓝色的金子》，这幅作品是一幅抽象作品，画面内容相对简单，色彩对比强烈，形式要素突出，大小不同的圆圈和线条组合成富有想象力的形象，非常适合小班幼儿欣赏。在这个活动中，结合抽象美术作品，教师导入“星空”的主题后，重点引导幼儿分析了画面上的色彩美和造型美两个形式要素。通过语言对话，引导幼儿感知色彩的对比，想象大小不同的圆圈和线条组合后的形象。欣赏完毕后，教师运用了蔬菜印章画的美术游戏，带领幼儿大胆创作，与大师的星空对话，通过游戏操作的方式再次引导幼儿感知、体验作品中的色彩美和造型美，创作出自己心中的星空。

另外，欣赏绘画作品要注意东西方绘画的差异。东西方绘画在材料和表达方式上存在诸多差异。教师可以引导幼儿对比欣赏，让幼儿通过看一看、摸一摸等方式，感受两种不同的绘画风格；也可分阶段欣赏西方绘画和中国传统的水墨画，欣赏水墨画，要引导幼儿感受画面的意境、留白、虚实结合，感知艺术家用墨的浓淡变化。如引导幼儿欣赏齐白石的《墨虾》，可引导幼儿感知齐白石画虾时用墨的变化，浓墨画眼睛，焦墨画虾头，淡墨画虾身、虾须，画出的虾栩栩如生、活灵活现。下面以“水墨春柳”为例，介绍一下欣赏中国画的指导要点。

大班美术欣赏：水墨春柳

活动目标：

1. 通过欣赏自然界中的柳树，了解柳树的特征。

2. 欣赏水墨春柳，感受水墨春柳的美，并尝试运用毛笔的中锋、侧锋以及浓墨、淡墨来表现春柳的特征。

3. 喜欢大自然中的花花草草，对水墨画感兴趣。

活动准备：

1. 物质材料：水墨画的笔，墨，纸，砚，柳树的图片，水墨春柳作品。

2. 经验准备：幼儿有诵读古诗《咏柳》的经验；幼儿已学习过水墨画，了解水墨画的基本技能。

活动过程：

1. 古诗《咏柳》导入主题

指导语：这首诗中，你觉得最能表现柳树特点的词有哪些？（碧玉妆成、绿丝绦、细叶）

2. 对比欣赏，感受水墨春柳的美

(1) 出示柳树的图片，引导幼儿发现柳树的美。

柳树的树干是什么样的？柳条看起来怎样？叶子是什么形状的？

(2) 出示水墨春柳作品，引导幼儿感受水墨春柳的美。

① 色彩美

画中树干、柳条和叶子的颜色有什么不一样？

给你的感觉是什么？

② 线条美

柳树的树干是什么样的线条？(树干粗壮歪歪曲曲向上伸长，结实有力，时而挺拔，时而优雅)

柳条是什么样的线条？(柳条柔软而细长，高高低低排列着)

③ 造型美

水墨画中的柳树看上去是动的还是静的？给你什么样的感受？(画中的柳条随风摆动，像在跳舞)

3. 引导幼儿自由创作

水墨春柳真美，那我们怎样才能画出像水墨画中那样优美姿态的柳树呢？老师有一首画柳树的儿歌念给小朋友们听。

(1) 浓墨侧峰画树干，淡墨中锋画柳条，柳条弯弯细而密，饱蘸彩墨泼春绿。

老师觉得画的时候应该首先从主干画起，用浓墨侧锋从底部往上画，画出不同的分叉枝条。用中锋画出细细长长的柳条，待墨干后，使用草绿色淡淡地涂一层。

(2) 幼儿进行创作，老师巡回指导。

观察并纠正部分幼儿的执笔姿势，提醒幼儿用毛笔侧锋画枝干，用中锋画蘸淡墨画柳条。绘画线条的时候运笔要自然、流畅。

4. 组织幼儿欣赏讨论

指导语：谁来介绍一下自己的作品？

案例分析：

本次活动结合季节特点，让幼儿观察感受大自然中柳树的特点，并通过对比欣赏中国水墨画春柳的色彩美、线条美、造型美，将自然环境中的美术欣赏与艺术作品中的美术欣赏很好地结合在一起。最后，教师运用儿歌的形式，把枯燥难懂的行笔方法总结凝练出来，使幼儿容易接受，有利于幼儿将美术欣赏的审美经验表达出来。

2. 民间美术作品欣赏的指导要点

民间美术作品往往色彩艳丽、造型简朴、富有趣味，一般取材于当地的生活，以美化环境、丰富民间风俗活动为目的，在日常生活中应用、流行。因此，欣赏民间美术作品，既要注意从形式美感上，引导幼儿感受作品独特的审美特点，也要注意结合当地的风俗习惯，引发幼儿理解作品的寓意特点。下面以“京剧脸谱”为例，给大家介绍一下民间美术作品欣赏的指导要点。

大班美术欣赏:京剧脸谱

活动目标:

1. 初步了解京剧脸谱文化,知道京剧脸谱是我们的民族特色。

2. 欣赏京剧脸谱的丰富色彩,图案对称之美,感受京剧年谱的艺术魅力。

3. 尝试用丰富的颜色和对比的构图设计脸谱,体验自主设计脸谱图案的乐趣。

活动准备:

1. 经验准备:知道戏曲,见过京剧脸谱。

2. 材料准备:实物红色脸谱、PPT、《说唱脸谱》音频、空白脸谱面具、水粉,丙烯颜料、马克笔、绘画笔。

活动过程:

京剧脸谱PPT

1. 播放京剧"变脸"片段,引导幼儿初步欣赏脸谱。

师:小朋友们,你们看视频中的人在干什么?他的脸发生了什么变化?

2. 幼儿初步了解京剧脸谱文化,欣赏脸谱之美。

(1) 引导幼儿了解京剧脸谱文化。

师:小朋友们,你们知道什么时候人们脸上会画上脸谱吗?(根据幼儿回答,播放京剧表现舞台剧照)

师:想一想,猜一猜?人们为什么唱戏时要画上京剧脸谱?

小结:京剧是我们中国的国粹,京剧脸谱是我们民族特色的一种化妆方法。在进行表演时,人们为了区分这些角色,人们会在脸上涂满油彩,勾画上美丽的图案,我们称这些脸上的图画为脸谱。

(2) 欣赏图片,感受脸谱整体造型,了解基本的脸谱类型。

师:小朋友们,你们见过什么样的脸谱?现在,让我们一起来欣赏老师为你们准备的脸谱图片!

小结:京剧人物分为:生、旦、净、丑。不同的人物有不同的造型。

3. 观察图片,自由欣赏花脸脸谱,引导幼儿发现脸谱之美。

师:刚才我们看到了不同颜色的脸谱,说一说你最喜欢哪张脸谱?

(1) 引导幼儿观察脸谱的主色与配色,以及感受颜色搭配之美。

师:它有哪些颜色?什么颜色最多?这些颜色组合在一起给你什么感觉?如果我们只用一种颜色,或者我们用各种不同的颜色,你觉得会怎么样?

师:你觉得这些脸谱在表演中会扮演什么样的角色呢?如果是这张脸谱,你又觉得他会扮演什么角色?(出示对比性较强的脸谱,帮助幼儿在对此中,感受不同颜色所表现的人物性格不同)

小结:一张脸谱以一种颜色为主,多种颜色为配色,颜色鲜艳丰富。根据某种性格或性情而选用某些色彩。如红色的脸谱表示忠勇侠义(如关羽);黑色的脸谱表示刚烈、正直、勇猛甚至鲁莽(如张飞);黄色的脸谱表示凶狠残暴(如典韦);蓝色或绿色的脸谱表示一些粗豪暴躁的人物(如窦尔敦);白色的脸谱一般表示奸臣、坏人(如曹操)。

(2) 观察脸谱,发挥想象,引导幼儿感受脸谱花纹之美。

师:说完颜色,我们再看看它脸上的图案。这张脸谱如果我遮住一半,你能帮我回忆出另一半的样子吗?(通过提问,请幼儿思考,发现图案的对称性)

师:因为这是在脸上画的,我们就按照从上到下的顺序来看。(帮助幼儿有顺序,有计划地进行赏析)先看看这张脸谱的额头有什么图案?这个图案像什么?接着看看它的眉毛,它的眉毛是什么样的?再来看看它眼睛?这一张脸谱的图案有没有什么联系呢?(重点分析脸谱的眉毛、眼睛的花纹图案,联系实际,强调图案的夸张之美)

小结:脸谱上的图案是对称的。很多的图案,虽然来源于生活,但又是实际生活的放大、夸张。

(3) 交互游戏,深化幼儿对脸谱整体感受。

游戏名称:脸谱配对。

游戏玩法:先出示半张脸谱,请幼儿选择适合他们的脸谱连线对应。

4. 大胆想象,自主设计京剧脸谱。

师:小朋友们,老师这里有很多空白脸谱,现在老师想请你们为自己喜欢的动画人物设计一张脸谱。在设计脸谱之前,老师要先请你们想一想,在创作的时候需要注意一些什么地方呢?下面请你们开始动手做一做吧!

(1) 幼儿创作,教师巡回指导,鼓励幼儿进行大胆的创作。

(2) 幼儿作品的展示及欣赏。

活动延伸:

1. 表演区:幼儿带脸谱进行角色扮演游戏“我是小小传承人”。

2. 美工区:继续设计京剧脸谱。

案例分析:

本次活动选择了中国民间艺术中经典的京剧脸谱作为欣赏对象,文化传承和美术欣赏两个方面都具有欣赏的价值。在活动过程中,能够抓住京剧脸谱的色彩和构图两个重要的形式特点进行欣赏,并通过游戏的方式,让幼儿深入感受京剧脸谱对称的艺术特点,游戏化的教学加深了幼儿的艺术体验,也为后面的自主创作奠定了基础,设计得较为巧妙。在欣赏过程中,没有忽视民间艺术的内容欣赏,考虑到了京剧脸谱文化的欣赏,考虑较为全面。

案例评析

苦恼的老师

在开展大班美术欣赏活动“梦”(毕加索)时,教师引导幼儿欣赏作品中的形式美后,进一步总结时,问全体幼儿:“你们觉得这个女人漂亮吗?”

教师期待的是幼儿回答漂亮,然后再进一步引导幼儿欣赏“哪里漂亮”。但是这时,一名男孩回答说:“不漂亮,好胖!”另一个幼儿也附和道:“我也觉得不漂亮!”教师不知所措,继续反馈到:“这幅画中的女人非常漂亮,颜色漂亮,线条也非常舒适。”

分析:你认为案例中的教师做法正确吗? 若你遇到这种情况,如何处理?

实践活动

1. 分别从中国美术、西洋美术、雕塑和建筑、民间美术等几方面搜集适合幼儿欣赏的美术作品,记录美术作品的详细信息,对美术作品进行内容和形式的赏析,并在班级内或小组内进行赏析和交流活动。

2. 利用幼儿园实习的机会,观摩幼儿园的美术欣赏活动,记录活动的流程和主要内容,并与教师和同学一起讨论分析,撰写活动观察记录与分析。

3. 撰写幼儿园美术欣赏活动教案一份,并在班级组织实施,或利用幼儿园见实习机会在幼儿园组织实施。

拓展练习

1. 开展幼儿园美术欣赏活动,最主要方法是(　　)。

A. 示范法　　B. 范例法　　C. 对话法　　D. 讨论法

2. 哪一项不是学前儿童美术欣赏的主要目标(　　)。

A. 欣赏作品的色彩美　　B. 欣赏作品的线条美

C. 欣赏作品的构图美　　D. 鉴赏作品

3.《幼儿园教育指导纲要》艺术领域目标提出,幼儿“能初步感受并喜爱(　　)中的美”。

A. 环境、生活和艺术　　B. 自然、环境和美术

C. 自然、生活和美术　　D. 环境、生活和美术

答案及解析

第七章　学前儿童美术教育评价

学习目标：

1. 理解学前儿童美术教育评价的目的与原则。
2. 掌握学前儿童美术教育活动的评价指标，并能在实践中进行科学合理的评价。
3. 掌握学前儿童美术作品的评价指标，并能在实践中进行科学合理的评价。

第一节　学前儿童美术教育评价的目的与原则

在学前儿童美术教育中，评价是不可或缺的一个重要环节。在教育部颁布的《幼儿园教育指导纲要（试行）》中，首次将教育评价与总则、教育内容与要求、组织与实施并列在一起，作为四个领域之一进行专门进行阐述。具体内容如下：

第四部分　教育评价

一、教育评价是幼儿园教育工作的重要组成部分，是了解教育的适宜性、有效性，调整和改进工作，促进每一个幼儿发展，提高教育质量的必要手段。

二、管理人员、教师、幼儿及其家长均是幼儿园教育评价工作的参与者。评价过程是各方共同参与、相互支持与合作的过程。

三、评价的过程，是教师运用专业知识审视教育实践，发现、分析、研究、解决问题的过程，也是其自我成长的重要途径。

四、幼儿园教育工作评价实行以教师自评为主，园长以及有关管理人员、其他教师和家长等参与评价的制度。

五、评价应自然地伴随着整个教育过程进行。综合采用观察、谈话、作品分析等多种方法。

六、幼儿的行为表现和发展变化具有重要的评价意义，教师应视之为重要的评价信息和改进工作的依据。

七、教育工作评价宜重点考察以下方面：

（一）教育计划和教育活动的目标是否建立在了解本班幼儿现状的基础上。

（二）教育的内容、方式、策略、环境条件是否能调动幼儿学习的积极性。

（三）教育过程是否能为幼儿提供有益的学习经验，并符合其发展需要。

（四）教育内容、要求能否兼顾群体需要和个体差异，使每个幼儿都能得到发展，都有成功感。

（五）教师的指导是否有利于幼儿主动、有效地学习。

八、对幼儿发展状况的评估，要注意：

（一）明确评价的目的是了解幼儿的发展需要，以便提供更加适宜的帮助和指导。

（二）全面了解幼儿的发展状况，防止片面性，尤其要避免只重知识和技能，忽略情感、社会性和实际能力的倾向。

（三）在日常活动与教育教学过程中采用自然的方法进行。平时观察所获的具有典型意义的幼儿行为表现和所积累的各种作品等，是评价的重要依据。

（四）承认和关注幼儿的个体差异，避免用划一的标准评价不同的幼儿，在幼儿面前慎用横向的比较。

（五）以发展的眼光看待幼儿，既要了解现有水平，更要关注其发展的速度、特点和倾向等。

《纲要》中详细介绍了学前儿童教育评价的目的、内容以及方法。它强调学前儿童教育评价应以参与评价的幼儿和教师的发展为本，尽可能地使他们的素质得到整体而充分的发展，并在真实的情境中关注他们变化与成长的历程。正如《纲要》所提出的"教育评价是幼儿园教育工作的重要组成部分，是了解教育的适宜性、有效性，调整和改进工作，促进每一个幼儿发展，提高教育质量的必要手段"。因此教师在开展学前儿童美术教育时，应该秉承"为促进幼儿发展而评价"的理念，对学前儿童美术教育活动进行科学适宜的评价，从而更好地促进教师反思自己的教学活动，提升自己的专业能力。

一、学前儿童美术教育评价的目的

（一）了解学前儿童当前的发展水平

教师对学前儿童的评价应建立在了解幼儿的基础上。作为幼儿园教师，不仅要对全班幼儿有整体的了解，而且对每个幼儿也要有全面细致的了解；既要看到每个学前儿童的长处，也要看到学前儿童的不足，同时还要看到他们不断变化发展的一面。

通过对美术教育活动过程以及美术作品的评价，教师将学前儿童当前的美术创作与其过去的美术创作相比较，将个体创作与集体创作相比较，可以更加充分地了解和分析每位学前儿童的美术能力水平，以及在美术活动过程中反映的身心发展水平。经过科学合理的评价，教师才能对幼儿进行有的放矢的指导，制定和修正今后的发展目标，为其提供更为适宜的、有效的教育支持。例如，同是小班刚刚入园的幼儿，通过他们的绘画作品我们会发现，有的幼儿已经能够灵活画出不同的几何图形，进入涂鸦期的末期；而有的幼儿则只能随意画一些混乱的线条，仍然处于涂鸦期的初期——未分化涂鸦阶段。结合幼儿的绘画作品，幼儿园教师就可以判断出幼儿的认知发展水平和动作能力发展水平，从而给予不同层次的引导和支持。

（二）对以往的美术教育做出反思

“评价的过程是教师运用专业知识审视教育实践，发现、分析、研究、解决问题的过程，也是自我成长的重要途径。”教师在对学前美术教育开展评价的同时，也是对自己以往的美术教育进行反思的过程，更是专业成长的一个重要途径。美术教育评价能够促使教师反思事先制定的美术教育目标是否合理、选择的美术教育内容是否恰当、活动的过程中运用的教学策略否有效等。这些反思有助于教师及时发现美术教育活动开展过程中的问题，为教师修订和进一步改进美术教育活动提供了客观依据，并通过评价提升教师的教育教学水平。

如在中班折纸活动“热带鱼”开展过程中，教师发现很多幼儿在折双三角形时遇到了很大的困难。大部分幼儿需要教师单对单地指导才能折出双三角形这个基本图形。经过反思，教师发现，在组织这个活动之前，本班幼儿折纸经验较为匮乏，只在小班开展过一次折纸活动。对于本班幼儿来说，本次活动中的对边折、对角折等基本折法都相对陌生，而双三角形折对他们来说更是难上加难。由此教师得出结论，折纸等美术技能的学习需要循序渐进，由易到难。在选择折纸的相关活动内容时，教师应该充分考虑学前儿童的已有知识经验和技能操作经验。若能在学前儿童熟练地掌握对边折、对角折、集中一角折等基本折法后再来开展双三角形折或双正方形折等相关折纸内容，学前儿童在操作过程中会更加有成就感。

（三）促进美术教育改革与发展

教育实践的经验告诉我们，只有经过实践检验，能使学前儿童真正得到发展的教育活动才是有价值的教育。有价值的活动必须通过作为活动设计者和活动实践者的教师的自我反思，才能使活动得到修正、改进。当前幼儿园课程改革强调“游戏化”和“综合化”，教师在开展相关的教育评价时，可以结合当前学前教育改革的观念，促使教师对自己的教育教学活动开展自我反思。结合《纲要》中提出的“过程化、多元化”的评价观念，关注评价过程中“幼儿的可持续发展”和“教师的可持续发展”两个方面，结合“管理者”“幼儿”“家长”等不同评价主体的意见，对美术教育的内容、活动的组织和实施等各个方面进行全面反思，促进美术教育的进一步改革和发展。

二、学前儿童美术教育评价的原则

（一）客观性原则

学前儿童美术教育评价的客观性原则，是指进行评价必须把握美术教育和美术教育评价的客观规律，实事求是。以客观事实为依据，从客观实际出发获取真实信息，依据科学的标准，对美术活动的过程和结果进行分析判断。贯彻美术教育评价的客观性原则，要求评价者确定的评价指标必须符合评价目的的要求，反映被评对象的本质特征；评价标准要合理，评价者要正确理解和把握评价标准，克服主观随意性和感情因素的影响；评价方法的选择要与评价内容的性质相适应，多种方法相结合。这样，才能使评价信息的搜集更为全面准确，评价结论更可靠。

（二）激励性原则

学前儿童美术教育评价的激励性原则，是指评价应促使被评对象形成继续努力或在进一步的活动中克服不足之处，增强提高活动效果的动机或期望。这是由美术教育评价要激励评价对象前进、促进其发展的目的所决定的。贯彻美术教育评价的激励性原则，首先要使美术教育评价过程客观、公正、准确；其次，制定美术教育评价目标和具体标准时要从评价对象的实际出发，充分考虑评价对象的客观环境和条件，不要过高或过低；再次，要求评价的实施者注意评价对象个体的心理状态，了解并尊重评价对象的意见，及时反馈评价结果，以激发评价对象在进一步的活动和教育过程中保持优势、克服不足之处的动机和行为。

（三）导向性原则

学前儿童美术教育评价的导向性原则，是指评价要有实际作用，即要有指导美术教育实际、改进工作的效用。美术教育评价活动如果不能帮助被评对象找出工作或学习中的问题，并对其改进提出有价值的帮助，那么这种评价就不具有现实意义。在美术教育活动中，教师对于幼儿美术作品的评价应该在激励性的、保护幼儿自信心的前提下，适时适地地进行引导和处理，目的是帮助学前儿童在下一次的美术活动中能够更顺利地操作和更自如地表现。如在小班美术活动“吹泡泡”中，为了鼓励幼儿多种色彩搭配的运用，除了赞美幼儿在绘画过程认真专注外，可以提出“若能够变成更多的五彩的泡泡，就会更好了”这样的评价建议来引导幼儿关注美术创作中的色彩搭配。

第二节　学前儿童美术学习的评价

学前儿童的美术学习是他们认识和把握世界的一种方式，也是他们记录自身生活和表达自身情绪情感的一种重要手段。《纲要》中明确提出，应该把“平时观察所获的具有典型意义的幼儿行为表现和所积累的各种作品等”作为评价的重要依据。因此教师一方面要及时关注学前儿童在美术活动中的表现，运用教育学、心理学的相关知识对幼儿行为进行分析反馈；另一方面可以通过评价学前儿童的美术作品，及时了解幼儿的美术能力和认知能力发展水平。因此，对学前儿童学习的评价一般分为两个方面：一是评价学前儿童在美术活动过程中的表现，二是评价学前儿童的美术作品。评价过程中应该注意尽可能全面了解孩子的发展状况，而不是仅仅依据某一个方面的标准，为幼儿贴上某些标签。

一、评价学前儿童在美术活动过程中的表现

学前儿童在美术活动过程中的表现指的是从某一艺术表现构思的产生到完成美术

作品的过程，其中既有内部的心理活动，又有外部的行为表现，这两方面在实际活动中是融为一体的。

学前儿童在美术活动中的心理活动往往可以通过自身外在的行为表现出来，如眼神专注、反复探索、表情愉悦等。教师可以通过仔细观察学前儿童的语言、表情、动作等方面的表现，对这些资料进行整理、分析，并做出评价与解释。对于学前儿童在学习过程中的评价，既要关注幼儿对于美术知识技能的掌握情况，也应该关注幼儿在活动中表现出来的学习态度、常规习惯、独立性、创造性等方面的内容。下面我们详细介绍一下评价学前儿童美术活动过程中表现的九个指标，以及每个指标下四种不同水平的行为表现。①

（一）构思方面

构思方面主要是指观察和评价学前儿童是否能在创造作品之前预先想好要创作的主题和内容。如是否先思考，再落笔。

幼儿在这方面的表现分为四种水平：

（1）预先构思出主题和主要内容，然后围绕构思进行创造。

（2）预想出局部内容，完成一项后再做新计划。

（3）先动手，后构思，由动作痕迹出发，想到什么就画（做）什么。

（4）只有动作活动，没有作品创造，表现为随意摆弄工具材料。

（二）主动性方面

主动性方面主要是指观察和评价学前儿童在发起和投入美术活动时的状态。如是积极主动参与，还是需要教师鼓励或激发才能被动参与。

幼儿在这方面的表现分为四种水平：

（1）由自身兴趣、愿望支配，自动进行美术活动。

（2）由特定材料引发，开始进行美术活动。

（3）看到别人从事美术活动，自己跟着做。

（4）在成人要求下开始美术活动。

（三）兴趣性方面

兴趣性方面主要是指判断学前儿童是否全心投入美术活动中，兴趣浓厚与否，在活动中是否有热情，体验到活动的乐趣，获得情感性的满足。

幼儿在这方面的表现分为四种水平：

（1）自动从事美术活动，倾注极大热情，完全沉浸在活动之中。

（2）欣然从命，愉快地从事美术活动，在活动中会自然流露出愉快之情。

（3）对美术活动迟疑不前，在活动中企图离开或张望别人做什么。

（4）拒绝参加美术活动。

① 边霞主编.幼儿园美术教育与活动设计[M].北京：高等教育出版社，2016：204－207.

（四）专注性方面

专注性方面主要是指观察和评价学前儿童在美术活动中是否能够集中注意力，不受外界影响，保持较为持久的兴趣。

幼儿在这方面的表现分为四种水平：

(1) 能够较长时间持续地从事已经选定的活动，不受外界影响。

(2) 能在同年龄幼儿一般可持续的时间内从事活动，中途偶有离开的现象发生，但还会自动回来，直到活动完成。

(3) 需要鼓励才能将活动进行完毕。

(4) 不能将活动完成，中途变换活动。

（五）独立性方面

独立性方面主要是判断学前儿童是否能够自主完成活动任务，以及独立完成的标准如何。如过程中是否需要教师或其他幼儿的帮助。

幼儿在这方面的表现分为四种水平：

(1) 自己决定活动任务，解决问题，拒绝别人干涉，独立完成任务。

(2) 主动请教他人，考虑别人的建议，然后自己完成任务。

(3) 模仿他人完成自己的作品。

(4) 接受并在他人的帮助下完成作品。

（六）创造性方面

创造性方面主要是指判断学前儿童在美术活动中是否具有独创性的意识和能力。如对于工具材料的探索，运用新方法、新技巧；或者是在作品上具有与他人不同的独特表现形式。

幼儿在这方面的表现分为四种水平：

(1) 别出心裁地构思与利用材料进行造型。

(2) 重新组织以前学过的造型式样、方法与技能进行造型。

(3) 重复以前学过的造型式样、方法与技能进行造型。

(4) 只按照教师当时传授的式样、方法与技能进行造型。

（七）操作的熟练性方面

操作的熟练性主要是判断学前儿童从事美术活动过程中的动作是否灵活、熟练、准确。

幼儿在这方面的表现分为四种水平：

(1) 掌握工具姿势正确、轻松，操作动作连贯、迅速、准确，一次完成动作，作品质量好。

(2) 掌握工具姿势正确、轻松，操作动作平稳，但欠准确，中途修改，作品质量较好。

(3) 掌握工具姿势正确但笨拙，操作动作迟缓，准确性差，有失误而不知修改，作品显粗糙。

(4) 掌握工具的姿势笨拙有误,只有重复性动作,不能完成作品。

(八) 自我感觉方面

自我感觉方面主要指的是判断学前儿童对自己的美术过程和美术作品的看法。幼儿对自己作品的评价,只要幼儿自己感到满意即可,与作品客观上的优劣无关。

幼儿在这方面的表现分为四种水平:

(1) 自己认为很成功,主动请别人看自己的作品,并讲解作品的含义,能慷慨地将作品赠予他人。

(2) 对自己的作品感觉满意,但不主动展示,听到别人的称赞感到愉快,希望保留作品。

(3) 认为不太成功,接受别人的看法,希望将作品交给老师。

(4) 感到沮丧,对别人的反应无动于衷或抵触,对作品去向不关心或毁掉作品。

(九) 习惯方面

习惯方面主要是指学前儿童在美术活动中表现出来的卫生习惯、常规习惯等。如是否能够将用完的材料送回原处,是否能够遵循美术活动中应该遵循的惯例或要求。一般包含工作的顺序性和工具材料的秩序两个方面的评价。

在工作的顺序性方面,幼儿的表现分为四种水平:

(1) 有顺序、有步骤地完成作品。

(2) 弄错步骤,发现后主动纠正,完成作品。

(3) 想到什么就做什么,在混乱中完成作品,作品有缺陷。

(4) 只完成局部作品,作品半途而废。

在保持工具材料的秩序方面,幼儿的表现分为四种水平:

(1) 保持工具材料的固定位置,用时取出,用后放回。

(2) 大致保持原位置,错放后能找回。

(3) 一片混乱,用后乱放,用时找不到。

(4) 不会取放,拿到什么用什么。

以下是一名幼儿教师记录并评价的一个大班女孩绘画创作过程的案例:

“美丽的花园”的创作过程

在区域活动时间,园园自主选择了美术区。进入美术区以后,她选择了一盒水彩笔和白色的画纸,然后就动手画了起来。

首先,她拿出一只绿色的笔,对旁边的伙伴说:“我要画一棵树。”然后她在画纸的最右侧一笔两笔地画了两根弯曲的线做树干,然后又说:“我要给它涂上颜色。”于是她又选择了一只棕色的笔开始给树干涂色。她先是竖着涂色,然后斜着涂色,快要涂满以后,她开始拿起绿色的水彩笔画出树冠。画完树冠,她又选择了一只红色的水彩笔,在树冠上画了一些红色的苹果。

画完一棵树,她在纸的下侧画出了一条长长的基地线,然后在右侧基地线上画出连续的锯齿线,然后开始涂上绿色。画完草地以后,她又选择了一只粉色和橙色的水彩笔，先用粉色的笔画出了一个房子的轮廓，加上门和窗户，然后说："我还要装饰一下我的房子。"于是拿着那只橙色的笔，在房顶上依次画出三条橙色的长条形装饰，然后又在线的下方装饰了四个橙色的点点。

画完房子，她观察了一下自己的画纸，然后在房子的旁边画了一个小女孩。圆形的头，三角形的身体，并涂满了红色，接着在身体的周围加上了手和脚，在头上加上了两根小斜线，做两个小辫子（而她自己也是扎着两个小辫子），后来又在手的位置，给小女孩画上了一个红色的气球。然后又在小女孩的周围依次画出了绿色的叶子和红色的小花，花的上方画了三只蝴蝶。画蝴蝶的时候，一般是先画身体部分，然后画头部，再画翅膀和触须。其中有两只蝴蝶的翅膀涂满了红色，而一只则没有涂色。画完三只小蝴蝶，她又在房子的上方，画了两只大一点儿的蝴蝶，造型与刚才的几乎一致。

画完了蝴蝶，她又拿了一只蓝色的水彩笔，在房子的左侧画了几条波浪线，好像是水。然后在水里画了蓝色的小人，就像一个孩子在游泳。画完泳池，她用蓝色的笔又在刚才画好的苹果树下画了一个蓝色的小男孩，手里拿着的是蓝色的气球。

图 7－1　美丽的花园

地面上的内容画完了，园园又用蓝色的笔，依次在画纸的最上方画出了蓝色的云彩和红色的太阳。然后又用黑色的水彩笔在空白的地方画了两个人的形状。这时客人老师过来表扬了园园："哇，你画的画面好丰富啊！"园园高兴地跳了起来，一脸微笑。

活动反思：

通过园园的绘画过程记录，我们可以看出园园是一个非常有计划性的孩子。她自主选择美工区，并自主拟定了绘画主题，在这个过程中没有老师的指导或其他伙伴的干扰。她非常专注而有计划地画出了"美丽的花园"。在绘画过程中，她按照从右到左的顺序，依次画出头脑中构思的相关内容：树、花、房子、小朋友、蝴蝶……每一种形象的造型完整，色彩以写实性颜色为主，采用基地线构图依次排开。画面丰富，构图合理，基本符合大班幼儿的绘画能力发展特点。但是通过画面内容的分析可以看出，无论是苹果树还是房子，造型相对模式化，没有过多的个人风格或创造性成分。

在整个绘画过程，园园偶尔会自言自语，表情放松，整个创作过程专注、细致、有条不紊。作品完成后，在客人老师的表扬下，情绪高涨，表现出极大的成就感和满足感。

二、评价学前儿童美术作品

评价学前儿童美术作品的目的，是分析了解幼儿美术能力发展的特征与幼儿美术作品所反映出的幼儿身心发展的特质，对学前儿童的美术教育做出反思，并进一步改进今后美术教育的内容和方法。对于美术作品的评价，可以由教师来进行，也可以由幼儿来进行。传统的美术教育评价往往是由教师开展的集中性评价，侧重的是学前儿童的美术专业能力的评价。在具体的评价中，教师还可以采用同伴互评的方式，提升学前儿童的审美评价能力。

美术作品是学前儿童美术教育活动的结果，它清晰地反映出儿童的美术能力的水平和特点。学前儿童美术作品是静态的，可以长时间地反复分析一幅作品或将不同作品放在一起对照比较，因此作品分析是一种简便易行的评价方法。

（一）学前儿童美术作品收集的方式

学前儿童美术作品的收集方式有两种，一种是在日常教学过程中的美术作品收集，一种是专门的收集。

日常中的美术作品往往不限主题、内容、创作时间等，为便于后面的统一整理和分析，教师应该有意识地对平时的美术作品进行登记。登记表可以借鉴表 7－1 的形式。专门的收集往往是评价者为评价幼儿作品中的某一个方面而专门设计的固定的主题，利用测查的方式，幼儿在统一规定的时间里，创作出规定主题的美术作品，由评价者统一收集并编码。

表 7－1　学前儿童美术作品登记表

作品名称		创作日期		编号	
作者姓名		出生年月		性别	
园所名称		班级名称		收集日期	
幼儿对作品的解释					

（二）学前儿童美术作品的评价工具

不同的学者对美术作品评价的内容和标准制定了不同的评价工具，无论哪种评价方法和标准都以儿童的真实美术作品为依据。

美国著名美术教育家罗恩菲尔德认为，儿童创作出的作品是他们身心两个方面发展的体现。他认为评价儿童绘画能力的标准有两个：一个是客观的评价标准，一个是主观的评价标准。他主张评价学前儿童的美术作品应首先从幼儿的成长这一角度来进行，即从美术作品中反映的幼儿的感情、智能、身体动作、知觉、社会性、美感、创造七个方面的发展作为主观评价的标准(见表7－2)。其次是从发展阶段、技巧和作品的组织三个方面来进行客观的评价(见表7－3)。

表7－2　学前儿童美术作品的主观评价表①

评价项目	成长的属性	等级		
		很少	一些	很多
感情的成长	非定型的表现			
	非概念性的表现			
	经常改变表现符号			
	自我经验的表现			
	自由地使用线条和笔触			
智能的生长	包含许多细节			
	色彩的变化			
	其他主动知识的呈现			
身体动作的成长	视觉和动作的协调			
	身体动作的表现			
	身体意向的投射			
	技巧熟练			
知觉的成长	视觉经验的表现:光、影、透视、颜色变化			
	非视觉经验的表现:触觉、纹理组织、听觉			
	运动经验的表现:身体动作			
社会性的成长	体验他人的需要			
	呈现社会环境的特征			
	参与团体制作			
	欣赏其他文化			
	乐于与人合作			
美感的成长	思想、感情和知觉的统整			
	对色彩调和的敏感性			
	对纹理调和的敏感性			
	对线条调和的敏感性			
	对形体调和的敏感性			
	喜爱装饰性的设计图案			

①　转引自孔起英著.幼儿园美术教育[M].北京:人民教育出版社,2010.8:193－195.

（续表）

评价项目	成长的属性	等级		
		很少	一些	很多
创造的成长	独创而不抄袭			
	独创而不模仿他人的风格			
	独创的内容			
	表现方式与他人不同			
	作品整体与他人不同			

表 7－3　学前儿童美术作品的主观评价表①

评价项目	评价标准	等级		
		很少	一些	很多
发展阶段（表现是否符合所属阶段特征）	人物			
	空间			
	色彩			
技巧	所用技巧适于表现			
	所用技巧是作品整体的一部分			
	作品中呈现的努力程度			
作品的组织	作品的一部分有细节表现			
	作品的一部分表现了真实环境			
	作品的一致性			
	作品任何改变影响作品意义的程度			

此外，我国学者杨景芝提出，可以从以下五个方面对幼儿美术作品进行评价②：

（1）作品是否符合幼儿的年龄特点。幼儿的作品应与其年龄阶段的心理发展和绘画能力相结合。

（2）作品是否具有童真稚趣。作品的内容和形式应能够表现出幼儿的感受和天性。幼儿具有独特的思维方式，因此他们的美术作品与成人是有较大差异的。

（3）作品是否具有独特性。凡最能反映幼儿个性的作品，往往是最有创造力的。

（4）看作品的艺术水平。画面应该构成饱满，用线、用色大胆、肯定，具有美感，充满信心。有的幼儿因心理压力较大，画面小心翼翼，过于拘束，反而较为机械。

---

① 转引自孔起英著.幼儿园美术教育[M].北京：人民教育出版社，2010.8：193－195.

② 杨景芝.中国当代儿童绘画解析与教程[M].北京：科学普及出版社，1998：76.

(5) 使用材料和表现技法是否有独特之处。

学前儿童美术作品评价是衡量学前儿童发展的重要依据之一。在美术作品的评价中，可以采用单个作品评价，也可以采用“个人档案袋”的方式进行评价。在单个作品评价中，教师运用相应的美术评价标准对学前儿童当前的美术能力、认知发展等各个方面进行评析。而“个人档案袋”则是一种用来记录幼儿整个美术学习与成长过程的资料夹。它不仅注重学前儿童美术学习的结果，还注重美术学习的探索过程和成长。“档案袋评价”已经成为当前幼儿园比较常见和相对适宜的评价方式。无论是单个作品的评价还是档案袋评价，教师都需要注意学前儿童发展的差异性，要尽量避免用整齐划一的标准评价美术水平和能力不同的幼儿。

评价后，教师应该谨慎地对待评价的结果，调整以往教育中存在的不恰当之处，制定出更适于幼儿的教育方案。需要注意的是，对于幼儿美术作品的评价既可以将幼儿与团体中的其他幼儿相比较，也可以将幼儿的学习与以往的自身的情况相比较。无论是班级内的横向对比，还是幼儿自身能力发展的纵向比较，目的都是了解幼儿美术能力的发展，从而制定更优化的教育方案。

下面我们结合三个美术作品简单评价一下幼儿的表现：

大班幼儿(女)：这是我画的在大草坪上小朋友一起玩“老狼老狼几点了”的游戏。

教师：这幅作品中色彩明亮，描绘了幼儿游戏的场景。作品运用了基地线的构图方式，人物形象在服饰、发型、头饰上均有不同的细节表现，体现了幼儿较好的观察力和表现力。

图 7－2　玩游戏

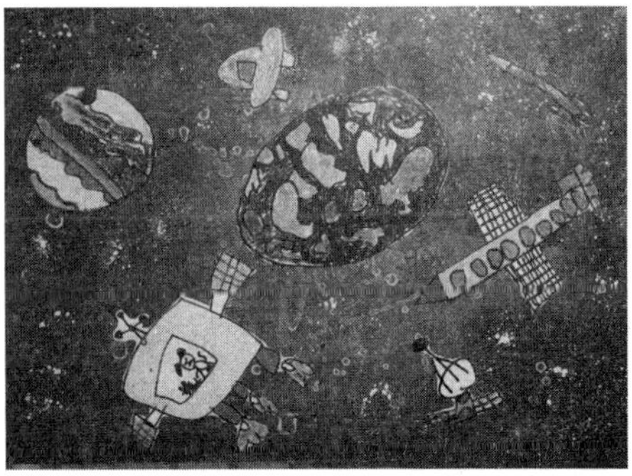

图 7－3　太空之旅

大班幼儿(男)：这是我画的太空，有很多不同的宇宙飞船围在地球的周围。

教师：这幅作品运用了绘画加拼贴的组合技能，体现了幼儿较好的美术能力水平。画面色彩搭配大胆运用了对比色，各种造型线条流畅，形态各异，采用主题式构图，突出“宇宙”的相关内容。

大班幼儿(男)：这是我画的阅兵，有飞机、坦克，还有跳伞运动员和指挥官。

教师：这幅作品画出了阅兵的场景，内容丰富，基本把握了飞机、坦克和跳伞运动员的基本结构，处于象征期。用色大胆，富有童趣。与其他大班幼儿绘画作品比较，后期可以更加关注幼儿的观察能力、造型能力以及构图能力等美术技能方面的提升。

图 7－4　阅兵仪式

第三节　学前儿童美术教育活动的评价

学前儿童美术教育活动的评价指在幼儿园美术教育活动中，对幼儿园教师的活动设计、活动组织、活动指导和活动效果进行价值判断的过程。评价美术教育活动的目的是为教师修订和改进现有的美术教育活动提供客观依据，从而促进教师的专业成长和发展。

一、活动目标的评价

评价美术教育活动的目标可以从两个方面入手：一是分析教师在组织活动中制定的活动目标是否符合本阶段幼儿美术能力发展特点和认知发展特点。该活动目标是否和学前儿童美术教育的总目标、年龄阶段目标、分类目标等保持一致。二是分析活动目标的制定是否符合本阶段幼儿的生活经验。不同地区、不同园所、不同班级的幼儿由于生活环境等各方面的不同，往往具有不同的生活经验，活动目标的制定，必须是在本班级幼儿生活经验的基础上设定的。

例如，在小班美术活动"妈妈的花裙子"中，考虑到幼儿动手能力较差，让他们去画裙子或装饰裙子的花纹有一定的难度，因此教师结合小班幼儿的年龄特点，将教育活动的目标制定为：能够大胆选择喜欢的颜色，运用蔬菜印章的方法大胆装饰妈妈的裙子。这个美术教育活动目标定位简单有趣，既能提升小班幼儿参与美术活动的兴趣，又能让大部分幼儿在操作中获得成就感。

二、活动内容的评价

活动内容的评价主要是评价该活动内容的选择是否符合学前儿童的身心发展特点、美术能力发展和认知能力发展水平等方面，是否能够激发幼儿参与活动的兴趣，是否能够同时满足群体和个体的不同需求，使得每一位学前儿童都能在活动中体验到成就感和乐趣。例如，大班美术活动“奇特的房子”中，教师结合大班幼儿已有的绘画能力水平，选择了想像画的主题。在了解房子的基本结构的基础上，鼓励幼儿大胆想象奇特房子的外形和功能。不同能力水平的幼儿均能在教师的引导下画出水果房、动物房等不同造型的房子。在满满的成就感中，幼儿获得了极大的满足。

另外，《纲要》中曾经提出：“教育活动内容的组织应充分考虑幼儿的学习特点和认识规律，各领域的内容要有机联系，相互渗透，注重综合性、趣味性、活动性，寓教育于生活、游戏之中。”因此，教师在选择美术教育活动内容时，也应该充分考虑教育内容的整合性。如中班美术活动“京剧脸谱”、大班美术活动“新年贺卡”等就可以渗透传统文化等社会领域的内容。

三、活动准备的评价

活动准备的评价主要是看教师在活动组织中准备的工具材料是否适宜，是否有助于学前儿童的自主性和创新性表现，工具材料的操作是否适宜于本年龄段的幼儿，幼儿是否具备活动相关的生活经验或技能操作经验等。

除了物质材料的准备，还应该评价教师在活动组织过程中是否创设了适宜的环境，如宽松的心理氛围、舒适的操作环境等。另外，幼儿的经验准备直接影响了活动效果，活动中还应该评价学前儿童是否具备了本次活动应该具有的生活经验和技能经验。如一些教师在外出学习中往往看到一些富有创意的美术活动，回到幼儿园就会在本班尝试组织。但是无论是幼儿美术作品的效果还是活动中幼儿表现出的参与度，往往不尽人意。教师反思活动过程，分析原因后往往会发现，活动效果不好往往与本班幼儿前期知识经验或相关技能操作经验准备不足有关。

四、活动过程的评价

活动过程的评价主要是评价活动组织过程中的师幼互动情况、活动开展情况以及过程中的指导情况。师幼互动应该关注教师的提问是否具有开放性，是否能够调动学前儿童参与的积极性，是否面向全体等。活动开展情况关注教师某些教学策略的运用，是否能有效引导学前儿童参与活动，激发创作欲望，学习技能方法等。过程中的指导情况主要关注教师在讲解示范、个别指导等环节中，是否以幼儿为主体，注重幼儿的自主性和创造性。

如在中班美术活动“染手帕”中，教师在活动开展过程中引导幼儿欣赏具有对称性花纹的手帕时，教师提问：“这些漂亮的手帕你喜欢哪一个？它的上面都有什么样的花纹？”当幼儿说出花纹的色彩和样式时，教师结合其中一幅进一步追问：“这些图案左边和右边有什么特别的地方吗？”当幼儿回答出左边和右边的图案一样时，教师才渗透对称的概念。在这个活动开展过程中，教师的提问是基于幼儿的身心发展特点的，没有直接讲授对称的概念，而是鼓励幼儿去观察，自己去发现。

五、活动效果的评价

这部分主要是评价活动中幼儿的参与情况以及最终创作的美术作品的整体效果。如过程中幼儿的情绪是否愉悦，互动是否积极，幼儿的美术作品是否反映了本年龄阶段幼儿的美术能力水平，是否具有一定的创新性等。教师需要注意的是，为了提升幼儿参与活动的兴趣和对于美术创作的成就感，教师可以关注幼儿美术作品的呈现形式。如将幼儿美术作品加一个边框，将幼儿美术作品进行组合展示等。另外，活动效果的好坏与教师在活动过程中运用的教育策略息息相关，教师在设计活动时，就应该充分考虑学前儿童的心理特点和学习特点，选择适宜的、游戏性的教育策略开展教学活动。

在进行学前儿童美术活动评价时，往往会借助于评价记录表的形式(见表 7 - 4)对活动开展情况进行详细记录，并及时进行分析评价。活动评价的目的不是为了评价执教教师教育水平的优劣，而是为了借此促进教师的自我反思和专业能力的提升和发展。

表 7 - 4　学前儿童美术活动评价记录表

<table>
<tr><td>活动名称</td><td></td><td>活动时间</td><td></td></tr>
<tr><td>活动地点</td><td></td><td>任教教师</td><td></td></tr>
<tr><td></td><td>原始情况记录</td><td colspan="2">分析评价</td></tr>
<tr><td>活动内容</td><td></td><td colspan="2"></td></tr>
<tr><td>活动目标</td><td></td><td colspan="2"></td></tr>
<tr><td>活动准备</td><td></td><td colspan="2"></td></tr>
<tr><td rowspan="2">活动过程</td><td rowspan="2"></td><td>教师表现</td><td></td></tr>
<tr><td>幼儿表现</td><td></td></tr>
<tr><td>活动建议</td><td colspan="3"></td></tr>
</table>

为促进幼儿园教师专业发展，建设高素质幼儿园教师队伍，教育部 2012 年颁布出台了《幼儿园教师专业标准(试行)》(以下简称《专业标准》)。《专业标准》中对于幼儿教师"教育活动的计划与实施"的相关能力进行了较为详细的表述：

1. 制定阶段性的教育活动计划和具体活动方案。

2. 在教育活动中观察幼儿，根据幼儿的表现和需要，调整活动，给予适宜的指导。

3. 在教育活动的设计和实施中体现趣味性、综合化和生活化，灵活运用各种形式和适宜的教育方式。

4. 提供更多的操作探索、交流合作、表达表现的机会，支持和促进幼儿的主动学习。

通过《专业标准》我们可以看出，教育活动的设计与实施是评价幼儿教师专业能力的重要方面。教师应该学习相关美术教育理论，树立科学的美术教育理念；结合学前儿童身心发展特点，制定合理的活动方案；在活动过程中注重“趣味性、综合化和生活化”；注重学前儿童的主动学习。

近几年，各省也针对师范生教学技能开展相关的比赛活动，详细制定了相关的评价标准。下面是湖南省师范生教学技能竞赛中关于教学设计的评分标准（见表 7－5）通过学习这些标准，可以指导我们进一步反思自身在学前儿童美术活动设计与实施过程中存在的不足。

表 7－5　学前儿童活动设计评分标准①

评价内容	评价标准	分值
教学目标（3 分）	教学目标符合《纲要》《指南》精神和幼儿年龄特点；体现课程育人要求； 教学目标定位准确，表达清楚，具体可行； 以幼儿为行为主体表达教学目标。	3 分
教学内容（3 分）	教学内容符合幼儿发展水平，贴近幼儿生活实际； 教学内容适量，重点突出； 充分挖掘素材内容，凸显趣味性、教育性。	3 分
环境创设（2 分）	紧扣教学内容； 充分尊重幼儿特点； 充分利用各种资源； 有利于幼儿参与教学活动。	2 分
教学过程设计（14 分）	教学思路清晰； 教学环节完整，衔接合理，过渡自然。	14 分
	体现教学重点； 教学难点突破，方法得当。	
	教学方法适应幼儿特点，具有游戏性、可操作性； 教学方法灵活适当，恰当运用现代教学手段； 教学方法适应教学内容要求。	
	教学过程体现教学目标； 教学活动形式适宜，有效激发幼儿兴趣和好奇心； 注重引导幼儿主动探索、发现、实验、操作和交流； 教学活动过程顺应幼儿学习逻辑。	
	导入合理，有效调动幼儿学习和活动欲望； 新内容教学精炼完整，示范清晰； 注重引导幼儿自主操作；指导语准确恰当； 结束环节自然，能总结本次活动内容，启发幼儿经验迁移。	

① 转引自 2018 年湖南省普通高等学校师范生教学技能竞赛规程。

（续表）

评价内容	评价标准	分值
文档规范（2分）	文字、符号、单位等表述规范； 语言简洁明了，字体、图表运用恰当； 文档结构完整，布局合理，格式美观。	2分
设计创新（1分）	教学方案体现课程改革的理念和要求； 教学设计体现个人的教学理念和风格。	1分
合　　计		25分

通过湖南省师范生教学技能竞赛中关于教学设计的评分标准可以看出，在当前幼儿园活动设计与组织中特别强调"儿童本位"，强调在教学组织中应该以幼儿为主体，运用灵活的教学方法最大限度支持和满足幼儿"直接感知、实际操作、亲身体验"的需要。因此在学前儿童美术教育活动的设计中，教师不能单纯以美术知识经验或技能的传授为目标，而是应该通过丰富的美术材料，引导幼儿"感知与欣赏"生活中的美的事物和形象，鼓励幼儿用自己的方式"表现与创造"，从而提升幼儿的审美能力。

案例评析

1. 朵朵兴奋地拿着自己的画给李老师看，李老师不耐烦地说："赶紧回座位，等我叫你的时候你再来。"对于王老师的做法，你怎么看？

2. 在互相评价自由创作的绘画作品时，小朋友们都喜欢那些画的逼真的作品，不喜欢天马行空的想象画，你会如何引导幼儿欣赏同伴的作品？

实践活动

1. 利用幼儿园实习的机会，观察记录一名幼儿在进行美术创作时的表情、动作和语言等，并对该幼儿的学习行为进行分析评价。

2. 利用幼儿园实习的机会，收集学前儿童绘画、手工作品，尝试对不同年龄阶段幼儿的美术作品进行评价。

拓展练习

1. 下列关于学前儿童美术教育评价目的的说法，错误的是（　　）。

A. 为了了解幼儿的美术能力水平

B. 为了促进学前儿童美术教育改革与发展

C. 为了为幼儿教师进行评定职称

D. 对以往的美术教育进行反思

2. 你发现自己班级的幼儿特别喜欢看大班幼儿的水墨画，你也尝试组织了水墨画活动，但是幼儿并不积极投入，问题出现的原因可能是(　　)。

A. 教师没有讲解水墨画的相关知识

B. 教师没有示范水墨画的技法

C. 工具材料无法引起幼儿兴趣

D. 绘画主题内容可能偏难

答案及解析

第八章　学前儿童美术活动的创意设计

学习目标：

1. 更新学前儿童美术教育理念，了解当前学前儿童美术教育误区。
2. 掌握学前儿童美术活动创意设计的几种不同路径。
3. 能够结合教学实际，设计和组织富有创意的学前儿童美术活动。

创意美术活动是当前学前儿童美术教育的一种发展趋势，尤其是在以立德树人为导向的学前教育改革背景下，人们的视角从重“技能”转向重“创意”。美术是儿童的第二种语言，是儿童用心灵和世界对话的一种方式。无论是《幼儿园教育指导纲要(试行)》还是《3—6岁儿童学习与发展指南》，均对学前儿童艺术教育做出了全面而具体的阐述。即要求幼儿园通过各种手段萌发幼儿对美的感受与体验，丰富幼儿对美的想象和创造，引导幼儿用自己喜欢的方式去表现美、创造美，这也是学前儿童美术教育的核心价值。

当前幼儿园美术教学活动中虽然教师开始逐渐摆脱以往以技能训练为主的传统教学模式，但是仍旧存在诸多弊端。如幼儿美术作品模式化、幼儿美术材料单一化、教师教学方法机械化、美术内容选择雷同化等。如何设计与组织富有创意的学前儿童美术教学活动？如何在美术活动中处理好创造性与技能学习之间的关系？这些都是一线幼儿园教师面临的实践问题。

基于以上思考，本教材根据《纲要》和《指南》的文件精神，结合大量幼儿园、幼儿美术教育机构的相关案例，分析选取了一些在幼儿园实践中教师设计并实施的一些富有创意的美术活动进行评析，试图通过活动内容的创意设计、活动材料的创意探索、教学方法的创意指导三个方面努力探索适宜于学前儿童的创意美术活动，期望这些实例能够对本书的学习和理解提供帮助。

第一节　学前儿童美术活动内容的创意设计

内容是学前儿童美术活动创意的源泉。传统的美术活动内容的选择往往是从美术学科的角度，采用以技能为目标的培养模式。比如，教学以点、线、形、色等元素为主，偶尔涉及一些节日主题，但是总体来说美术教学内容的选择较为单一和固化。不同地域、不同民族、不同园所开展的美术活动内容却是相似的，甚至幼儿的美术作品都趋于雷同。幼儿教师在美术教育内容的选择上，应该顺从学前儿童的发展规律，立足幼儿园课程主题，源于学前儿童的生活经验，融入富有特色的本地传统文化，从而丰富学前儿童生命感知，最终实现其健全人格。

一、主题活动中美术教育内容的选择

幼儿园的美术活动离不开日常生活，如果美术活动的内容选择脱离幼儿的实际经历和身心发展特点，那么美术活动将索然无味。不同年龄阶段幼儿由于身心发展特点不同，因此感兴趣的内容也有较大差异。教师在选择活动内容时应该选择贴近幼儿生活、容易引发幼儿创作兴趣的内容。课题的设计应该围绕同一个主题进行多角度的探索，以主题为依托，设计情景游戏，注重与其他领域内容的联系与整合，切忌大拼盘和大杂烩。

下面以大班上学期“农家乐”主题背景下的系列创意美术活动为例展开分析。

活动主题：农家乐[①]

设计思路：

住在大城市的幼儿对绚丽多姿的农家生活充满了好奇和向往。本主题以参观农村为切入点，以了解和表现农产品以及农村生活为主要设计线索，在参观、收集、品尝、游戏、欣赏、创作的过程中，感受农民生活的丰富多彩，并尝试用夸张的造型和浓烈的色彩来表现自己眼中的农村，体验农家生活的乐趣。

核心目标：

1. 在参观、收集、观察、交流、分类的过程中，了解一些常见农产品的外形、色彩以及生长状态，感受农作物的茂盛以及丰收时农民的喜悦之情。

2. 通过欣赏、交流、对比和归纳，了解农民画造型夸张、色彩浓重、构图均衡的艺术特点，尝试用这些特点来表现自己眼中的农村生活。

3. 学习用丰富、连贯、完整的语言表达自己对农村生活的认识和感受。

4. 通过开幕式、主题回顾、拍卖产品、玩具交换、品尝农产品等活动，进一步了解农

① 活动主题选自孔起英、王健红主编. 幼儿园主题式美术教育活动新设计[M]. 南京：南京师范大学出版社，2015：23－38.

产品和农村生活的丰富，感受亲子、同伴共同参与“农家乐”活动带来的快乐。

前期准备：

1. 经验准备

(1) 请家长利用假期带幼儿到农村游玩，并让幼儿记录下自己的发现，主题开始前每个人带一组在农村游玩的照片和一样农产品来幼儿园(如南瓜、葫芦、大蒜、玉米等)。

(2) 创设一个有农家特色的主题墙饰底板，和幼儿一起将调查表和在农村的图片、照片布置在教室的主题墙上。

(3) 填写调查表(幼儿在表格中用水彩笔绘画，家长用文字记录)。

2. 物质准备

桌布 6 块，蜡笔、水彩笔若干，各色水粉颜料若干，白色铅画纸 12 张，完整黑色铅画纸 2 张(集体作画用)，刷好背景底图的画纸每人一张。

表 8-1 “农家乐”主题美术相关活动计划表

活动名称	活动形式	活动目标	区域活动
我眼中的农村	谈话	1. 通过回忆、交流、欣赏、分类、归纳等方式，了解常见的农产品和农村生活，感受农产品的丰富和农村生活的美好。 2. 能用丰富的词汇、生动的语言，表达自己对农村生活的认识和感受。	收集有关农村生活的图片，陈列在区角，供幼儿欣赏交流。
农产品展销会	绘画；剪贴组画	1. 在观察、品尝、触摸、整理、交流的过程中，了解农产品的外形特点，感受农产品的丰富和有趣。 2. 尝试用绘画的形式表现自己熟悉和喜欢的农产品。 3. 能以集体组画的方式，表现热闹的农产品展销会。	收集各种农产品实物、图片，布置成展台，供幼儿欣赏。
农民画真好看	欣赏农民画	1. 在观察比较中理解农民画造型夸张、色彩浓烈等艺术特点，感受农村生活的丰富多彩和农民画的淳朴美。 2. 能用丰富的词汇、完整的语言表达自己的认识和感受。	在区角中布置农民画图片，供幼儿欣赏。
大公鸡喔喔叫	水粉画；剪贴组画	1. 进一步感受和了解农民画的造型和用色特点。 2. 尝试运用夸张的方法、简单的纹样、艳丽的色彩表现一只大公鸡。	提供布老虎、虎头鞋等运用传统装饰图案的美术作品。
瓜儿熟了	欣赏；水粉画	1. 了解南瓜的造型特点，感受南瓜成熟时瓜田的美。 2. 尝试运用夸张的手法、对比强烈的色彩表现出一片瓜田。	自然角里摆放南瓜实物供幼儿观察。

（续表）

活动名称	活动形式	活动目标	区域活动
我们的小菜园	蜡笔勾线，水粉填色	1. 进一步了解班级小菜园种植物的造型特点，感受种植、照顾小菜园带来的快乐。 2. 继续学习运用夸张造型、浓烈的色彩以及蜡笔勾线、水粉填色的方法表现班级小菜园中自己喜欢的农作物。	自然角里种植区种植蔬菜，并引导幼儿定期维护。
热闹集市	绘画	1. 了解集市中各种农产品以及赶集时人们的动态和表情，感受集市中农产品的丰富和赶集时的热闹气氛。 2. 尝试在讨论中明确绘画内容，画出热闹的集市中人物的不同动态和表情。	提供多张关于农村集市的照片布置在区角，供幼儿交流欣赏。
农家乐	亲子活动	1. 参加亲子农家乐活动，体验亲子活动乐趣。 2. 能够在集体面前介绍自己的美术作品和制作的美食。	将亲子活动的照片及时布置在区角中。

活动评析：

艺术来源于生活，只有源自生活的艺术才具有永恒的生命力和强烈的感染力。大班主题活动“农家乐”中共涉及了8个与美术相关的教育活动，其中有对于农村生活的调查，也有开展“农家乐”的亲子活动。学前儿童由于受心理和生理发展水平的制约，他们对周围世界的认知不可能凭借抽象的符号和逻辑思维的推导去开展创作，创造的基础一定依赖于他们的生活经验和兴趣。因此通过这个案例，我们可以得出二个启示：

1. 立足主题，注重幼儿生活经验的联系与整合

正如案例中看到的，学前儿童美术活动的开展不是独立存在的，本次美术内容结合了参观、收集、谈话、交流、分享等各种不同途径中生活经验的积累。学前儿童在各项活动中获得的丰富经验是进行美术创作活动的支撑，而绘画、欣赏等美术教育活动的开展又成了主题课程的“助推器”，帮助学前儿童更加深入地了解“农村生活”。在一系列的“农家乐”主题美术活动中，幼儿充分感受了农民生活的丰富多彩，了解并欣赏了农民画，不仅绘画兴趣和绘画水平显著提升，更重要的是对中国传统民族文化进一步熟悉和喜爱。

2. 贴近生活，关注幼儿真实的情感与经验

大自然的美无处不在，生活中处处有美术创作的源泉。只有多带幼儿走进社区、走进大自然，让孩子真正感受到温暖的阳光、新鲜的空气、热闹的集市，才能引导他们把这种细腻的、真切的、诗意的感受用美术语言表达出来。因此，参观“农贸市场”后再来画“热闹集市”更能激发幼儿的创作热情。

写生是目前很多幼儿园或幼儿美术教育机构尝试开展的一种美术绘画形式，即直接以实物为对象进行描绘的主要方法。与成人不同，幼儿写生一般不受透视学的约束，只是让幼儿把自己对物体空间位置的认识大胆地表现出来。这种美术形式能够提高幼

儿的观察力，培养幼儿对美的感受力，教师可以在中大班尝试开展。如图 8－1 是大班教师带领幼儿在园内开展写生活动前的引导，图 8－2 是大班幼儿结合自己感兴趣的内容分组开展写生活动。

图 8－1　教师带领幼儿开展写生

图 8－2　大班幼儿分组开展写生

3. 跟随大师，聚焦审美与欣赏

美术欣赏教育是丰富学前儿童美感经验，培养学前儿童审美情感和审美能力最直接的途径。让幼儿接触经典，与大师直接对话，这样儿童发展的起点高了，眼界开阔了，对美的知觉和选择也会更加敏感。并非每一个儿童将来都成为艺术家，但是每个儿童将来都会接触到艺术。从这个意义上说，比起艺术创作能力，理解和欣赏艺术的能力对儿童将来的发展来说是更重要的。本案例中，为了让幼儿更加深入了解农民生活，感受"农民画"的夸张造型与浓烈色彩的运用，先后设计了"农民画真好看""大公鸡喔喔叫"等系列美术欣赏的内容。美术名作多如繁星，教师必须要根据幼儿的年龄特点和审美心理特点，选取符合幼儿创作能力和水平的佳作。如小班可以选取米罗、草间弥生、吴冠中等包含点、线、面等简单美术形式语言的作品，而大班则可以选择毕加索、修拉等不同艺术风格和艺术技能的美术作品。当然名作的选择最好能够与主题活动内容相关，正如案例中"农民画"的欣赏不仅内容上紧扣"农家乐"的主题，而且"农民画"的艺术风格也恰好契合大班幼儿的审美能力水平。

二、本土文化中美术教育内容的选择

每个地方的民间美术都是当地活的民俗文化，也是当地文化的活化石。关注地方民间艺术文化，打造富有当地特色的艺术课程，是创意美术活动的一个切入点。《指南》中提到，教师应该"充分利用传统节日和民间庆典的机会，带领幼儿参观或共同参与传统民间艺术或地方民族文化活动"。本土文化博大精深，这就要求教师应该选择其中有价值的、对孩子有教育意义的，同时又贴近幼儿生活，能够被孩子喜爱和接受的内容纳入美术教学中。

下面我们以大班美术活动"苗族银饰节"为例展开分析：

大班美术活动：苗族银饰节[1]

活动目标：

1. 愿意参与锡箔纸手工制作活动，欣赏苗族颈饰造型和装饰苗族颈饰带来的乐趣。

2. 学会用穿、绕、粘的方法将锡箔纸银条与颈圈连接，并利用不同的图形组合图案对颈圈进行装饰。

3. 了解苗族银饰的组成部分和丰富的造型，知道苗族银饰是中国的传统文化工艺品。

苗族银饰节
教学课件

活动准备：

1. 教具：苗族服装，自制苗族银饰锡箔纸手工品（头饰、双层颈饰、耳环、手饰），不同图案和造型的苗族颈饰课件 PPT。

2. 操作材料：未装饰的包裹锡箔纸的泡沫片颈圈若干个，各种各样的包裹锡箔纸的泡沫片图形（三角形、方形、半圆形、圆形和花瓣形），各种长度的锡箔纸银条，胶水若干瓶。

3. 背景音乐：《芦笙乐》。

活动过程：

1. 创设"苗族银饰节"情景，初步感受少数民族的风情

(1) 教师穿戴苗族银饰锡箔纸制作品表演苗族舞蹈，引出活动主题。

指导语：小朋友们，一个寨子里要举行一个盛大的节日，老师表演的舞蹈就是这个节日庆祝时的舞蹈，你们觉得怎么样？你们看到老师今天的服装和穿着有哪些特别的地方？

(2) 欣赏教师穿戴的锡箔纸制作品的整体造型，重点观察颈饰。

指导语：老师穿戴的服装和装饰品都是这个少数民族——苗族的特色，你们觉得这些苗族颈饰锡箔纸制作品好看吗？说一说它们是什么样子？

小结：苗族银饰有着以大、多和重为美的特点，苗族银饰是中国的传统工艺品，主要集中在贵州黔东南和湖南湘西等地区。

2."认识苗族颈饰"，深入了解苗族颈饰的结构和造型

(1) 出示单层颈饰图片，认识苗族颈饰的组成部分和丰富图案。

指导语：这些颈饰是什么样的？由哪些部分组成的？上面都有一些什么样的图形或花纹？

小结：苗族颈饰是由颈圈、银条和银片组成的。苗族颈饰的银片有各种各样的图形，如圆形、半圆形、长方形、正方形、三角形和花瓣形等。相互之间组合形成丰富的图案，有花朵形、太阳形、云朵形等。

(2) 出示双层及多层颈饰，感受苗族颈饰各种各样的造型。

---

[1] 活动案例来源于第九届"华文杯"全国师范生学前教育教学活动案例节选，由刘佟粤设计。

指导语：这些颈饰对比之前面看过的有什么不同？我们一起来数一数有几层？每一层的造型有什么不同？银条的长短有什么不同？装饰的银片有什么不同？

小结：苗族颈饰有单层颈饰和多层颈饰，其中造型丰富，有两边一样长、两边一样短和中间长两边短等多种造型。

3. “交流苗族颈饰”，自由探讨制作方法和装饰想法

(1) 自由表达，大胆表现苗族颈饰的装饰想法。

指导语：村寨的书记想邀请小朋友们一起去参加苗族银饰节，请小朋友来说一说，你想做什么样的苗族颈饰装扮自己？用什么做呢？

(2) 介绍锡箔纸，了解锡箔纸的特点和与苗族银饰的相似之处。

指导语：今天老师带来了一样特殊的材料，你们认识吗？锡箔纸有易于塑型的特点，且颜色与银饰接近。

(3) 自主探讨，思考和交流颈圈与银条的连接方法。

指导语：这里已经有一个做好的颈圈，但是它没有装饰，我们怎么才能把这个颈圈装饰上不同的小挂件呢？

小结：颈圈连接银条和装饰银片的方法步骤：第一步“穿”，可以通过在锡箔纸颈圈上穿洞，将银条穿过；第二步“绕”，将穿过去的银条两边缠绕起来，形成与颈圈相连的一条银条；第三步“粘”，银条尾部可以用胶水粘贴各种图案的银片。整体造型可以变换银条的长短和位置，以及银片的图形组成不同的图案和摆放，从而达到给锡箔纸颈圈装饰的效果。

4. “制作苗族颈饰”，指导幼儿对锡箔纸进行操作

注意：

(1) 运用穿孔的方法用银条来连接，选择不同长度的银条，可以创造出很多造型。

(2) 个别指导，观察并鼓励幼儿进行多图案多层装饰。

5. “欢庆苗族银饰节”，大胆展示苗族颈饰的特色

(1) 陈列作品展示，幼儿欣赏与交流同伴的作品。

指导语：现在小朋友们都做好了参加苗族银饰节的颈饰，我们一起来看一看，与自己的小伙伴相互欣赏和交流自己的作品。

(2) 幼儿们穿戴作品进行展示，在音乐中欢庆舞蹈。

指导语：苗族银饰节现在开始，请小朋友们穿戴好自己的苗族颈饰，我们一起跟着音乐舞蹈，庆祝苗族银饰节。

活动延伸：

1. 角色扮演区：将幼儿作品放置在角色扮演区，为娃娃家或者舞台表演提供装饰品。

2. 其他领域渗透：开展音乐活动，让幼儿体验苗族特色舞蹈和音乐；开展社会活动，让幼儿了解优秀的中国传统文化。

活动评析：

2017年中共中央办公厅、国务院办公厅发布并实施《关于实施中华优秀传统文化传承发展工程的意见》，在这样的传承和宣扬优秀传统文化的时代背景下，学前教育作为教育之根源，结合幼儿的生活经验，应该将传统文化渗透到启蒙教育。本活动结合湖南湘西地域特色，选取了“苗族银饰”为切入点，设计并组织了“苗族颈饰的设计与装饰”这个美术教学内容。活动结合大班幼儿手工操作能力特点，提供了锡箔纸、颈圈等富有民族特色的操作材料，鼓励幼儿在欣赏苗族颈饰基础上，综合运用穿、绕、剪、贴等美术技能设计并装饰自己的颈圈，然后结合苗族银饰节的情景，充分表现出苗族这个少数民族服饰的特色和热闹的场景。

教师应该深入挖掘本土文化资源纳入学前儿童美术教育活动中，如本地的自然风景、风俗习惯、特色小吃、地标建筑、非物质文化遗产等相关内容。教师应该因地制宜，结合本园特色逐渐形成富有特色的园本美术课程资源。除了组织集体式的美术活动，也可以在美术区域中投放相关的材料，鼓励幼儿自主操作。

三、绘本作品中美术教育内容的选择

绘本作为一种综合艺术，具有丰富的审美价值，它既有美术外在的形式美，又有内在的意蕴美。将绘本运用于美术活动中，首要的任务是绘本的选择，一般我们会秉承以下两个原则：第一，经典性原则。经典绘本之所以成为经典，肯定包含了人类对真善美等最高价值的不懈追求，因此教师选择的绘本应该是经典绘本。第二，差异性原则。教师在进行绘本选择时应该兼顾不同风格、不同内容、凸显不同美术元素的绘本作品，从而拓展学前儿童的视野，丰富他们不同的视觉经验。

下面我们结合大班美术活动“蚂蚁和西瓜”为例展开评析：

大班美术活动：蚂蚁和西瓜

活动目标：

1. 喜欢阅读绘本，体验故事续编和美术创作相结合的喜悦和成就感。
2. 大胆想象故事情节，尝试运用剪贴、添画等不同技法来表现蚂蚁搬西瓜的场景。
3. 了解蚂蚁的基本结构和生活习性。

活动准备：

1. 经验准备：幼儿已经阅读过绘本《蚂蚁与西瓜》。
2. 物质准备：

(1) 课件：绘本PPT、背景音乐。

(2) 操作材料：每人一张A4大小的白纸，大小不一红色和绿色纸片，剪刀、固体胶、黑色马克笔、水彩笔、小框。

活动过程：

1. 教师出示《蚂蚁和西瓜》绘本封面，引导幼儿回忆绘本内容指导语：你们还记得这个绘本吗？讲的是什么故事？今天我们也来创作一幅蚂蚁搬西瓜。

2. 教师出示绘本中的画面，引导幼儿感知蚂蚁搬西瓜的动态造型和构图特点

（1）感知蚂蚁的结构和特征。

指导语：蚂蚁是什么样子的？它是由哪几个部分组成的？它们生活在哪里？

（2）请幼儿上台模仿蚂蚁搬西瓜的动作，师幼共同讨论蚂蚁搬西瓜的动作。

指导语：这些蚂蚁发现了大西瓜后，想把他们搬回家，你们觉得可以怎么搬？你能试着模仿一下吗？

（3）教师出示蚂蚁搬西瓜的图片，重点欣赏蚂蚁搬西瓜的不同动作。

指导语：这些蚂蚁搬西瓜的样子一样吗？它的头的方向和腹部的方向有什么不一样？胸部的腿的方向是怎么样的？

（4）整体欣赏蚂蚁搬西瓜的场景，对画面的构图形成整体认知。

指导语：蚂蚁搬西瓜时用到了哪些工具？蚂蚁都分别位于西瓜的哪一个位置？

3. 教师出示工具材料，引导幼儿共同讨论蚂蚁搬西瓜场景的制作方法

（1）教师出示不同大小的红色和绿色纸片，引导幼儿构思和讨论蚂蚁搬西瓜的画面。

指导语：这些红色的纸可以变成什么样的西瓜呢？蚂蚁可以在什么位置搬西瓜？

（2）教师提示注意事项。

指导语：在粘贴西瓜的时候，涂固体胶记得要多涂几次。在给画面添画蚂蚁的时候，可以改变蚂蚁头部和腹部的方向，从而表现出蚂蚁的不同动作。

4. 幼儿自主操作，播放背景音乐，教师巡回指导

（1）幼儿粘贴西瓜，大胆想象并运用添画的技能来表现蚂蚁的不同姿态。

（2）提醒幼儿注意分工合作，不和别人争抢纸片。

图 8－3 蚂蚁吃西瓜

图 8－4 蚂蚁做游戏

5. 作品展示，分享交流

（1）幼儿互相欣赏并介绍自己的作品。

(2) 教师点评几幅有特色的幼儿作品，并和幼儿进行分享和交流

活动延伸：

1. 在阅读区中放置蚂蚁和西瓜的绘本。

2. 回家后可以将作品给爸爸妈妈看，并与爸爸妈妈分享蚂蚁的身体结构组成。

活动评析：

本次活动素材来源于二十一世纪出版社出版的，由日本的田村茂创作的经典绘本《蚂蚁和西瓜》。绘本讲述了一群蚂蚁用智慧与合作将一个西瓜搬运回家的故事。画面中漫画似的夸张和简单的线条勾勒出各种不同姿态的小蚂蚁，故事情节简单、丰富有趣，非常契合学前儿童的审美倾向。本次活动结合绘本故事内容，鼓励幼儿大胆想象，引导他们运用剪贴、添画等多种方式创作出一幅幅蚂蚁搬西瓜的画面，生动有趣，富有创意。

教师在选取绘本作为美术活动内容时，除了考虑绘本内容是否具有有趣的故事情节外，还可以充分考虑绘本中主要的美术元素，如色彩、肌理、风格、造型、表现手法等。很多经典绘本的画面运用了特殊的美术表现手法，如绘本《小黑鱼》采用了水彩拓印和印章画结合的方法，绘本《落叶飞舞》采用的是树叶剪贴的方法，绘本《小蓝和小黄》(见图 8－5)采用的是撕纸拼贴的手法……教师可以引导幼儿欣赏绘本内容的同时，借鉴画面运用的美术技巧组织相关的美术活动。也有很多经典绘本具有特殊的艺术风格，如绘本《母鸡萝丝去散步》(见图 8－6)中的线条装饰，绘本《花格子大象艾玛》系列绘本中的格子装饰，绘本《大卫不可以》中的夸张变形……教师可以引导幼儿在欣赏绘本画面的基础上，尝试运用这种艺术风格对其他形象进行创作。

图 8－5 《小蓝和小黄》

图 8－6 《母鸡萝丝去散步》

第二节　学前儿童美术活动材料的创意探索

美术活动中的材料是学前儿童学习和创造美术作品的媒介。自然中的树叶、树枝、松果，生活中的废旧鞋子、玻璃瓶，废弃的瓦片、木板，餐桌上的水果、蔬菜……这些都可以作为美术创作的操作材料。教师应该具有一双善于发现的眼睛，引导学前儿童感悟与体验不同材料的神奇变化。

在美术材料的使用上，对于大部分幼儿教师来说，最难的并不是如何选择新材料，而是在于如何因"材"施艺，因"材"施教。一般来说，创意运用美术材料可以从以下两个方面考虑：

一、创新传统材料的用法，让创作从无趣到有趣

在传统的美术教育活动中，纸张是用来画画的，彩笔是用来勾线的，泥巴是用来捏塑的……教师已经形成了很多对于美术工具材料固化的操作经验。创新使用传统材料，就是要打破传统中固有的操作模式，创新运用原有的传统美术工具和材料。

纸材是学前儿童美术活动中应用最广的一种材料，如打印纸、素描纸、水粉纸、卡纸、报纸、海棉纸等。不同年龄阶段幼儿对某类纸材的造型表现也分为不同的层面。除了绘画，小班幼儿可以开展撕纸、揉纸、拼贴等手工活动，中班幼儿在此基础上，可以开展剪纸、折纸、染纸等，大班则可以进一步加大难度，增加纸编、衍纸、立体造型等。教师可以考虑在纸材料原有操作的基础上，综合运用不同的手工技能，并创造性地运用辅助材料或添画等方式在原有作品上进行进一步装饰，从而使美术作品更加富有创意。如大班美术作品《刷牙的人》(见图 8－7)，就是采用撕贴的方式开展的手工活动，作品生动有趣，幼儿创作欲望大大增加。中班折纸作品《大嘴巴鳄鱼》(见图 8－8)中除了折出

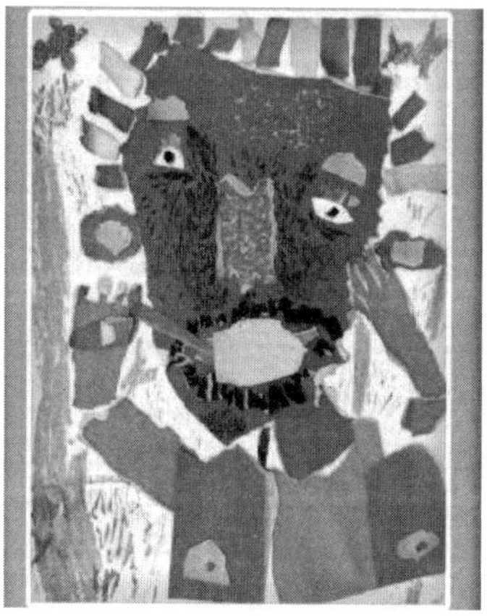

图8-7　《刷牙的人》(大班)

图8-8　《大嘴巴鳄鱼》[①](中班)

① 图 8－7、图 8－8 均来自于长沙师范学院附属第二幼儿园。

基本形状外，教师又鼓励幼儿对鳄鱼嘴巴进行剪贴的装饰，贴上大大牙齿的鳄鱼更加凶猛，也更能体现出幼儿作品的独创性和趣味性。

泥材料也是幼儿园常用的一种手工材料。常规的美术活动中教师一般提供的是超轻黏土，鼓励幼儿运用团圆、压扁、搓长等技能或者泥贴画的方式创作泥工作品。超轻黏土除了开展泥塑活动以外，还可以与废旧材料、自然材料相结合，开展装饰性美术活动，如运用彩色泥条或点装饰玻璃瓶子、纸盒、纸袋等。除了超轻黏土以外，陶泥也是近几年很多幼儿园或幼儿美术教育机构尝试运用的泥材料，除了前面常用的泥塑技能，传统陶艺中往往还会有拉坯成型、泥条成型和泥片成型等不同方式开展美术作品的创作。

泥片成型和泥条成型的操作技法

下面我们以大班泥工活动“有趣的杯子”为例，介绍一下陶艺活动中“泥片成型”的创作方法。

大班泥工活动：有趣的杯子

活动目标：

1. 通过观察和欣赏图片，了解杯子的基本结构和造型特点。

2. 大胆设计杯子的造型，尝试运用泥片成型的方式制作杯子，并用泥条、泥团对杯身和杯盖进行装饰。

3. 乐于参与泥塑活动，体验泥造型的快乐。

活动准备：

1. 经验准备：已学习陶泥的基本技法。

2. 物质准备：课件(有趣的杯子)、背景音乐、杯子实物；工作服、泥工刀、泥工板、陶泥、辊辊。

活动过程：

1. 谈话导入，引入主题。

指导语：生活中，你们见过的杯子是什么样子的？见过什么形状奇怪、有趣的杯子？

2. 欣赏PPT《有趣的杯子》，观察不同造型杯子的特征。

(1) 引导幼儿观察杯子的结构，了解杯底与杯身造型之间关系。

指导语：杯子是什么形状的？杯底是什么形状的？杯子上还有什么？

小结：杯子一般有杯底、杯身、杯盖、把手几个部分组成。

(2) 引导幼儿观察、欣赏不同杯子的造型。

指导语：这些杯子你喜欢哪一个？为什么？

3. 出示杯子实物，探究、讨论杯子的制作方法。

指导语：你准备做一只什么样的杯子？如何制作杯子呢？

操作要点：

(1) 制作杯子的步骤：第一，先做杯底，杯底形状决定杯身造型。

第二，用斡泥片的方法制作杯身。

第三，对杯身进行装饰，还可添加杯盖或把手。

(2) 制作泥板时，易采用滚压法和拍打法，注意泥板厚度均匀。

4. 幼儿操作，教师巡回指导。鼓励幼儿大胆想象、创作。

5. 展示交流幼儿作品(幼儿作品见图 8-9)。

活动延伸：

在活动区可以鼓励幼儿探索运用泥条盘筑、泥团盘筑等其他方式制作杯子。

图 8-9　树叶杯子、玫瑰花杯子、点点杯子

活动评析：

本次活动采用陶泥作为操作的主要材料，选用了传统的"泥片成型"为主要操作方法。教师在活动过程中并没有限定幼儿制作何种造型的杯子，而是通过大量的欣赏和观察帮助幼儿积累丰富的视觉经验。结合实物观察，通过比较和讨论的方式引导幼儿构思自己独特的杯子造型。结合幼儿的操作经验，教师鼓励幼儿制作不同造型的杯底和杯身，总结归纳了杯子的制作步骤，并且鼓励幼儿运用泥条、泥点对杯身进行进一步装饰。正所谓"授人以鱼不如授人以渔"，幼儿掌握了"泥片成型"的方法后，结合相关的视觉经验和生活经验，创作思维相对开放，因此每位幼儿制作出的杯子也是造型独特，富有创意。

在日常的泥工活动组织中，我们经常会看到幼儿的作品相似度很高，分析原因发现与教师在组织活动时示范操作每一个步骤有关。在开展相关泥工活动时，幼儿是否具备相关的泥工操作经验是幼儿美术作品是否能够富有创意的关键所在。在某一个泥工活动中，教师并不需要示范完整的操作步骤，而是通过讨论探究的方式引导幼儿构思好制作的思路即可。只有幼儿掌握了丰富的泥工操作经验，才能更加富有创意地设计和装饰自己的泥工作品。

二、巧妙利用多元材料，让创作从单一到丰富

生活中的自然材料、废旧材料随处可见，面对丰富多元化的材料，教师可以巧妙赋予它们艺术的生命和价值，转换或综合不同材料的使用方法，指导学前儿童开展富有创意的美术创作。

（一）以多元材料代替纸张

纸张在美术活动中的运用是非常广泛的，传统美术活动中纸张一般用来作为绘画活动或平面手工活动的底纸。各种自然材料和生活中的废旧材料一般都会有大小不同、凹凸不平的表面，若将这些表面利用起来代替传统的纸张，一方面会充分激发幼儿的创作兴趣，另一方面，材料特有的造型或纹理会使作品出现特有的美感。

在绘画活动中教师可以利用生活中的瓦片、木片、鸡蛋托、水桶等不同的材料作为绘画的"底纸"，鼓励幼儿在材料表面开展创作。如大班幼儿在原木片上开展的"吸附画"就具有木纹的特殊纹理（见图 8－10），大班幼儿创作的富有装饰性的废旧水桶（见图 8－11）别有一番风味。当然，不同的材质适合于不同的工具材料的创作，教师在选用多元材料时应该充分考虑工具材料的性质以及色彩搭配，如轮胎上使用丙烯颜料效果最为突出，浅色材料上面一般选用深色颜料进行装饰。

图 8－10　圆木片上的吸附画

图 8－11　水桶上的线描画

在手工活动中教师还可以提供一些立体材料作为底板，鼓励幼儿进行富有创造性的装饰或创作。如大班美术活动"漂亮的瓶子"（见图 8－12）中就是运用玻璃瓶的原有造型，鼓励幼儿运用超轻黏土对其进行装饰。幼儿创作的"美人鱼"充满童趣，而且富有立体感。小班美术活动"可爱的小鸟"（见图 8－13）中，教师提供卫生纸筒芯当作小鸟的身体，鼓励幼儿运用羽毛、眼睛贴等材料进行拼贴装饰。圆柱形的纸筒神似于小鸟的

图 8－12　漂亮的瓶子

图 8－13　可爱的小鸟

身体，而羽毛的装饰美化了小鸟的视觉效果，幼儿成就感满满。这些活动与在平面的纸张上开展相关活动相比，材料更新颖，形式更加多样化，幼儿创作的兴趣也更加浓厚。因此，教师在设计学前儿童美术活动时可以考虑，如何替换美术活动中原有的纸张或底纸，以增加美术创作的乐趣。

（二）以多元材料代替画笔

传统学前儿童美术活动中画笔是不可或缺的一种美术工具，无论是绘画还是手工制作完成后的装饰，都会运用到画笔或者颜料进行进一步的创作。其实，教师只要集思广益，敢于尝试，生活中有很多材料可以代替画笔作画，从而表现出特殊的纹理或图案。如各种蔬菜、积木、雪花片等可以印出不同的图案，弹珠、小汽车等可以滚出不同的线条痕迹，手掌、手指可以印出不同的造型组合……教师选用一些不常用的“笔”来开展绘画创作，会收到一些意想不到的效果。

下面以中班美术活动“果汁宝宝去旅行”为例，介绍一种流淌画的创作过程。

中班美术活动：果汁宝宝去旅行[①]

活动目标：

1. 体验“魔法果汁”流淌的乐趣，并借助已有图形大胆想象找小鱼的乐趣。

2. 能够运用滴淌画的方法，流淌出海底世界的背景并且能大胆运用借形想象的方式进行添画。

3. 了解海底世界的动植物，并且熟悉它们的基本特征。

活动准备：

1. 经验准备：了解海底世界里的场景，有过操作棉签画的经验。

2. 物质准备：

（1）教师准备：课件、音乐、视频、半成品画。

（2）幼儿准备：水粉颜料、亮面纸若干、滴管若干、抹布、杯子若干、围兜若干、颜料盘若干、棉签若干。

活动过程：

1. 想一想：创设游戏情境，小鱼宝宝玩起来

指导语：小鱼们，你们有去过海底世界吗？今天你们就跟着小鱼队长坐上潜水艇一起去海底探险吧！（听音乐进场）咦！你们知道小鱼生活在哪里吗？大海是什么颜色呢？

幼儿操作视频和过程图片

2. 玩一玩：魔法果汁去旅行

（1）刚刚我们看了小鱼的家，小鱼队长有一瓶魔法果汁能把小鱼的家给变出来，我们一起来看看吧！

（2）引导幼儿观看课件，观察颜料流动的方法及形成画面的过程。

---

① 活动案例来源于长沙市湘龙幼儿园孙琳老师。

提问：魔法果汁是怎么去旅行的？

(3) 边观看滴淌画课件，边倾听幼儿讲述，初步了解滴淌画作画方法。

方法步骤：取果汁、滴一滴、摇一摇、转一转。

(4) 请所有幼儿进行操作，视幼儿操作情况给予指导。

指导语：现在请小朋友来试一试吧！

3. 找一找：小鱼朋友在哪里

(1) 观看课件，巩固幼儿对海底朋友的认识。

指导语：你们来看一看小鱼队长的家里住着哪些好朋友吧！哇，我们都看到了哪些好朋友呢？它们是什么样子的？你觉得它们像什么？那它是什么形状的呢？

(2) 教师根据情境现场借形画出小鱼。

指导语：小鱼队长也带来了我去过的海底世界，但是我想考考你们，看一看你们能不能把我藏起来的小鱼找出来。为什么你觉得小鱼藏在这里？

4. 画一画：好朋友们都来了

指导语：你们的好朋友也躲起来了，快把它们找出来吧！(播放轻音乐)

5. 说一说：小鱼们在干什么呢

(1) 将幼儿作品展示在海洋背景板上，逐一引导幼儿分享交流。

提问：谁的小鱼朋友最多呢？你的小鱼都在干什么？

(2) 教师小结提升幼儿操作经验。

指导语：小鱼们，今天我们带着果汁宝宝去了海底世界旅行。那你们想一想我们的果汁宝宝还能去哪里旅行呢？那我们一起去试一试吧！

活动延伸：

1. 在美术区域中提供相关材料，鼓励幼儿练习流淌画。

2. 在语言区投放关于“旅行”的图书，供幼儿阅读。

图 8-14　海底世界

活动评析：

中班美术活动“果汁宝宝去旅行”没有采用传统的绘画工具材料，而是选用滴淌画和棉签画相结合的方式引导幼儿进行创作。首先引导幼儿利用手腕转动的方式促使颜料自然流淌形成各种不同的线条图案。活动中充分利用水与颜料的交融，化身为可口的果汁，在海底世界的纸上自由流淌出独特而有趣的画面。中班幼儿在动手操作的过程中，充分享受控制颜料自然流淌的乐趣。然后又鼓励幼儿对自然流动形成的图形展开无尽的想象，运用棉签添画出各种小鱼图案。在故事情景中，幼儿充分发挥无尽的创意，在借形想象的过程中体验创作的快乐。整个活动中以自然流淌的线条代替画笔，富有惊喜，而不同颜色水流的自然交融，又会形成不同的晕染效果。整个活动材料有趣，幼儿参与性高，美术作品也富有特色。

3—6岁幼儿的年龄特点决定了他们对外界事物的注意力容易分散，单一的绘画工具材料容易让幼儿产生厌倦情绪。让幼儿尝试更多的作画工具可以为幼儿天马行空的绘画创作提供更加广阔的空间。除了上面介绍的流淌画，生活中还有很多取代笔的材料，如生活中的叉子(见图8-15)、梳子、毛线、涂改液等生活工具或材料均可替代画笔，运用印、刮、拖、滴等不同的技能方法创作出富有特殊纹理的绘画作品。另外，教师还可以运用装满颜料的鸡蛋壳(见图8-16)、浸满颜料的纸团等特殊工具材料，采用摔的方式创作出色彩鲜艳、抽象十足绘画作品。

图8-15 叉子画

图8-16 鸡蛋砸画

（三）多元材料巧妙组合

学前儿童对于一些非常规材料往往具有本能的好奇心和探索欲望，比起单一的绘画或手工材料，幼儿更喜欢沉浸在这些物质材料中，乐此不疲地探究它们的新用法。学前儿童创意美术活动中教师可以巧妙综合运用各种多元化材料，将不同材质、不同纹理、不同造型的废旧材料或自然材料富有创意地进行组合，往往会促使幼儿创作出一幅幅意想不到的精彩作品。

首先，废旧材料的创意组合。生活中很多废旧的纸盒、纸袋、纸盘、瓶罐等均具有一定的面积或体积，教师可以充分借用材料原有的造型特点，提供其他的辅助材料，引导幼儿利用原型进行创作。如大班创意美术活动“纸盒变变变”(见图8-17)，教师提供废旧材料纸盒为主要操作材料，另外提供了毛线、瓶盖、扭扭棒、纸筒芯等作为辅助材料，以“怪兽头像”为启发点，鼓励幼儿进行自由拼贴后再进行线条装饰。各个作品趣味盎然，富有创意。

其次，自然材料的创意组合。大自然中的石块、树枝、松果、玉米棒、蔬果等均具有独特的造型特点，教师可以采用拼贴组合等方式对这些原材料进行改造，鼓励学前儿童借形想象，创作出富有创意的美术作品。如中班创意美术活动“石头肖像”（见图8-18），教师提供具有一定体积的石块为主要操作材料，另外提供了毛线、彩泥等作为辅助材料，以“肖像”为启发点，鼓励幼儿对石块进行想象。色彩艳丽的毛线和彩泥与保持自然本色的石块搭配在一起，具有一种特殊的美感和创意。

图8-17 纸盒变变变

图8-18 石头肖像

当然，学前儿童美术活动中并不是提供的材料越丰富越好，教师应该秉承一种原则，即注重材料探索的深度，避免一次性提供过多的材料，从而使幼儿深陷入材料选择的迷茫阶段而无法更加专注地构思自己的作品。正如美国高瞻课程中“单项深度法”提到的，教师可以在教学过程中采用单元主题的方式，持续深入地对一种材料或操作方法进行多角度、全方位的探索。比如对于纸材料，教师可以相继开展折纸、撕纸、剪纸、染纸、衍纸等一系列纸工活动的基础上，再鼓励学前儿童综合运用不同的纸工技能，从而更加富有创意地开展综合性美术活动。为了更好地引导幼儿开展创意美术活动，一次美术活动中教师可以以某一种材料或某一种技能为主要操作目标，鼓励幼儿在此基础上，运用已有操作经验开展富有想象力的创作。

第三节 学前儿童美术教学方法的创意运用

学前儿童想象力的培养，是发展幼儿智力与个性的一个重要部分。从心理学角度来分析，想象就是人脑对已有的表象进行加工改造而成新形象的过程。在学前儿童美术活动的组织中，教师可以运用情境创设、游戏操作、作品讲评等不同的教学方法启发幼儿的想象，除此之外，教师还可以通过“借形想象”的教育策略来拓展和提升学前儿童的想象力和创造力。所谓借形想象，就是指为学前儿童的无尽想象提供一个支点，使孩子借一定的“形”实现想象再创造。幼儿既能够借助于实体的“形”进行二维空间的想象拓展，也能够进行三维空间的创造架构，甚至还能够借助抽象的“无形的”事物进行想象。

生活中的形无处不在，自由漂移的云朵、连绵起伏的山脉、随意喷洒在地上上的水渍……一个个不规则的图形，因为融入了孩子无尽的遐想，而被赋予了灵动的生命力，从而成就了富有创意的艺术作品。下面我们分别介绍一下学前儿童美术活动中常用的符号联想、借物想象、借形联想三种的“借形想象”教学形式。

一、符号联想

学前儿童在生活和学习过程中会接触很多汉字、英文字母、数字等常见的字符。伴随孩子年龄的增长，他们对这些字符也越来越感兴趣。教师可以充分利用这些符号，激发幼儿想象，引导幼儿在此基础上展开联想、添画、装饰，从而形成富有创意的美术活动。如大班美术活动“数字变变变”就是引导幼儿在数字“6”的基础上，添加装饰，形成一幅幅描绘马路两边热闹场景的画面。

大班美术活动：数字“6”的畅想①

活动目标：

1. 观察数字“6”的造型特点，了解数字“6”的正确写法。

2. 能够根据数字符号“6”进行大胆想象，通过添画创作出马路周边热闹的场景。

3. 体验利用数字符号进行借形想象的乐趣。

活动准备：

1. 经验准备：已认识10以内的数字

2. 物质准备：多媒体课件、数字卡片、水彩笔、记号笔、彩色卡纸

活动过程：

1. 谈话导入，引导幼儿熟悉1—10以内数字的造型特点。

指导语：你们认识这些数字吗？你们觉得这些数字像什么？

2. 创设故事情景，引导幼儿重点观察数字“6”，激发幼儿的想象。

指导语：数字“6”离开数字之家，出来旅行了，你们看它到了哪里？变成了什么？你怎么看出来的？

3. 转动并变换数字位置，引导幼儿借形想象。

指导语：谁来当魔术师，把数字“6”变到了什么地方？那你觉得需要在它周围添画什么？

4. 幼儿自由操作，教师巡回指导。

指导要点：

(1) 将数字“6”写的尽可能大，用双线条当作一条马路。

---

① 活动创意及美术作品来自于“幼师口袋”。

(2) 结合数字“6”要去的场地，想象、添画马路周围的建筑和场景。

5. 分享展示作品，鼓励幼儿大胆讲述自己想象的故事。

指导语：你的数字“6”去了哪里？周围都有什么好玩的地方？

活动延伸：

1. 鼓励幼儿在美工区里对其他数字宝宝进行借形想象并添画。
2. 语言区投放关于“认识数字”系列绘本。

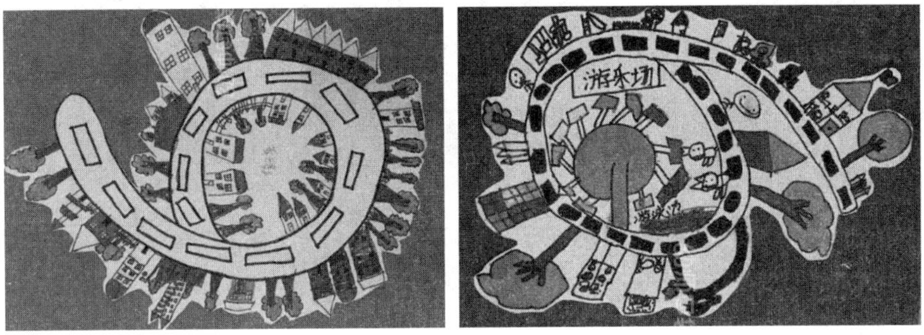

图8-19　幼儿作品欣赏

幼儿作品“6的畅想”
借物想象的作品

活动评析：

大班美术活动“数字6的畅想”以数字6为符号，激发幼儿进行联想添加。为了帮助幼儿积累变形和添加经验，教师创设了数字宝宝6去旅行的情景，并引导幼儿把数字“6”想象成一条通往某个“景点”的马路。真实情景最容易激发幼儿联系自身的生活经验，因此我们可以看到幼儿作品丰富多彩，有通往游乐场的、有通往学校的……我们不禁惊讶于幼儿丰富的想象，在马路两边他们都画上了丰富的场景：楼房、树木、摩天轮。

在以创造想象为主题的绘画活动中，如果教师没有有效的手段和方法拓展幼儿思维，会导致孩子不敢想、不敢画。结合这个活动，我们得到的启发是借形想象的教学策略非常适合于年龄较大的幼儿，而想象的前提是幼儿积累了丰富的相关经验。教师应该关注生活中幼儿感兴趣的汉字或数字等字符，巧妙创设情景引导幼儿对符号展开联想，从而创作出富有创意的美术作品。

二、借物联想

学前儿童的想象天马行空，教师要保护和发展幼儿的自由想象能力。生活中的一件物体、自然中的一片云彩、学习中的一件工具都可以成为幼儿想象的支点。一件物品，幼儿可以正着看、反着看、横着看、竖着看等，不同位置的物件会有不同的联想效果。如叉子上半部可以看作人竖起来的头发、展开的蔬菜上海青可以看作是海底的小鱼（见图8－20）。教师可以鼓励学前儿童对生活中的某些真实物品展开想象，并提供相应的辅助材料组合或装饰，支持他们创作出富有创意的美术作品。

除了对于真实物品的联想，教师还可以设计一些富有创意的绘画活动，如中班美术活动“瓦罐的联想”就是引导幼儿观察“瓦罐”的形状和结构后，激发幼儿借物联想，想象

“瓦罐”横着放、竖着放……飞到天上、飞到海里分别变成了什么。从而引导幼儿运用绘画的方式画出“瓦罐火车”“瓦罐飞机”“瓦罐热气球”等不同主题的创意绘画作品。

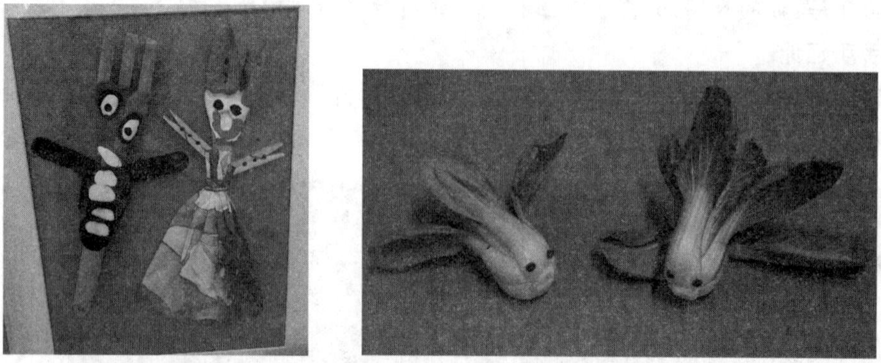

图 8－20　刷子、蔬菜变变变

三、借形联想

美术活动中有丰富的形式语言:点、线、面、色彩、造型等。教师除了利用生活中的物品或符号引导幼儿展开联想外,还可以设计与实施一些借助美术的形式语言而进行想象的美术活动。如小班可以开展点或线的想象,鼓励幼儿对点或线条进行创意的添加。而中大班幼儿,教师则可以通过拓印、喷洒、涂画等不同方式画出丰富的线条或形状,进而在一定的故事情景中引导幼儿去添画、联想,形成丰富的画面。

以大班美术作品“金色荷塘畅想曲”①(见图 8－21)为例,介绍一下这种教学方法在

图 8－21　“金色荷塘畅想曲”作品展示

① 活动创意和美术作品图片均来自于第七届全国幼儿园美术教育教学展示周。

绘画教学中的运用。这个活动由杭州市上城区陈维老师设计并组织。活动中教师提前准备了大量的自然材料——风干的荷叶为主要操作材料。教师创设了一个荷塘下小动物们聚会的情景，鼓励引导幼儿借由荷叶形成的布局和空间画出一些线条，在此基础上借助线条自由组合的图案大胆添画各种动物形象。荷叶的选择让画面变得立体且充满自然气息，而幼儿也在故事情境中大胆想象，在荷塘下创作了鱼、青蛙、蛇等各种不同的动物造型，画面热闹而温馨，充满活力。

学前儿童美术活动不仅是让幼儿学习美术技能和知识，还是他们认识世界、表达自己感受、获得肯定的一种方式。在以创造想象为主题的美术活动中，如果教师没有有效的手段和方法拓展学前儿童的思维，幼儿往往会存在不敢想、想不出、不会画、做不出等情况。因此教师在为学前儿童设计运用“借形想象”的美术活动之前，应该结合他们的身心发展特点和生活经验，提供给幼儿一个想象的支点。可以结合一个故事情景，可以续编一个绘本故事，引导幼儿结合符号造型、不同形状、不同色块等大胆想象，变出好朋友、变出动物造型、变出一个场景等。情景的创设能够巧妙地给予学前儿童一个雀跃于无际幻象的空间，让他们可以张开想象的翅膀，翱翔在创意的天空，创作出一幅幅梦幻而奇特的美术作品。

案例评析

1. 有人提到说：“6 岁之前，不需要教给孩子如何画画！”这个观点，你怎么看？

2. 大班教师开展“圆形变变变”的活动时，老师问：“圆形可以变成什么？”很多幼儿回答：“不知道。”其中一名幼儿回答说：“圆形可以变成钟表。”于是老师在集体面前鼓励了这名幼儿。在操作环节结束时，教师发现，班级里大部分孩子都是将圆形变成了钟表。

若你是老师，你会运用哪些策略激发幼儿更为丰富的想象？

实践活动

1. 尝试运用“借形想象”的教学策略，设计并组织实施一个学前儿童美术活动。

2. 尝试选择一种自然材料为主材料，设计并组织一个富有创意的学前儿童美术活动。

参考文献

1. 边霞.幼儿园美术教育与活动设计[M].北京:高等教育出版社,2016.

2. 孔起英.幼儿园美术教育[M].北京:教育科学出版社,2004.

3. 孔起英.幼儿园美术领域教育精要——关键经验和活动指导[M].北京:教育科学出版社,2015.

4. 林琳,朱家雄.学前儿童美术教育[M].上海:华东师范大学出版社,2006.

5. 汝茵佳.幼儿园美术教育活动指导[M].北京:人民教育出版社,2009.

6. 王麟,侯素雯.幼儿园美术教育[M].北京:高等教育出版社,2016.

7. 李季湄,冯晓霞.《3—6岁儿童学习与发展指南》解读[M].北京:人民教育出版社,2013.

8. 屠美如.儿童美术欣赏教育研究[M].北京:教育科学出版社,2001.

9. 屠美如.幼儿园美术欣赏教育丛书[M].南京:南京师范大学出版社,2005.

10. 滕守尧,审美心理描述[M].成都:四川人民出版社,1998.

11. 阿恩海姆著;滕守尧,朱疆源译.艺术与视知觉[M].北京:中国社会科学出版社,1984.

12. 孔起英,王健红.幼儿园主题式美术教育活动新设计[M].南京:南京师范大学出版社,2015.

13. 郑娇娇,李引萍.学前儿童创意美术活动设计[M].北京:清华大学出版社,2019.

14. 罗梅,赵福云.幼儿园美术活动创意设计[M].北京:中国轻工业出版社,2013.

15. 王宏建.艺术概论[M].北京:文化艺术出版社,2010.